本书系下列项目成果：

教育部人文社会科学研究青年基金项目：
"三低三严"新常态下能源消费结构低碳化路径研究"（项目编号：17YJCZH115）
国家自然科学基金青年项目：
京津冀及周边地区大气污染联防联控的成本效益评估（72103113）

"三低三严"新常态下
能源消费结构低碳化路径研究

柳亚琴　著

WUHAN UNIVERSITY PRESS
武汉大学出版社

图书在版编目(CIP)数据

"三低三严"新常态下能源消费结构低碳化路径研究/柳亚琴著.
—武汉：武汉大学出版社,2022.9
ISBN 978-7-307-23087-3

Ⅰ.三… Ⅱ.柳… Ⅲ.能源消费—消费结构—节能—研究—中国
Ⅳ.F426.2

中国版本图书馆 CIP 数据核字(2022)第 083584 号

责任编辑:陈 红 责任校对:汪欣怡 版式设计:马 佳

出版发行:**武汉大学出版社** (430072 武昌 珞珈山)
(电子邮箱:cbs22@ whu.edu.cn 网址:www.wdp.com.cn)
印刷:武汉邮科印务有限公司
开本:720×1000 1/16 印张:13.25 字数:213 千字 插页:1
版次:2022 年 9 月第 1 版 2022 年 9 月第 1 次印刷
ISBN 978-7-307-23087-3 定价:48.00 元

前　言

　　能源消费结构低碳化转型不仅是我国能源发展面临的重要任务，也是保证能源安全、实现碳达峰碳中和的重要组成部分。以化石能源为主的能源消费特征是我国碳排放增长的主要因素。能源消费结构低碳化就是要减少对化石能源资源的需求与消费，降低煤电比重，大力发展新能源和可再生能源。党的十八大以来，我国能源消费结构调整进程不断加快，用能方式不断变革，能源清洁高效利用成效显著。能源消费增速放缓，明显低于 GDP 增速，表明我国能源消费总量控制成效明显，处于正在以较低的能源消费增长支撑经济的高质量平稳发展阶段。能源消费品种结构改善，煤炭比重持续降低，清洁能源消费占比从 2011 年的 13%上升到 2020 年的 24.3%。[①] 能源消费结构正朝着清洁、高效、低碳的方向良性发展，为 2060 年前实现碳中和奠定了良好基础。然而，当前我国煤炭在一次能源中的占比仍超过 55%，单位 GDP 能耗仍高于世界平均水平，能源消费结构低碳化转型任务艰巨，建立绿色低碳的经济体系仍面临严峻挑战。因此，我国实现碳达峰碳中和目标并非易事，应正视面临的严峻问题，采取节能减污降碳的严格措施，不断完善能源结构低碳化转型的政策法规，引领能源消费结构低碳化转型。

　　全书共分为 10 章。第一章主要介绍了研究背景和意义、研究内容及技术路线，并对研究方法及创新点等进行了阐述。第二章对能源消费、环境污染与经济增长之间的经验性关系、减排目标与经济增长关系、能源消费结构问题、能源技术演化与低碳化经济、二氧化碳排放效率问题的现状和相关研究进行了全面的概况总结。第三章梳理了能源消费结构低碳化转型的理论基础。本章简要介绍了能源种类、能源消费结构和能源消费结构低碳化等的相关概念，从低碳经济的概

[①]　国家统计局. 中国统计年鉴 2021[M]. 北京：中国统计出版社，2021.

1

念、内涵和低碳经济发展模式三方面入手阐述了低碳经济理论，并对环境规制的概念和分类以及能源消费结构优化的相关理论：可持续发展理论和能源优化配置理论进行了论述，最后系统综述了区域协调可持续发展的概念、内涵、原则与策略等基本理论，为"三低三严"新常态下能源消费结构低碳化的研究奠定了理论基础。第四章梳理了中国能源消费结构低碳化转型的障碍，厘清了供给侧改革下能源消费结构低碳化转型的内涵，提炼出能源消费结构低碳化转型的实现目标，基于"创新、协调、绿色、开放、共享"的发展理念阐述了能源消费结构低碳化转型的五大驱动机制。第五章构建了资源环境约束下的经济增长理论模型，通过理论推导得到经济平稳增长路径下的最优增长率。在此基础上，利用历史数据测算出模型参数，计算分析得到 2025 年和 2030 年不同经济增长路径下的最优增长率，并预测出两种不同经济发展情景下 2025 年和 2030 年经济产出、能源消费需求量和二氧化碳排放量。本章为后续章节的研究提供了理论基础与数据支撑。第六章分析了新常态情景下未来能源消费结构低碳化转型趋势。本章首先利用历史数据对一次能源消费结构的变动规律进行了研究，据此预测得到 2025 年和 2030 年中国的一次能源消费结构，并根据第五章的测算结果运用多目标决策方法对基于"3E"协调发展情景的中国未来一次能源消费结构低碳化进行了研究，目的在于对比分析不同情景下 2025 年和 2030 年一次能源消费结构的差异，从而为中国一次能源消费结构的低碳化转型路径提供理论依据。第七章对新常态情景下一次能源消费结构空间区划进行了研究，根据 2000—2018 年 30 个省、市、自治区能源消费结构和绿色全要素生产率特征进行了类群划分和对比分析，目的在于认识和把握中国各地区绿色全要素生产率和能源消费结构的差异，进而为各地区二氧化碳减排任务的合理分配和一次能源消费结构的低碳化转型研究提供理论支撑。第八章研究碳排放权交易对能源消费结构低碳化转型的影响及其背后的作用路径。理论上，碳交易政策可以"生态创新效应为引领、结构优化效应为内驱、环保支出效应为助推、行为驱动效应为补充"倒逼地区能源消费结构实现低碳化转型。实证上，选取中国 2000—2018 年 30 个省、市、自治区的面板数据，基于多期双重差分、三重差分等方法实证检验碳交易政策与能源消费结构低碳化转型之间的关系及异质性影响，进一步利用多重中介效应模型深入探讨了碳交易政策推动地区能源消费结构低碳化转型的作用路径。第九章将生态创新、产业结构优化、外商直接投资及能源消费强度四个中介变量纳入研究框架，运用多重中介效应模型深层次挖掘了非正式环境规制影响能源消费结构低碳化转型的路径，并在不同条件下讨论了非正式环境规制对于能源消费结构低碳化转型的异质性影响。第十章提出了能源消费结构低碳化转型的中国路径，对"三低三严"新常态下中国能源产业绿色安全管理具有一定的实践参考价值。

由于作者水平有限，且能源消费结构低碳化转型问题是一个十分复杂的系统工程，书中不妥之处在所难免，恳请广大同仁不吝赐教。

柳亚琴

2021 年 12 月于太原

目　　录

第一章　绪　　论

第一节　研究背景及意义

一、研究背景

气候变化是全球最大的环境挑战，人为活动导致的温室气体排放是 20 世纪中叶以来全球变暖的主要原因。然而早在 19 世纪末瑞典科学家 Arrhenius 就第一次提出温室效应问题，他指出大气中 CO_2 浓度升高将会导致气候变暖，主要是由于人类大量燃烧煤炭等化石能源造成的。随后，1985 年在 Villach 由国际科学联盟理事会（International Council of Scientific Unions，ICSU）、世界气象组织（World Meteorological Organization，WMO）和联合国环境规划署（United Nations Environment Programme，UNEP）共同召开了国际会议，这次会议的召开标志着气候变暖问题成为一个国际性问题。1988 年政府间气候变化专门委员会（Intergovernmental Panel on Climate Change，IPCC）由 WMO 和 UNEP 共同建立，开始探索研究全球气候变化问题，这标志着气候变化问题被提上了国际政治议程。

世界气象组织报告的数据显示，2017 年相较于工业革命之前温升高达 1.1℃；IPCC 在第五次气候评估报告中详细指出，在 1901—2010 年这一期间全球海平面上升速度持续加快对人类生活环境带来了巨大的威胁。报告中进一步指出若温升幅度大于 2℃，将会给全球环境带来不可挽回的灾难性后果。因此，应对全球气候变暖，加强全球气候治理，改善自身生存环境成为当今社会无法回避的议题。

应对气候变化的根本出路就是发展低碳经济。在此背景下，随着 1992 年《联合国气候变化框架公约》(United Nations Framework Convention on Climate Change, UNFCCC)、1997 年《京都议定书》(Kyoto Protocol)、2007 年《巴厘路线图》(Bali Road Map)、2009 年《哥本哈根协议》(Copenhagen Accord) 和 2015 年《巴黎协定》(Paris Agreement) 等的签署和缔结，发达国家纷纷开展温室气体减排行动，向低碳经济转型。

中国作为全球最大的发展中国家、能源消费和二氧化碳排放增量较多的国家，面临国际上全球低碳博弈与竞争，以及国内资源短缺和环境污染的压力。长期以煤炭为主的能源消费结构带来了高额的二氧化碳排放，导致极端天气频发，给中国带来了严重的生态环境问题。据国际能源署(International Energy Agency, IEA) 预测，中国碳排放量仍将持续增长，在参考情景和新政策情景下，2040 年分别将达到 117. 32 亿吨和 91. 44 亿吨。① 从国内来看，生态环境需求已经成为人民群众日益增长的新需求，减排和绿色发展成为习近平生态文明思想的重要内容。

中国作为最大的发展中国家和负责任大国，为了应对全球气候变化，2009 年 11 月 25 日在哥本哈根会议上庄重承诺到 2020 年二氧化碳排放强度比 2005 年降低 40% ~ 45% 。在 2015 年《巴黎协定》签署之后，又向国际社会承诺并提出了 4 大减排目标，即降低二氧化碳强度、提高非化石能源的比例、增加碳汇和在 2030 年左右达峰。2020 年 9 月 22 日，国家主席习近平在第七十五届联合国大会一般性辩论上宣布，中国将提高国家自主贡献(National Determined Contributions, NDCs) 力度，采取更加有力的政策和措施，二氧化碳排放力争于 2030 年前达到峰值，努力争取 2060 年前实现碳中和。② 2020 年 12 月 12 日，习近平主席在气候雄心峰会上再次宣布，到 2030 年，中国单位国内生产总值二氧化碳排放将比 2005 年下降 65% 以上，非化石能源占一次能源消费比重将达到 25% 左右，森林蓄积量将比 2005 年增加 60 亿立方米，风电、太阳能发电总装机容量将达到 12 亿千瓦以上。③ 通过以上气候变化目标新承诺，中国明确了到 21 世纪中叶温室

---

① International Energy Agency. World energy outlook 2015 [EB/OL]. Paris: International Energy Agency, 2015.

② http：//www. gov. cn/xinwen/2020-09/22/content_5546169. htm.

③ http：//www. gov. cn/xinwen/2020-12/13/content_5569136. htm.

气体低排放发展战略的目标愿景，还强化了国家自主贡献目标的实施力度。不仅如此，党的十九届五中全会、中央经济工作会议对碳达峰和碳中和工作都作了相应部署。这些重大宣示充分表明中国正以国内国际一致的逻辑推进应对气候变化工作，引领世界经济绿色复苏，为全球气候治理注入新活力。

现阶段中国一次能源消费结构中，过度依赖煤炭、石油和天然气，非化石能源消费比重相当低，例如 2020 年中国一次能源消费总量中煤炭占比为 56.80%，石油占比为 18.90%，天然气占比为 8.40%，非化石能源占比为 15.90%。① 但中国可再生能源和核能却有着丰富的资源禀赋条件，能源研发投入水平远远低于发达国家，开发使用核能和可再生能源潜力巨大。因此，在各地环境污染严重而急需改善和面对日益紧迫的全球减排温室气体形势下，中国以煤炭为主的能源消费结构必然面临改革，跨越式的更新传统高碳能源消费模式是确保国家可持续发展的必由之路。中国的能源政策将在提高能源利用效率的基础上，更加注重能源消费结构对气候变化的影响。

低碳经济发展模式是以"低能耗、低污染、低排放"为基础的，其实质是通过降低高碳能源消耗和减少二氧化碳排放，建立合理的能源消费结构，从而达到社会经济发展与生态环境保护双赢的一种经济发展形态。因此，如何在确保经济平稳发展的前提下减少二氧化碳排放量和推动能源消费结构低碳化转型已成为世界各国共同研究和探讨的焦点。在此背景下，本书对"三低三严"（"低增速、低增量、低碳化"的三低态势和"能源安全供应、生态环境保护、温室气体排放"三重严格约束）新常态下能源消费结构低碳化路径问题进行了探索性研究。

二、研究意义

随着中国经济发展进入新常态，能源发展也进入了"三低三严"新常态，呈现出"低增速、低增量、低碳化"态势，但能源消费总量很高，较低的增速下增量规模依然巨大，资源安全供应、生态环境保护、温室气体减排约束还将不断趋紧。为了适应能源发展新常态，以煤炭为主的能源消费结构必然面临改革，更加注重能源高效、清洁、低碳发展，严格控制能源特别是煤炭能源消费，优化提升能源供给结构，促进能源发展由量的扩张向质的提升转变。然而，由于"富煤缺

---

① 国家统计局. 中国统计年鉴 2021[M]. 北京：中国统计出版社，2021.

油少气"的资源禀赋状况、转型期经济增速波动、煤炭价格长期低位运行和煤炭替代成本高等因素的影响,中国能源消费结构"去煤炭化"过程存在极大黏性,煤炭替代的速度将忽快忽慢,呈波动性,意味着能源消费结构清洁化、低碳化压力巨大。因此,"三低三严"新常态下能源消费结构低碳化路径的研究是一个需要深入全面分析和研究的大问题。

在理论意义方面,新古典经济增长理论认为物质资本 K 和劳动力 L 是经济增长的基本投入要素,而技术进步 A 则是经济增长的源泉和动力。随着科学的进步和社会的发展,能源已经成为关乎国民经济命脉和国家经济安全的重要战略资源,学者们也认为能源成为生产过程中不可缺少的要素。本书在保证经济平稳增长的前提下,以新古典经济增长理论为基础,基于 Solow 经济增长模型,将能源、资本、劳动力要素一起引入柯布-道格拉斯生产函数,同时根据二氧化碳排放强度目标,尝试性地将 CO_2 减排控制率引入生产函数对其进行拓展,构建得到资源环境约束下的经济增长模型,该模型的本质就是在二氧化碳减排目标下保证最优经济增长。

在现实意义方面,党的十八大以来,中国经济社会进入全面深化改革与攻坚阶段,经济增长速度放缓,其中 2015 年中国经济增速为 6.9%,2019 增速为 6.1%,2020 年中国经济总量首次突破 100 万亿元大关,受疫情影响,增速达 2.3%。在全球应对气候变化和低碳转型的大背景下,中国能源资源匮乏、生态环境承载能力面临的压力大,需要转变经济发展模式,破解原有粗放的经济发展模式,构建资源节约型和环境友好型的经济社会高质量发展模式。中国经济增长资源、生态环境对经济发展的强制性约束仍将成为中长期的重大战略因素。煤炭是中国最主要的基础性能源资源,在中国能源消费结构中占比超过 55%,是中国经济飞速发展的重要支撑。不过,与此同时,煤炭利用过程中也造成了严重的环境破坏,其中大气污染即是雾霾天气的"元凶"。当前中国国内的能源储量和生产能力已经无法满足需求,能源进口逐年增加,能源供给对外依存度不断提高,由于石油等重要战略资源被控制在少数发达国家手中,中国无法掌握国际能源市场定价话语权,国内能源供给受国际能源价格波动影响,存在不稳定因素。因此在经济发展新常态和面对日益紧迫的全球减排温室气体形势下,选择合理的能源消费结构调整路径,在考虑技术进步和国家能源市场结构变迁的背景下,如何充分利用国内国际两种资源，以最小的成本实现中国能源消费结构的低碳化转型，具有重大的现实意义。

此外，"三低三严"新常态下能源消费结构低碳化转型路径选择的资源范围包含国内和国外两种资源，内涵涉及资源、投资、贸易、市场、进口、环境保护、替代能源发展、需求结构演化等多项内容。"三低三严"新常态下能源消费结构低碳化转型路径选择研究，涉及多学科交叉的理论和应用研究，对于形成国家能源资源的合理配置与社会经济的稳定发展具有重要的实践指导意义，其研究方法、思路和政策建议对其他的国家战略性资源都有借鉴和应用价值。

第二节　研究内容及技术路线

本书围绕"三低三严"新常态下中国一次能源消费结构低碳化转型的各种问题，主要采用比较分析方法、定量与定性分析方法相结合、理论分析与实证研究方法相结合、归纳和演绎相结合等研究方法从全国和区域两个层面展开了剖析与研究。本书的技术路线图如图1.1所示，其研究内容具体如下：

第一，在理论研究方面，本书对"三低三严"新常态下一次能源消费结构低碳化转型的理论基础：低碳经济理论、环境规制理论、能源消费结构相关理论（可持续发展理论和能源优化配置理论）以及区域协调可持续发展理论进行了研究；使用归纳和演绎相结合的方法阐述了新常态下中国一次能源消费结构低碳化转型的内涵和目标，分析了中国能源消费结构低碳化转型的障碍，提出了能源消费结构低碳化转型的五大驱动机制。

第二，本书结合经济增长理论、能源经济学相关理论基础研究经济-能源-环境（3E）可持续发展的内涵及框架，利用系统动力学的原理和方法，通过柯布-道格拉斯生产函数将能源、环境、技术等子系统与GDP子系统联系起来，构建经济-能源-环境系统动力学模型定量分析能源环境约束对中国经济增长的制约作用，提出保障国家经济平稳发展的能源环境最大可承载经济增长率指标，并设定基准（BAU）和"3E"协调发展未来两种不同的经济发展情景，基于此对2025年和2030年的经济产出、能源消费需求量和二氧化碳排放量进行预测。

第三，在此基础上本书采用Markov链模型研究了2015—2020年一次能源消

```
┌─────────────────┐
│      绪论         │
└─────────────────┘
```

┌──────────────────────────┐   ┌──────────────────────────┐
│ 能源消费结构低碳化转型研究综述 │   │ 能源消费结构低碳化转型的理论基础 │
└──────────────────────────┘   └──────────────────────────┘

┌──────────────────────────┐
│ 能源消费结构低碳化转型的关键问题 │
└──────────────────────────┘

┌──────────────────────────┐
│ 能源消费结构低碳化的新常态情景模拟研究 │
└──────────────────────────┘

┌──────────────────────────┐
│ 新常态情景下未来能源消费结构低碳化转型研究 │
└──────────────────────────┘

┌─────────────────┐ ┌─────────────────┐ ┌─────────────────┐
│ 新常态情景下能源消费 │ │ 政策型环境规制下能源消费 │ │ 非正式环境规制下能源消费 │
│ 结构空间区划研究   │ │ 结构低碳化路径研究   │ │ 结构低碳化路径研究   │
└─────────────────┘ └─────────────────┘ └─────────────────┘

┌──────────────────────────┐
│ 能源消费结构低碳化转型的中国路径 │
└──────────────────────────┘

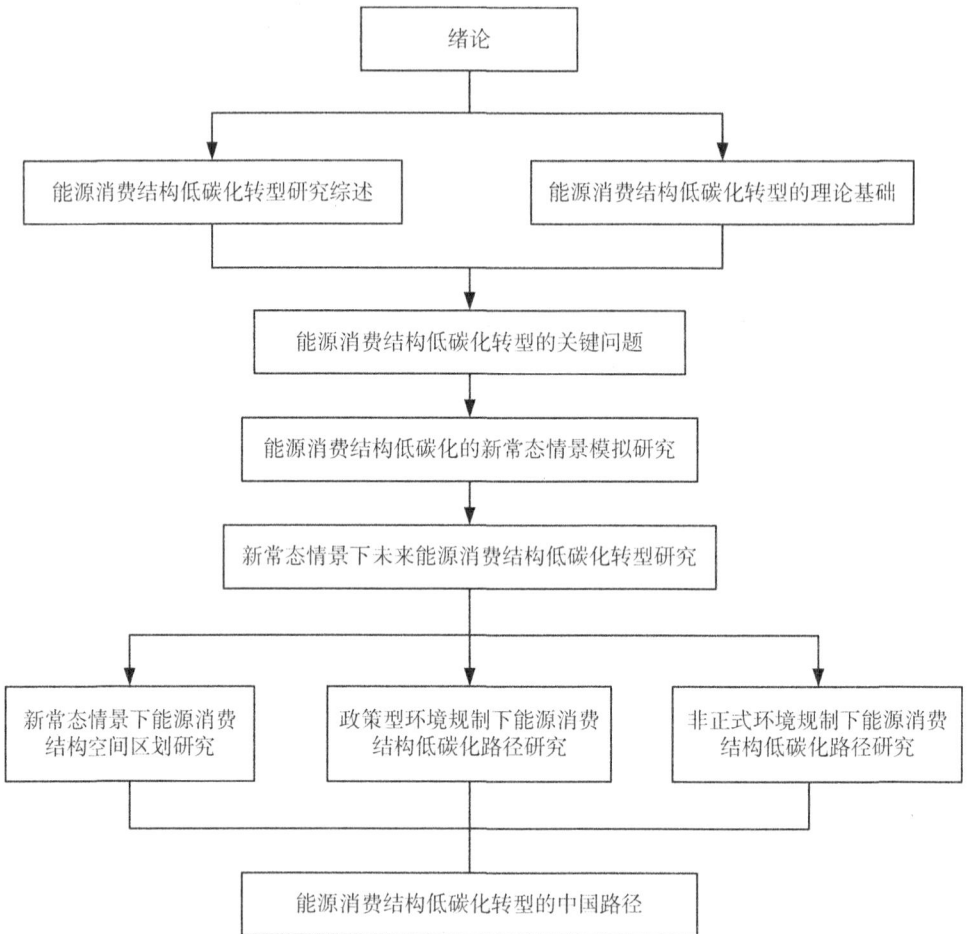

图 1.1　研究技术路线图

费结构的内在变动规律，预测了新常态下中国未来一次能源消费结构的惯性演变趋势并运用多目标决策方法对"3E"协调发展模式下2025年和2030年一次能源消费结构低碳化转型趋势进行了研究。在区域层面，本书运用考虑投入产出松弛的 SBM 模型对中国 30 个省、市、自治区绿色全要素生产率值进行了测算和对比，定量分析了中国省际绿色全要素生产率状况及差异，并基于地理信息系统（GIS）分析方法研究了各省、市、自治区绿色全要素生产率的演进规律和能源消费结构特征，利用 K-Means 聚类分析方法对这两个特征进行了聚类分析和空间区划。

第四，本书研究碳排放权交易对能源消费结构低碳化转型的影响及其背后的作用路径。理论上，碳排放权交易机制是我国实现"30·60"双碳愿景的重要政策工具之一，在推动经济社会绿色低碳转型中具有重要作用。碳交易政策可以"生态创新效应为引领、结构优化效应为内驱、环保支出效应为助推、行为驱动效应为补充"倒逼地区能源消费结构实现低碳化转型。本书选取中国2000—2018年30个省、市、自治区的面板数据，构建了能源消费结构低碳化指数，基于多期双重差分、三重差分等方法实证检验碳交易政策与能源消费结构低碳化转型之间的关系及异质性影响，并进一步利用多重中介效应模型探讨了碳交易政策推动地区能源消费结构低碳化转型的作用路径。

第五，在环保教育不断加强的背景下，非政府主体引导下的非正式环境规制所产生的作用已不容忽视。本书基于生态创新、产业结构优化、外商直接投资及能源消费强度四个中介变量，试图运用多重中介效应模型探究非正式环境规制影响能源消费结构低碳化转型的路径，并在不同条件下讨论非正式环境规制对于能源消费结构低碳化转型的异质性影响。

第六，本书提出了中国一次能源消费结构低碳化转型路径的对策建议，本书的主旨是通过全方位的系统研究"三低三严"约束条件下中国一次能源消费结构低碳化转型问题，厘清当前中国一次能源消费结构存在的问题并提出相应对策建议。因此，本书从管理制度建设、技术、政策等层面提出了切实可行的中国一次能源消费结构低碳化转型的发展对策。

第三节 研究方法及创新之处

"三低三严"约束条件下的能源消费结构低碳化转型路径问题是一个极其复杂但很重要的课题。本书在进行调研、收集资料、参加学术会议等大量工作的基础上对其进行了系统研究，根据对国内外相关文献的整理总结，在以下方面有一定程度的创新：

一是在研究视角方面，从全球气候变化、中国经济转型升级、资源日渐耗竭等多重约束倒逼能源结构低碳化转型这一基本事实出发，将产业结构调整、能源消费结构变化及雾霾背景下的环境治理等约束作为重要的影响因素，并且考虑到政策目标约束的影响，运用计量经济学分析工具和宏观经济系统模型对"三低三严"新常态下的能源消费结构低碳化路径进行了系统研究，这是一种思维创新。

二是在理论方面，本书利用能源经济学、经济增长理论、战略管理领域理论等多学科研究方法，构建能源发展新常态下的能源-经济-环境复杂系统模型，可以实现能源供需、煤炭资源低碳化利用和新能源高效开发这些方向上的综合集成创新，形成中国能源资源管理的理论与方法体系，推动其他相关学科发展，这是一种理论创新。

三是将低碳经济、节能减排等重要的影响因素纳入能源需求预测，对 2025 年和 2030 年中国经济产出、一次能源消费需求量和二氧化碳减排潜力进行定量测算，选取马尔科夫链和多目标决策方法规划一条通过降低煤炭消费和发展清洁能源，经济可行的能源消费结构低碳化转型路线，为实现低碳经济发展与能源产业升级协调统一提供了新的思路，这是一种应用创新。

四是对区域能源消费结构低碳化转型进行了系统研究。首先，根据 30 个省、市、自治区能源消费结构和绿色全要素生产率特征，基于 SBM、GIS 和 K-means 方法进行了类群划分，得到六大类群：低效率能源消费结构不合理类群、低效率能源消费结构欠合理类群、低效率能源消费结构较合理类群、高效率能源消费结构不合理类群、高效率能源消费结构欠合理类群和高效率能源消费结构较合理类群。其次，本书通过构建能源消费结构低碳化指数，试图运用多期双重差分、三重差分、多重中介效应模型等方法探究正式和非正式环境规制影响能源消费结构低碳化转型的路径，并在不同条件下讨论正式和非正式环境规制对于能源消费结构低碳化转型的异质性影响，这是一种方法运用创新。

五是对"三低三严"新常态下中国能源结构低碳化转型的阻碍进行详细分析，有针对性地提出了新常态下中国能源结构低碳化转型的内涵、三大目标和五大驱动机制；提出了基于管理制度建设、技术、政策等层面的能源消费结构低碳化转型的中国路径，这是一种管理创新。

第二章　能源消费结构低碳化转型研究综述

煤炭作为一种可耗竭资源，其稀缺性决定了它最终会被其他能源替代；另一方面，发展清洁能源替代煤炭等化石能源是有效减少温室气体排放的重要途径。对"三低三严"新常态下能源消费结构低碳化转型发展研究，离不开能源经济学、能源与可持续发展、能源与环境、能源预测、能源安全等多方面研究成果的支持。其研究主要可归纳为以下五个方面。

第一节　能源消费、环境污染与经济增长关系研究

从 20 世纪 70 年代开始，随着可持续发展理念被国际社会广泛接受，国内外学者开始把能源和环境纳入经济增长理论模型进行研究。

一、关于能源与经济增长关系的研究

关于能源与经济增长关系的研究主要集中在能源消费与经济增长相互关系的验证方面，一般可以分为三个阶段：

首先是简单线性回归模型阶段。自 Granger 因果关系检验方法被提出以来，Kraft、Kraft（1978）[1]开创性地使用该方法对美国 1947—1974 年的能源消费和 GNP 数据之间的关系进行了分析，研究发现存在 GNP 到能源消费的单向因果关系，实施能源政策影响不了 GNP 增长。Akarca、Long（1980）[2]采用美国月度数据进行研究也得出了一致的结论。Glasure、Lee（1998）[3]对 Kraft 等所建立的双变量模型进行了扩展，研究结果表明，经济增长和能源消费之间存在双向因果关系。Atkeson、Kehoe（1999）[4]通过变动数据的时间跨度研究，得到了与 Kraft 等不一致的结论。Yu、Choi（1985）[5]运用美国、英国、韩国、波兰和菲律宾五个

国家的样本数据进行的研究发现韩国的 GNP 与能源消费之间存在单向因果关系，菲律宾的结果正好相反，美国、波兰和英国这些国家则不存在 GNP 与能源消费之间的因果关系。Yu、Hwang（1984）[6] 和 Abosedra、Baghestani（1989）[7] 等根据不同时间段的样本数据研究得到能源消费和经济产出之间不存在因果关系。这表明选取不同的样本数据，得到的实证研究结果可能会有所不同。Erol、Yu（1987）[8] 对德国、英国、法国、日本、加拿大和意大利六个工业化国家的样本数据进行了检验，研究发现日本和意大利存在从收入到能源消费的单向因果关系，德国则存在相反的结论，对于英国、加拿大和法国这三个国家，能源消费表现为中性。Hwang、Gum（1992）[9] 采用中国台湾地区的样本数据研究得到经济增长、能源消费与就业之间并不存在显著的因果关系。Stern（1993）[10] 建立了一个包含 GDP、能源消费、资本、劳动力在内的四变量向量自回归（VAR）模型，根据美国 1947—1990 年的样本数据，通过 Granger 因果检验发现存在从能源消费到 GDP 的单向因果关系。Chiou-Wei、Chen、Zhu（2008）[11] 对亚洲新兴工业化国家的样本数据进行了实证分析，得出的结论是混合的。Tsani（2010）[12] 利用希腊 1960—2006 年的样本数据进行研究发现能源消费与经济增长之间存在单向因果关系，实施能源政策应考虑其对经济增长的影响。上述研究是在时间序列数据是平稳的这一假设基础上展开的实证分析，没有对样本数据进行平稳性检验，这样极有可能会出现"伪回归"的结果。

其次是时间序列协整分析阶段。协整理论和方法于 1987 年由 Engle 和 Granger 提出，为非平稳时间序列数据的建模提供了一种解决途径，学者们也开始利用协整分析方法对能源消费与经济增长问题进行研究。Yu、Jin（1992）[13] 首先利用协整分析方法对能源消费与经济增长之间的关系进行了研究，根据美国 1974—1990 年的季度样本数据，应用 E-G 两步法研究发现能源消费与国民收入之间并不存在长期均衡关系。Cheng、Lai（1997）[14] 同样采用 E-G 两步法对中国台湾地区 1955—1993 年的能源消费、GDP 和劳动力数据进行了分析，得出能源消费、GDP 以及劳动力之间均不存在长期均衡关系，但利用 VAR 模型进行 Granger 因果检验时发现存在从 GDP 到能源消费和从能源消费到劳动力的单向因果关系。Yang（2000）[15] 对中国台湾地区的样本数据进行了更新，样本范围更新为 1954—1997 年，采用同样的方法分析了中国台湾地区 GDP 和煤炭、石油、天然气、电力消费以及能源消费总量之间的因果关系，研究结果表明：GDP 与能源消费总量之间同样不存在长期均衡关系，而 GDP 和能源消费总量、煤炭、电力消费之间均存在双向因果关系，从天然气消费到 GDP 则存在单向因果关系，从 GDP 到电力消费也存在单向因果关系。Asafu-Adjaye（2000）[16] 运用协整分析方法和误差修正模型（ECM）对印度、菲律宾、印度尼西亚、泰国四个东南亚国家的能源消费与经济增长之间的关系进行了比较研究，研究结果表明菲律宾和泰国存在能源消费和 GDP 之间的双向因果关系，而印度和印度尼西亚则存在从能源消费到 GDP 的单向因果关系。Soytas、Sari（2003）[17] 运用协整分析方法和误差修正模型（ECM）研究得到阿根廷能源消费和经济增长之间存在双向因果关系，而土耳其、日本、法国和德国存在从能源消费到 GDP 的单向因果关系，韩国和意大利则存在从 GDP 到能源消费的单向因果关系。另外，Masih、Masih（1997）[18] 和 Ghali、El-Sakka（2004）[19] 等学者运用协整分析方法和误差修正模型选取不同的样本区间数据针对不同国家和地区的能源消费与经济增长之间的关系进行了实证分析，各自得出了不尽相同的研究结论。

最后，随着协整检验理论和面板数据分析方法的发展，能源消费与经济增长之间关系的实证研究进入面板协整检验分析阶段。面板数据的协整检验理论研究始于 1995 年，面板数据弥补了单纯使用动态时间序列数据或截面数据的局限性，既对样本容量不足问题的解决有利，又能提高检验势，准确刻画和分析多个时间序列变量之间的关系，因而在能源经济学领域得到了广泛应用。最早采用面板协整检验方法分析能源消费和经济增长关系的是 Lee（2005）[20] 的研究，该研究通过面板误差修正模型对 1975—2001 年 18 个发展中国家的能源消费和经济增长之间的关系进行了分析，研究结果表明这些发展中国家能源消费与经济增长之间存在短期和长期单向因果关系。Narayan、Smyth（2007）[21] 利用面板协整检验分析方法对中东地区的石油消费和经济增长之间的关系进行了考察分析，发现中东地区的经济增长驱动了石油消费需求。Narayan、Smyth、Prasad（2007）[22] 还运用面板协整分析方法和面板单位根检验技术，考察了七国集团居民电力消费的价格弹性和收入弹性，认为居民电力需求的收入弹性缺乏和价格弹性富有，提高电力价格长期内对减少居民电力需求有利，进而有利于二氧化碳的减排。Mehrara（2007）[23] 采用面板协整分析方法和面板单位根检验技术对 11 个石油输出国

(OPEC)的人均能源消费与人均 GDP 之间的关系进行了实证分析，研究结果表明这些国家存在从 GDP 到能源消费的单向因果关系。Huang、Hwang、Yang (2008)[24]采用面板协整检验分析方法对 18 个发展中国家的能源消费与经济增长之间的关系进行了考察，研究发现这些发展中国家长期来看存在从经济增长到能源消费的单向因果关系。Ciarreta、Zarraga（2010）[25]利用面板协整检验分析方法选取 12 个欧洲国家的样本数据进行估计和分析，研究结果表明欧洲国家的经济增长和能源消费之间存在长期的单向因果关系。Lee、Chang、Chen（2008）[26]和 Belke、Dobnik、Dreger（2011）[27]的研究发现经合组织（OECD）国家的经济增长和能源消费之间存在长期均衡关系和双向因果关系。

国内学者针对中国能源消费与经济增长之间的关系也展开了大量研究，同样也没有得到一致性的结论。顾培亮（1986）[28]运用数学模型对经济增长与能源消费之间的关系进行了实证分析研究。赵丽霞、魏巍贤（1998）[29]首次将能源要素作为新的生产要素引入柯布-道格拉斯生产函数，构建了三变量的向量自回归 VAR 模型，研究结果表明中国电力消费与 GDP、资本以及人力资本之间均存在长期均衡关系。林伯强（2003）[30]采用协整检验分析方法和误差修正模型，对中国电力消费与经济增长之间的关系进行了考察，研究发现中国电力消费与 GDP、资本以及人力资本之间均存在长期均衡关系。韩智勇等（2005）[31]采用协整检验分析方法对中国 1978—2000 年能源消费和经济增长之间的关系进行检验和估计，研究发现中国能源消费与经济增长之间不存在长期均衡关系，而存在双向因果关系。吴巧生、成金华、王华（2005）[32]采用面板协整分析和面板单位根检验方法研究了中国区域能源消费与 GDP 之间的因果关系，认为不同地区表现的特征不同。赵进文、范继涛（2007）[33]运用非线性平滑转换回归（LSTR）模型探讨了中国经济增长与能源消费之间的关系，研究结论表明两者之间存在相互非对称变化特征，同时中国经济增长对能源消费的影响存在非线性的阶段特征。林伯强、魏巍贤、李丕东（2007）[34]利用协整技术研究了中国 1980—2004 年煤炭消费与经济增长之间的关系，发现从经济增长到煤炭消费存在单向因果关系。张志柏（2008）[35]通过误差修正模型和协整技术分析了中国 1953—2005 年经济增长、产业结构、能源价格和能源消费之间的关系，研究发现存在从能源消费到经济增长和从产业结构到能源消费的单向因果关系，能源价格和能源消费之间不存在因果关系。另外解垩（2008）[36]，杨宜勇、池振合（2009）[37]和宁泽逵（2010）[38]等学者们也采用 Granger 因果检验方法和协整分析技术对能源消费和经济增长之间的关系做了一系列研究，得出的研究结论也不尽相同。

二、关于环境污染排放量与经济增长关系的研究

20 世纪 90 年代开始关于环境污染排放量与经济增长的关系成为国内外研究和关注的焦点。Grossman、Krueger（1995）[39]最早采用回归模型选取 66 个国家与地区的样本数据对其经济增长与多种环境污染物之间的关系进行了研究，发现多数环境污染物的污染水平与人均收入之间呈现出"倒 U"形曲线关系，进而提出环境库兹涅茨假说。从此国内外学者们分别选取横截面数据、时间序列数据或面板数据对环境库兹涅茨曲线是否存在进行了大量广泛的检验，如 Torras、Boyce（1998）[40]，Dasgupta 等（2002）[41]，Stern（2004）[42]和 Dinda（2004）[43]等使用跨国横截面数据进行了有关 EKC 的研究；计量经济学的发展导致使用时间序列数据来研究 EKC 进入了一个热潮，学者们对此展开了一系列研究，如 Selden、Forrest、Lockhart（1999）[44]，张晓（1999）[45]，杨凯等（2003）[46]，Bruvoll、Medin（2003）[47]，Gergel 等（2004）[48]，赵细康等（2005）[49]，苏伟、刘景双（2007）[50]，闫新华、赵国浩（2009）[51]，韩旭（2010）[52]等；使用面板数据进行研究的有 Ansuategi（2003）[53]，Rupasingha 等（2004）[54]，Markandya、Golub、Pedroso-Galinato（2006）[55]，宋涛、郑挺国、佟连军（2007）[56]，Paudel、Schafer（2009）[57]，郭军华、李帮义（2010）[58]，王良举、王永培、李逢春（2011）[59]，李惠娟、龙如银（2013）[60]等。

三、关于能源消费、二氧化碳排放与经济增长之间关系的研究

近年来许多学者开始探索能源消费、二氧化碳排放与经济增长之间的关系，Ang（2007）[61]根据法国 1960—2000 年的样本数据，采用向量误差修正模型对其能源消费、二氧化碳排放与经济增长之间的关系进行了研究，发现从长期来看存在从经济增长到能源消费和从经济增长到二氧化碳排放的单向因果关系，从短期来看能源消费驱动了经济增长，存在单向因果关系。Apergis、Payne（2009）[62]基于 Ang 的研究，运用面板误差修正模型对中美洲 6 个国家的能源消费、二氧化

碳排放和经济增长之间的关系进行了研究，发现从长期来看能源消费是二氧化碳排放的原因，与经济增长则呈现"倒 U"形曲线关系；能源消费与经济增长之间在短期存在单向因果关系，在长期两者存在双向因果关系。Soytas、Sari、Ewing（2007）[63]在综合考虑劳动投入和固定资本形成总额的情况下对美国能源消费、二氧化碳排放和收入之间的关系进行了分析，研究结果表明：从长期来看能源消费是二氧化碳排放的 Granger 原因，而收入不是二氧化碳排放的 Granger 原因，同时强调减缓收入的增长速率并不一定是解决环境污染问题的有效途径。Soytas、Sari（2009）[64]在综合考虑劳动投入和固定资本形成总额的情况下对欧盟候选国能源消费、二氧化碳排放和经济增长之间的长期因果关系进行了检验和分析，发现从能源消费到二氧化碳不存在单向因果关系，反之则成立；从长期来看经济增长和二氧化碳排放之间不存在因果关系。Marrero（2010）[65]对 Ang 的研究进行了拓展，使用欧洲 24 个国家 1990—2006 年的动态面板数据进行分析，结果表明能源消费对二氧化碳排放的影响将取决于其能源结构和能源终端使用量这两个因素。Halicioglu（2009）[66]运用边界检验法（bound testing approach）考察分析了土耳其 1960—2005 年能源消费、二氧化碳排放、对外贸易以及收入之间的动态关系，研究发现这些变量之间存在两种协整关系：第一种协整关系表现为二氧化碳排放由能源消费、对外贸易和收入决定，第二种协整关系表现为收入由能源消费、二氧化碳排放和对外贸易决定；且发现对二氧化碳排放影响最显著的是收入，其次是能源消费和对外贸易对它的影响。牛叔文等（2010）[67]利用亚太地区 8 个国家 1971—2005 年的面板数据对能源消费、二氧化碳排放和经济增长之间的动态关系进行了研究，研究结果发现能源消费、二氧化碳排放和经济增长三者之间存在协整关系，发展中国家的二氧化碳排放基数和能源利用效率低、单位能耗和单位 GDP 二氧化碳排放高，而发达国家正好恰恰相反。胡彩梅、韦福雷（2011）[68]运用面板协整分析方法和面板单位根检验对 28 个 OECD 国家 1971—2006 年的能源消费、二氧化碳排放和经济增长之间的关系进行了研究，研究结果表明三者之间存在长期均衡关系，并且二氧化碳排放与能源消费之间有显著的正相关关系，各国二氧化碳排放的能源消费弹性系数差异显著；从长期来看部分国家二氧化碳排放与经济增长的关系呈现"倒 U"形曲线关系，部分国家则呈现"U"形曲线关系。曹广喜、杨灵娟（2012）[69]选取细分行业面板数据，利用面板协整分析方法和面板误差修正模型考察了中国经济增长、能源消费以及二氧化碳排放之间的协整关系和短期影响，研究结果表明经济增长、能源消费以及二氧化碳排放之间有着长期均衡关系，其中经济增长与二氧化碳排放具有正向短期影响，能源消费对二氧化碳排放之间存在负向的短期因果关系。

经过对已有文献的梳理分析，发现能源消费、环境污染和经济增长三个变量之间的关系非常复杂，学者们针对不同国家和地区的研究还没有形成一个一致性结论。

第二节　减排目标与经济增长关系研究

随着科学技术的进步和社会工业化进程的加快，人类经济社会活动过程中对能源的需求量越来越大，经济增长和经济发展也越来越依赖能源，而能源的消费又带来了许多环境污染问题。另外，随着全球气候日益变暖，世界各国之间的气候谈判进程也随之不断推进，可以预见未来针对各国的减排目标极有可能会确定下来。减排目标通常是指为避免发生某种危险性气候变化的风险，而提出大气中温室气体浓度目标或温室气体排放量目标。为了应对气候变化，在中国第一次公布 2020 年减排目标之际，许多国家也提出了自己的减排目标（如表 2.1 所示）。经济增长一直都是经济研究领域中备受关注的焦点问题，一般认为经济增长会增加一个国家的财富和就业机会，而人们真正关心的问题实际上是如何能最大限度地满足人们的物质需要，使消费者社会福利效益最大化。如何针对减排目标和最小成本适应原则来确定合适的减排路径，即在尽可能不影响经济增长或发展的前提下实现减排目标，成为世界各国关注的热点问题。

然而，尽管《京都议定书》历经艰难最终仍未能获得理想中的成果，但《巴黎协定》很快作为历史上参与方最多且生效最快的国际条约之一让人们看到了新的希望。《巴黎协定》以各国自愿减排的方式开辟了气候治理路径新思维，使缔约方展现出了相当高的参与度。在《巴黎协定》的对比下，人们普遍注意到了两种不同的气候治理路径：一种是《京都议定书》下"自上而下"逻辑指导下的气候治理路径；另一种是《巴黎协定》所呈现出的以国家自主贡献方式"自下而上"的气候治理路径。《巴黎协定》要求每个国家都概述并传达未来的长期减排目标，在

表 2.1　　　　　　　　　世界各国 2020 年减排量化目标汇总表①

分类	国家/地区	2020 年减排量化目标
工业化国家/地区	美国	减排 17%（在 2005 年基础上）
	欧盟	减排 20% 至 30%（在 1990 年基础上）
	日本	减排 25%（在 1990 年基础上）
	挪威	减排 30% 至 40%（在 1990 年基础上）
	澳大利亚	减排 5% 至 25%（在 2000 年基础上）
	新西兰	减排 10% 至 20%（在 1990 年基础上）
	俄罗斯	减排 15% 至 20%（在 1990 年基础上）
	加拿大	减排 17%（在 2005 年基础上）
	哈萨克斯坦	减排 15%（在 1992 年基础上）
	克罗地亚	减排 5%（到加入欧盟前）
发展中国家	中国	二氧化碳排放强度减少 40% 至 45%（在 2005 年基础上）
	巴西	减排 36% 至 39%（"情景照常"模式——BAU）
	以色列	减排 20%（"情景照常"模式——BAU）
	印度	二氧化碳排放强度减少 20% 至 25%（在 2005 年基础上）
	韩国	减排 30%（"情景照常"模式——BAU）
	印度尼西亚	减排 26%（"情景照常"模式——BAU）
	马绍尔群岛	减排 40%（在 2009 年基础上）
	摩尔多瓦	减排 25%（在 1990 年基础上）
	新加坡	减排 16%（"情景照常"模式——BAU）
	南非	减排 34%（"情景照常"模式——BAU）

《巴黎协定》批准生效前叫"预案"，而在批准之后就称为国家自主贡献，需要按照协定签署国家自主贡献的内容每五年进行一次更新。根据联合国当前的国家自主贡献登记处网站统计，截至 2019 年 7 月 18 日，共有 184 个国家提交了国家自主贡献文本，② 2020 年后各缔约方参与全球应对气候变化行动的根据就是其国家

① 截至 2010 年 2 月 2 日世界各国公布的减排承诺。

② NDC Registry（interim）.［2019-07-18］. https：//www4. unfccc. int/sites/NDCStaging/Pages/All. aspx.

自主贡献的内容。

世界资源研究所(WRI)气候数据开发平台 2014 年的数据(CAIT climate data explorer)显示中国、美国、欧盟、印度、俄罗斯、日本、巴西、伊朗这 8 个国家和地区的温室气体排放量近乎占到全球温室气体年排放量的 2/3。表 2.2 为前 8 大温室气体排放国家和地区减缓贡献的关键内容。在这 8 个国家和地区当中，如果将它们分为发达国家和地区(美国、欧盟、日本、俄罗斯)和发展中国家(中国、印度、巴西、伊朗)，从中可以很鲜明地发现：首先，发达国家和地区倾向于设置绝对目标，美国、欧盟、俄罗斯、日本皆是如此；其次，在温室气体涵盖面方面也是它们的计划涵盖更全面，而发展中国家中只有中国的具体目标与主要的温室气体 CO_2 挂钩。当然，发达国家和地区有能力涵盖更全面的温室气体与其经济发展的阶段有关。第一，发展中国家普遍以发展为第一优先顺序，其减排目标的制定是在保全经济发展水平的前提下制定的，发展中国家不能也不敢贸然打破国家原有的发展进程。第二，转向绿色发展道路需要大量的资金、技术以及成熟的经验支撑。广泛领域的减排措施与宽泛的温室气体涵盖范围对发展中国家来说或力有不逮。第三，在受经济发展水平限制的情况下，比较先进的发展中国家比如中国将 CO_2 作为减排温室气体的主要目标，再逐步扩大范围。而从其他几个发展中国家在目标温室气体方面含糊其词，并未给出清晰明确的界定也能看出发展中国家普遍的"自我保护"心态。

表 2.2　　　　前 8 大温室气体排放国家和地区减缓贡献的关键内容

国家	基准年	减缓贡献	温室气体范围
美国	2005	到 2025 年时在 2005 年温室气体排放量的基础上减排 26%~28% 并尽力达到 28%	CO_2、CH_4、N_2O、PFC_5、HFC_5、SF_6、NF_3
欧盟(28 国)	1990	到 2030 年温室气体与 1990 年相比减少至少 40%；非化石能源占一次能源消费比重达到 20% 左右，森林蓄积量比 2005 年增加 45 亿立方米左右	CO_2、CH_4、N_2O、PFC_5、HFC_5、SF_6、NF_3

续表

国家	基准年	减缓贡献	温室气体范围
日本	2013	到 2030 财务年与 2013 财务年相比温室气体排放减少 26%（或与 2005 财务年相比减少 25.4%）	CO_2、CH_4、N_2O、PFC_5、HFC_5、SF_6、NF_3
俄罗斯	1990	到 2030 年，温室气体排放与 1990 年相比减少 70% 到 75%	CO_2、CH_4、N_2O、PFC_5、HFC_5、SF_6、NF_3
中国	2005	到 2030 年单位国内生产总值 CO_2 排放比 2005 年下降 60% ~ 65%；在 2030 年左右 CO_2 达到峰值；非化石能源占一次能源消费比重达到 20% 左右，森林蓄积量比 2005 年增加 45 亿立方米左右	CO_2
巴西	2005	到 2025 年温室气体排放与 2005 年相比减少 37%，到 2030 年减少 43%；到 2030 年实现可再生能源使用占比 45%	CO_2、CH_4、N_2O、PFC_5、HFC_5、SF_6
伊朗	2005	"情景照常"模式——BAU 下到 2030 年减排 4% 到 12%	CO_2、CH_4、N_2O、PFC_5、HFC_5、SF_6
印度	2005	到 2030 年单位国内生产总值温室气体排放强度比 2005 年下降 33% ~ 35%；到 2030 年累计实现非化石能源电力组装能力达到 40%，到 2030 年额外创造碳汇 250 亿到 300 亿吨，到 2022 年风力发电组装能力达到 60GW，到 2022 年太阳能发电组装能力达到 100GW，到 2020 年生物质能发电组装能力达到 10GW	未提及

对温室气体排放的研究，最初经济学家主要集中在构建"情景照常"模式——BAU（bussiness-as-usual）排放曲线，即不采取减排行动时的排放轨迹，自从 1988 年多伦多会议提出应对气候变化的目标后，研究重心转向温室气体减排经济成本的评估上面，并由此涌现了大量的研究成果和文献。减排温室气体经济

成本的评估模型大致可以分为两类：自下而上（bottom-up）的系统工程模型和自上而下（top-down）的宏观经济模型。自上而下类型的模型是以经济学理论和方法为基础的，能源在经济活动模型中被认为是投入的生产要素，因而可计算一般均衡CGE（computable general equilibrium）模型成为能源政策、减排措施和气候保护政策对经济系统影响研究中的常用分析工具。Jorgenson、Wilcoxen（1993）[70]和Goulder（1995）[71]采用跨期动态CGE模型分析了美国环境税改革的经济效应。Brendemoen、Vennemo（1994）[72]通过CGE模型分析了挪威国家环境税改革的二次收入分配效应。Bohringer（1998）[73]运用动态CGE模型研究了某些环境政策的经济影响。Bye（2000）[74]对Brendemoen等人的研究进行拓展，采用动态CGE模型对挪威国家环境税改革的非环境成本进行研究，研究结果发现环境税改革将带来正的非环境效用和不充分完备的价格预期将会影响效用成本。Kemfert、Welsch（2000）[75]采用多部门动态CGE模型对德国二氧化碳排放受限制带来的经济影响进行了评估，并研究了资本-劳动-能源之间替代弹性的敏感性。Nakata、lamont（2000）[76]和Scrimgeour、Oxley、Fatai（2005）[77]分别利用局部均衡模型和一般均衡模型对碳税和能源税给日本以及新西兰能源系统和能源密集产业部门带来的影响进行了研究。Dissou、Leod、Souissi（2002）[78]采用基于垄断竞争市场的动态CGE模型对加拿大执行《京都议定书》的成本和偏离自由竞争市场的程度进行了研究，研究结果表明执行成本在自由竞争市场框架下将被低估。Dellink 等（2004）[79]运用动态CGE模型研究了荷兰气候变化和酸性气体的温室气体减排经济成本。Bohringer、Welsch（2004）[80]通过多地区动态CGE模型对全球减排行动中各个国家人均二氧化碳排放水平是否会收敛到某个值进行了研究，研究结果发现相对于排放权不可交易情况，排放权交易在提高二氧化碳减排效率和各区域的经济福利方面表现显著。Babiker（2005）[81]采用多地区CGE模型研究分析了《京都议定书》有关国际减排合作目标的设定给能源密集型产业在全球布局带来的影响。Wissema、Dellink（2007）[82]通过CGE模型对能源税和碳税给爱尔兰经济造成的影响进行了研究，认为碳税能显著改变生产和消费方式，引导其向新能源和低碳能源转变，相对单一的能源税可以促进更大的减排。Telli、Voyvoda、Yeldan（2008）[83]分析了能源税、碳排放配额和减排技术投资等不同减排措施给土耳其经济带来的影响。Fisher-Vanden、Sue（2008）[84]利用CGE模型分析了效率提高型 R&D 和质量改进型 R&D 对中国二氧化碳排放的影响，研究发现质量改进型 R&D 效应高于效率提高型 R&D 效应，最终将导致累积二氧化碳排放不断增加。Loisel（2009）[85] 运用动态 CGE 模型得出即使在严格的排放配额下，排放权的自由分配同样能保证罗马尼亚的经济增长，主要是由于环境管制加大了经济结构的转变。Lu、Zhang、He（2010）[86] 利用 CGE 模型对山西省能源投资给经济增长和二氧化碳排放带来的影响进行了研究。朱永彬、刘晓、王铮（2010）[87] 采用 CGE 模型模拟分析了不同碳税水平下减排效果与国民经济 121 个部门以及整个宏观经济各自受到的影响。Bye、Jacobsen（2011）[88] 运用 CGE 模型分别考察了一般研发活动和降低碳排放的研发活动（比如 CCS 技术）对挪威经济造成的影响，研究发现一般研发活动的经济效用更优，较高的碳税水平能显著减少两种研发活动造成的效用差距。

由于自上而下 CGE 模型在减排成本评价方面也有一定的局限性，它不能反映减排措施对温室效应控制是否有效，减排目标的经济效应分析归根到底是一个在许多未知和不确定因素情形下，在采取减排行动的成本与避免经济或其他损失的收益之间进行权衡取舍，从而寻求到最优决策。因此，在气候变化领域的研究中综合决策的集成评估模型占有重要地位。综合决策集成评估模型中的成本收益分析（cost benefit analysis，CBA）是经济学最常用的方法之一，是将减排成本模型、损失成本模型和适应成本模型等集成起来的综合评价模型。Nordhaus（1991）[89] 首先对大气中温室气体排放量导致的温室效应所带来的经济影响与成本收益进行了开创性的研究。Peck、Teisberg（1992）[90] 对 Nordhaus 的研究做了拓展，进一步考察分析了不同成本函数和损失函数的假定给全球最优二氧化碳排放路径造成的影响。Nordhaus（1992）[91] 把全球当作一个整体，将气候系统模型与全球经济一般均衡模型集成为动态综合气候经济模型（dynamic integrated model of climate and the economy，DICE），该模型包含气候变化、碳循环、碳排放、二氧化碳浓度以及气候系统对经济系统的影响和反馈等作用机制，也包括最优减排政策对经济系统的影响等。还有一些学者如 Hope、Anderson、Wenman（1993）[92] 和 Dowlatabati、Morgan（1993）[93] 基于区域尺度去建立模型，研究了各种水平的国际合作下的损益区别。Nordhaus、Yang（1996）[94] 基于 DICE 模型，又构建出 RICE 模型（regional integrated model of cliamte and the economy），它是气候变化经济学中的经济模型,是将气候、地球物理系统和经济系统集成起来对气候变化的经济影响进行研究的模型,属于多部分、多地区、动态、一般均衡、拉姆齐最优增长类型的模型,其将全球划分成几大部分,探索分析区域间的竞争博弈行为和区域层面上的最优二氧化碳减排政策。Manne、Richels(2005)[95]也从区域尺度构建出了地区最优政策评估模型,并模拟分析了实施减排政策给这些地区以及全球带来的影响。Kavuncu、Knabb(2005)[96]评估了《京都议定书》设定的减排目标下的成本和收益,通过研究负担成本和获得收益的各代人构建出代际交叠经济增长模型。Moslener、Requate(2007)[97]首先研究了几种污染物所造成的污染损失和减排成本,其次对最优减排路径进行了局部均衡分析。Gerlagh(2007)[98]把代际交叠模型和DICE(1999)模型相结合,重新研究了KK控制目标下的成本和收益,发现开始获益的年份由2315年变为2080年。Doyen等(2008)[99]基于可承受的二氧化碳浓度上限约束分别对有效的和最优减排率进行了研究,发现减排率随时间的变化是代际公平和成本有效的。Bollen等(2009)[100]采用改进的地区最优政策评估模型对全球气候变化和局部地区空气污染进行了综合成本收益分析,研究结果表明能源生产和消费模式同时驱动了两者的变化,两者的联系非常紧密,并且发现减缓气候变化所获取的收益要低于从改善空气污染中获取的收益。Nordhaus(2010)[101]基于RICE模型,在全球气温上升不超过2度的减排目标情景下对最优政策进行了模拟。林伯强、孙传旺(2011)[102]研究了在保障中国经济增长的前提下如何实现2020年二氧化碳减排目标。王建民(2012)[103]估算了中国二氧化碳减排目标约束对经济增长的影响,研究结果发现在二氧化碳减排目标约束下,中国2011—2020年能源消费给经济增长带来的影响将减少8.74%。周立群、李伟华(2013)[104]对中国二氧化碳排放约束指标和经济发展指标做了统一性分析检验,将二氧化碳排放约束因素引入扩展的新古典经济增长模型进行研究,发现二氧化碳排放约束指标和经济发展指标具有统一性。

可以发现以往对减排目标约束下经济增长情景预测的研究极少关注经济增长平稳性,经济增长的不平稳很容易引起经济危机。因此,本书将对二氧化碳减排目标下经济增长的平稳性进行探索研究。

第三节 能源消费结构问题研究

对于能源消费结构，国内外相关文献在研究内容方面主要集中在能源供需、不同种类能源之间的替代关系、能源消费结构预测和能源消费结构优化、能源以及经济之间的关系四个方面。

一、关于能源供需的研究

对能源供需的研究主要集中在能源需求预测方面。对能源需求进行预测的常用方法可分为两类：一类是基于能源需求影响因素的分析预测方法，例如能源消费弹性系数法[105]、系统动力学法[106]和情景分析法[107]；另一类是基于能源需求序列的分析预测，这种方法并不考虑影响能源需求的其他因素，只是考虑序列本身而进行预测。例如时间序列法[108,109]、神经网络模型法[110]和灰色预测模型法[21,111]。目前已有许多研究机构和学者开始对全世界以及主要国家的煤炭产量峰值进行预测，并形成了悲观派和乐观派，他们针对煤炭产量是否存在峰值展开了激烈的争论。悲观派认为煤炭产量峰值已经为期不远：如 Patzek、Groft（2010）[112]等通过全球煤炭生产的多循环模型进行分析后认为全球煤炭产量峰值将在 2011 年出现，Tao、Li（2007）[113]采用 STELLA 模型拟合 Hubbert 峰值的方法对中国原煤产量峰值问题进行了研究，他们认为中国的煤炭产量将在 2025 年到 2032 年间达到，峰值产量为 333900 到 445200 万吨；乐观派认为煤炭产量峰值还很遥远：如 Lior（2010）[114]的研究表明，煤炭、石油和天然气的储量与产量之比在过去的几十年内基本保持不变，现在还谈不上煤炭峰值来临的紧迫性。

二、关于不同种类能源之间替代关系的研究

各国学者根据不同地域不同时间段的样本数据，对各国不同时期能源之间的替代关系进行了实证分析，研究得到了一些有影响力的成果。其中比较有代表性的成果主要包括：

Pindyck（1979）[115]对发达国家不同类型能源之间的替代关系进行了跨国研究，研究结果表明所有样本国家中需求弹性最高的能源是煤炭，电力是需求弹性

最小的能源，煤炭、电力和石油之间具有显著的替代关系。Andrikopoulos、Brox、Paraskevopoulos（1989）[116]对加拿大的某些行业进行了分析，研究发现在通常情况下煤炭、石油和电力之间是可以相互替代的。Harvey、Marshall（1991）[117]以英国为例进行研究，发现石油和电力之间可以相互替代，石油和煤炭之间则可以互补。Renou-Maissant（1999）[118]对美国、日本、加拿大、英国、法国、德国和意大利这 7 个主要 OECD 国家工业部门的不同类型能源间的替代性进行了研究，发现在 1960—1993 年能源间的替代弹性和价格弹性都是很弱的，而且还明显具有不对称效应；尤其是 1986 年以后，能源之间的替代弹性几乎为零；这些国家关于能源之间替代关系的主要表现有：从长期来看所有国家的各种能源自价格弹性均是负的；在长期，所有国家除美国外，石油和电力是可相互替代的，并且平均而言所有国家的交叉价格弹性非常接近；从长期来看所有国家的天然气和电力互为替代品，但各个国家的替代程度有所不同。Soderholm（2000）[119]选取西欧发电部门的样本数据，研究价格变化导致的各种燃料之间的关系，结果发现：短期而言，能源之间的替代关系十分显著，尤其是天然气和石油这两种能源之间存在较大的替代弹性。Cho、Nam、Pagan（2004）[120]选取韩国 1981—1997 年的季度数据，利用两阶段超越对数成本模型对韩国能源之间的替代关系进行了分析，研究发现，煤炭、电力和石油的自价格弹性都是负的，其中自价格弹性值最大的是煤炭，最小的是石油；煤炭和石油之间的关系是可以相互替代的，石油和电力之间、煤炭与电力之间的关系都是可以互补的。Serletis、Shahmoradi（2008）[121]运用非参数和半参数相结合的统计方法对美国能源间替代问题进行了研究，发现在价格机制和供求机制的作用下，石油消费量将趋于下降，美国能源间替代的前进方向应当是新能源的大量使用。

国内对能源间替代关系的研究起步较晚，杭雷鸣、屠梅曾（2006）[122]基于1985—2003 年的样本数据利用超越对数生产函数模型对中国制造业内部能源间的替代关系进行了分析，研究发现：石油与煤炭的自价格弹性均为正值，电力自价格弹性为负值；石油和煤炭之间是互补关系，电力是石油的可替代品；较发达国家而言，中国能源之间的替代关系相对较弱。黄磊、周勇（2008）[123]选取中国1978—2004 年的样本数据，运用超越对数生产函数模型对煤炭、石油、电力和天然气之间的替代弹性进行了研究，发现电力与煤炭、石油及天然气之间的替代弹性均大于 1，天然气与煤炭、石油之间的替代弹性则小于 1。史红亮、陈凯、闫波（2010）[124] 利用岭回归方法对中国钢铁行业煤炭、电力、石油和天然气四种类型能源之间的替代弹性进行了分析，研究发现煤炭与石油、天然气以及电力之间的替代弹性均近似为 1。王明益（2012）[125] 通过建立一个包括煤炭、电力、石油、天然气四种能源要素的超越对数生产函数模型研究了 1979—2009 年山东省各能源之间的替代弹性，研究结果发现：煤炭与电力、煤炭与石油、天然气与电力以及石油与电力之间的替代弹性都大于 1，石油与天然气的替代弹性则小于 1。于立宏、贺媛（2013）[126] 利用 AES 替代弹性和超越对数生产函数对中国煤炭、石油、电力之间的相关替代弹性进行了估算，研究结果表明能源之间的替代效应、互补效应和自价格弹性均很低。

三、关于能源消费结构预测的研究

关于能源消费结构的预测，国内外相关学者利用各种方法对其进行了很多尝试。对于能源消费结构的预测方法主要包括宏观系统模型、马尔科夫链、多目标决策法、情景分析法以及灰色理论等。Kalogirou（2000）[127] 为避免对历史数据进行单纯的统计和定性分析，利用人工神经网络模型对部门的能源需求进行了预测。Gabriel、Kydes、Whitman（2001）[128] 基于经济、环境等因素的影响构建宏观模型分析能源消费结构的变化情况。Nakata（2004）[129] 研究发现调整和优化能源消费结构应该考虑经济、人口增长和环境等的影响，构建"低碳经济"，大力加强可再生能源的开发利用。赵柳榕、田立新（2008）[130] 建立了基于 Logistic 的能源结构预测模型。孔锐、储志君（2010）[131] 对中国未来的能源消费总量及各品种能源的消费量进行了预测。王迪、聂锐、李强（2011）[132] 利用多目标决策方法，计算了未来中国江苏地区的最优能源结构。王锋、冯根福（2011）[133] 利用协整检验分析方法和马尔科夫（Markov）链模型对中国 2011—2020 年的二氧化碳排放强度趋势进行了预测，并分不同情景评估分析了优化能源消费结构对实现二氧化碳排放强度的贡献潜力，结果表明在经济高速增长情景中的能源消费结构优化对实现二氧化碳排放强度目标的贡献潜力最大。范德成、王韶华、张伟（2012）[134] 认为实现低碳经济关键在于能源消费结构的优化，利用路径分析方法测算了低碳经济目标下各因素对一次能源消费结构的影响。王韶华、于维洋（2013）[135] 利用通径分析方法研究了一次能源消费结构中各种类型能源所占比重的相互关系及其和二氧化碳排放强度的直接和间接关系，基于此测算了各种类型能源消费比重对二氧化碳排放强度和 GDP 的贡献，并研究分析了一次能源消费结构变动对二氧化碳排放强度影响的灵敏度。

四、关于能源消费结构优化、能源以及经济之间关系的研究

关于能源消费结构优化、能源以及经济之间的关系，主要是国内学者从多角度运用定性、定量以及定性和定量相结合等方法做了大量研究。如：贲兴振、杨宝臣(2005)[136]基于1953—2003年的样本数据，运用协整检验分析方法和误差修正模型对中国能源消费总量以及各类型能源消费量与经济增长之间的关系进行检验和分析，结果表明能源消费总量与经济增长之间存在长期均衡关系，中国能源消费结构需要大力改善。管卫华、顾朝林、林振山(2006)[137]最先通过构建能源消费结构变化动力模型去模拟和预测中国能源消费结构，研究结果表明，能源消费结构中煤炭消费比重将逐渐下降，石油、天然气和水电的消费比重将会上升，特别是石油消费地位会逐渐提高。邱立新、雷仲敏、周田君(2006)[138]利用多目标决策模型研究了如何通过能源消费结构的优化实现经济增长和环境保护双赢的目标。郭菊娥、柴建、席酉民(2008)[139]采用通径分析方法估算了中国一次能源消费结构、技术水平、管理水平因素和单位 GDP 能耗强度之间的关系，发现中国单位 GDP 能耗低下主要是由于以煤为主的能源消费结构，并利用多元回归模型研究分析了调整和优化能源消费结构对节能降耗的影响效应和途径。孙晓鑫、孔微巍(2009)[140]研究发现一次能源消费结构的不合理导致单位 GDP 能耗居高不下，因此必须节能减排，提高能源利用效率。帅通、袁霞(2009)[141]研究发现能源消费结构的变化特别是高碳能源中煤炭能源消费比重的下降和热、电等清洁能源比重的上升，是二氧化碳排放强度下降的最主要原因之一。鞠可一等(2010)[142]基于1980—2007年的样本数据分析了中国能源消费结构和能源安全之间的关系。王强等(2011)[143]通过向量自回归(VAR)模型、方差分解函数(VD)和脉冲函数(IRF)分析了中国能源效率对经济结构和能源消费结构演变的响应机理。王火根、刘志飞(2012)[144]利用投入产出数据和 SDA 技术分析了影响中国能源消费结构的因素。郝新东(2013)[145]从能源消费结构视角出发，研究比较了中

美能源消费结构之间的异同及其原因。

第四节　二氧化碳排放效率问题研究

伴随全球气候谈判和自身生态文明建设的需要，二氧化碳排放特征的研究已经成为热点问题。从现有研究来看，二氧化碳排放效率测算评价指标可分为两类：一类是单要素二氧化碳排放效率，如二氧化碳排放强度、二氧化碳排放系数、碳生产率等。Sun（2005）[146]认为评价一国二氧化碳减排效果或能源政策的合适指标是二氧化碳排放强度。Zhang、Qu、Zheng（2008）[147]认为人均单位 GDP二氧化碳排放量和累计人均二氧化碳排放量等评价指标更能科学、合理、有效地测度二氧化碳排放效率。彭觅等（2010）[148]分析了中国多个省、市、自治区1998—2007 年的二氧化碳排放强度和二氧化碳排放总量的空间差异和演变情况。岳超等（2010）[149]等根据二氧化碳排放强度、人均二氧化碳排放量和年均二氧化碳排放量等指标分别测算了省际二氧化碳排放情况，并分东、中、西三大区域层面进行了差异分析。另一类是全要素（多要素）二氧化碳排放效率，由于全要素二氧化碳排放效率评价方法考虑多种投入要素和产出之间的相互作用关系，比单要素二氧化碳排放效率更符合现实生产过程，因此得到了广泛应用。全要素二氧化碳排放效率测算模型有参数模型和非参数模型，参数模型如随机前沿分析模型（stochastic frontier analysis，SFA），赵国浩等（2012）[150]采用该模型对山西省碳排放效率进行了评价；非参数模型如数据包络分析模型（data envelopment analysis，DEA），与 SFA 模型相比，DEA 模型不需要做任何主观假设，在处理多输出-多输入的有效性评价方面已经被证明具有绝对优势，因此成为全要素二氧化碳排放效率测算的主流模型。

DEA 是基于相对效率的评价方法，也是一种利用线性规划的凸分析方法。它运用数学规划模型去评价目标对象，评估多重输入及多重输出的 DMU 的相对效率。DEA 在处理多重输入和多重输出方面是有优势的，Zhou、Ang、Han（2010）[151]运用 DEA 评估了多重输出系统以及多重输入系统的效率。Nabavipelesaraei 等（2014）[152]运用 DEA 分析了基于多准则决策的非参数方法的果园经营者的效率。相比之下，传统的效率评价方法没有考虑非期望输出的问题。DEA

相对效率评价要求尽可能减少投入，并扩大产出[153]。为了使在 DEA 效率评估模型中包括非期望产出，很多学者做了大量有益的尝试。Hailu、Veeman (2001)[154]使用非期望产出变量作为输入进行处理。这种方法显然与实际生产过程不符。Scheel (2001)[155]和 Zhu (2003)[156]首先将非期望产出转化为倒数形式。这种方法与实际生产过程相悖，且估计有效性是有偏的。Seiford、Zhu (2002)[157]利用逆输出模型将非期望产出处理为期望产出，然而，这种方法只能运用在可变规模收益的条件下，否则，可能会得不出结论。Kounetas (2015)[158]使用 DEA 评估了存在不确定数据和非期望产出的联合循环电厂的最优规模。Chung、Fare、Grosskopf (1997)[159]提出了一种基于方向性距离函数的 DEA 模型，考虑了非期望产出的减少以及期望产出的扩张。它较好地解决了非期望产出效率评估问题，Marklund、Samakovlis (2007)[160]、Zofio、Prieto (2001)[161]和涂正革 (2008)[162]等都广泛运用了这一模型。在此之前的研究主要依赖于径向和角度的 DEA 模型。

当前应用不同 DEA 模型对关于二氧化碳排放效率和区域差异的研究，国外学者大多从国家层面展开，Zhou、Ang、Han (2010)[151]利用基于 DEA 的 Malmqusit 二氧化碳排放指数，测算了全球二氧化碳排放量最多的 18 个国家的二氧化碳排放效率，并对其影响因素进行了相关性分析。Marklund、Samakovlis (2007)[160]利用基于方向距离函数的 DEA 模型对欧盟国家二氧化碳减排成本进行了估算。Zofio、Prieto (2001)[161]在考虑非期望产出二氧化碳排放量的情形下，基于 DEA 模型对 OCDE 国家的二氧化碳排放效率进行了评价，并对其差异性做了分析。Csa 等(2011)[163]从东部、中部、西部三大地带视角对中国 1997—2007 年二氧化碳排放差异进行了研究。国内研究主要集中在二氧化碳排放效率测算和影响因素方面。屈小娥 (2012)[164]采用非参数 DEA 模型在全要素框架下对中国 1995—2010 年省际二氧化碳排放效率进行了测算，发现省际二氧化碳排放效率之间存在差异，且二氧化碳排放效率水平排序由高到低依次为东部、中部和西部；第三产业比重、公众环保意识和政府影响力的提高对二氧化碳排放效率提高有着促进作用，而进出口贸易比重、煤炭消费比重和重工业比重等因素增加抑制了二氧化碳排放效率的提高。魏梅、曹明福、江金荣(2010)[165]，查建平、唐方方(2012)[166]等采用 DEA 模型测算了中国省际二氧化碳排放效率，发现中国整体二氧化碳排放效率水平不高，且各省域之间的二氧化碳排放效率存在较大差异性，多种影响因素诸如对外贸易、能源价格、产业结构、R&D 投入和能源消费结构等都对二氧化碳排放效率产生显著的影响。兰梓睿、张宏武（2014）[167] 利用 DEA 模型对中国省际交通运输业二氧化碳排放效率进行了评价，发现绝大多数省份的交通运输业二氧化碳排放效率呈现不稳定的波动趋势。李涛、傅强（2011）[168] 基于 DEA 的非意愿要素 Ruggiero 三阶段模型和 1998—2008 年中国多个省际的面板数据对二氧化碳排放效率进行了测算，研究表明二氧化碳排放效率的提高更大程度上是结构改善所导致，而技术进步效应不太显著。

综上所述，学者们利用多种 DEA 模型从多个角度对二氧化碳排放效率和区域差异做了大量研究，取得了有益的研究结论，为本书研究奠定了一定的基础。然而传统 DEA 模型并不考虑非期望产出问题，上述研究在测算二氧化碳排放效率时，主要有以下几种处理方法：一是在投入要素中加入非期望产出变量，该处理方法明显不符合现实生产过程；二是将非期望产出的倒数作为期望产出变量，该效率评价方法与现实生产过程不符，结果有偏；三是利用逆产出模型将非期望产出作为期望产出处理，但是该方法只能在规模报酬可变（VRS）情况下求解效率，否则就有可能无解；四是以方向性距离函数为基础，同时考虑非期望产出的缩减和期望产出的扩大，使非期望产出效率评价问题能够被较好地解决，但径向和角度选择差异导致的偏差和影响却不能很好地得到解决[169]。Tone（2001）[170] 构造的 SBM 模型是一种把投入松弛和产出松弛均考虑在内的效率评价方法，使投入松弛性和非期望产出存在下的效率评价问题都得到了有效解决。SBM 模型又是基于非径向、非角度的 DEA 模型，因此径向和角度选择差异导致的偏差和影响都能够有效避免，效率评价的本质在该模型中更容易得到体现。Bi 等（2014）[171] 运用基于 Slacks 的 DEA 模型研究了中国化石燃料消费和发电环境政策之间的关系。Li（2016）[172] 和 Chen（2009）[173] 利用 SBM 模型计算了中国各地区的环境效率[174]。Bi 等（2015）[175] 运用基于数据包络分析的 SBM 模型进行了深入的研究。Yi 等（2013）[176] 运用区间调整方法对中国区域能源和环境效率进行了评价。

第五节　能源技术演化与低碳化经济研究

关于能源技术演化的研究主要集中在两个方面：一是利用经验曲线（或学习

曲线)研究单个技术的发展规律,如 Neij(1997)[177]利用经验曲线分析可再生能源技术的扩散和应用,发现可再生能源技术成本降低的可能性要大于常规能源技术,但仍需要大规模投资予以支持。Schilling、Esmundo(2009)[178]利用技术 S 曲线方法分析了主要可再生能源技术的性能轨迹,并与化石能源技术进行了比较;二是将从经验曲线中获得的学习率引入各种能源系统模型中研究能源、经济和环境演化问题。如 McDonald、Schrattenholzer(2001)[179]在大力实证分析的基础上,研究了各种能源技术学习率的分布,并提出了在能源系统模型中如何选择能源技术学习率的方法。张九天(2006)[180]针对技术变迁过程呈现的动态性、系统性和不确定性,通过建立能源-经济-环境-技术综合模型,对能源技术系统变迁进行了研究和分析。

另外,新能源的应用是低碳化发展的重要能源优化路径,美国的"页岩气"革命使其能源格局发生了重大转变,Hunt 等(2006)[181]详细地介绍了可持续能源发展的内涵,并分析了能源供应的现状与特征,展望了可再生能源的发展前景。薛绯(2012)[182]对中国页岩气产业发展进行了研究。莫神星(2012)[183]对低碳经济与低碳能源的发展进行了阐述,认为发展"低碳经济",建设"低碳社会"是中国能源和经济的发展方向以及未来社会的目标。低碳经济的实质是能源效率和清洁能源结构问题,发展低碳经济的核心是发展低碳能源。

综上所述,学者们针对能源消费结构低碳化转型相关问题做了一定的研究工作,而科学分析能源消费结构低碳化转型是一项非常艰巨且复杂的任务,已有的大部分文献只是从某一角度反映能源供需、经济增长和生态环境之间的关系,存在的问题主要有:由于考虑的影响因素和情景设置不同,能源供需预测结果差别较大,为正确判断中国能源消费结构变化趋势带来了困难;对能源问题的研究以介绍能源发展现状为主,综合分析能源需求影响因素进行能源需求预测的较少;新常态下中国经济正在转型升级,经济高速增长带动能源生产消费高速增长的时代已经一去不返,能源资源供需形势和消费结构低碳化转型升级备受关注,而以经济发展新常态和环境治理为情景变量的预测较少,能源资源改革相关的政策研究还有待不断深入和拓展。

第三章　能源消费结构低碳化转型的理论基础

"三低三严"新常态下一次能源消费结构低碳化的研究目前正处于不断发展、不断探索和不断完善阶段，研究低碳经济理论、环境规制理论、可持续发展理论、能源优化配置理论和区域协调可持续发展理论，是"三低三严"新常态下一次能源消费结构低碳化理论发展过程中必不可少的尝试和实践。

第一节　相关概念界定

一、能源种类概念界定

"能源"这一术语，涉及自然科学、社会科学、经济学等众多领域。关于能源的定义目前有 20 多种。本书综合各种定义后将能源概念定义为：能量资源或能源资源，它是国民经济运行的重要物质基础；是一种有多种表现形式并且能够相互转换的能量源泉，简单地说，能源是指自然界中可为人类提供可用能量的资源。

能源的种类繁多，由不同的划分标准可得到不同的分类结果。本书依据形态特征或被转换利用的程度，将能源资源划分为一次能源和二次能源；常规能源和新型能源。一次能源又可分为不可再生能源(有限的能源)和可再生能源(永续的能源)。表 3.1 为能源分类表。

一次能源是指从自然界中直接获取未经过任何加工转换的能源。如煤炭、石油、天然气、水能、生物质能、地热能、太阳能等。二次能源则是指对一次能源进行加工转换后得到的能源。如煤气、电力、蒸汽、沼气、焦炭和包括汽油、柴油在内的各种石油制品等。根据一次能源在使用过程中是否能得到循环利用和不断补充，又可将一次能源分为不可再生能源和可再生能源。其中煤炭、石油、天然气等化石能源使用后不能再生，可称为不可再生能源或者非再生能源；而水能、生物质能、地热能、太阳能等能源使用后可以再生，被称为可再生能源。另外一次能源中煤炭、石油和天然气这三种能源是核心，也是全球能源的基础构成。

表 3.1　　　　　　　　　　　能源分类表

能源类型	一次能源		二次能源
	不可再生能源	可再生能源	
常规能源	煤炭、石油天然气	水能	煤气、电力、蒸汽、沼气、汽油、柴油、焦炭、氢气、甲烷
新型能源	核能	风能、生物质能、海洋能、地热能、太阳能	太阳能电池等

资料来源：S. P. 帕克. 能源百科全书[M]. 程惠尔，译. 北京：科学出版社，1992.

根据使用类型又可将能源资源分为常规能源和新型能源。一般将使用普遍和技术成熟的能源称为常规能源，包括不可再生的煤炭、石油、天然气和可再生的水能等资源。通常将正着手开发或最近开始使用的能源称为新型能源，包括风能、生物质能、海洋能、地热能、太阳能等能源，新型能源大多数为可再生能源，其资源富饶、分布广阔，是未来主要开发利用的能源之一。

二、能源消费结构概念界定

能源结构主要是指各类一次能源、二次能源在能源总生产量或总消费量中的构成及其占比。其中，涉及能源生产的能源结构被称为能源生产结构，而涉及能源消费的能源结构被称为能源消费结构。

此外，按照能源消费种类的不同，能源消费结构还可进一步划分为一次能源消费结构、终端能源消费结构和部门能源消费结构等。其中，一次能源消费结构是指能源消费总量中各类一次能源（即煤炭、石油、天然气和核能等可再生能源）的构成及其占比。由于终端消费的电力是来自一次能源的加工转换且不直接产生二氧化碳，因此本书主要从一次能源消费的角度对中国能源消费结构进行研究。具体表征方法和相关变化趋势将在后续章节中进行介绍。

三、能源消费结构低碳化概念界定

1988 年德国科学院在发布的《能源转型：没有石油与铀的增长与繁荣》报告中介绍了能源转型的概念，指出：能源转型是一个过程，主要指一个国家或社会主导能源转变或更替的过程[184]。一般认为，能源转型主要集中为能源消费结构低碳化转型，具体表现为一次能源主导地位的交替更迭，即"新"能源替代"旧"能源，如煤炭替代柴薪、石油和天然气替代煤炭、可再生能源替代化石能源等。能源转型，从能源使用形式上看，是向着高效率、清洁化、低排放的方向进行转型的，而从能源利用形式上看，则是从简单向着复杂或变革的方向进行转型的。从深层次内涵来看，能源转型是从高碳发展向低碳发展的转型，即由粗放型发展方式向集约型发展方式转变，由经济主导型发展方式向环境友好型发展方式转变；此外，能源转型还是一个寻求改变、进步以及创新的过程，换言之，这种转变既是能源生产和消费方式的转变，更是能源消费理念的转变，是在转变中实现增长的过程。由本章第一节第一部分可知，煤炭和石油是高碳能源，相反天然气是低碳能源，而核能和可再生能源是清洁能源。本书关注的能源转型为能源消费结构低碳化转型，其转型路径为一次能源中的高碳能源（煤炭和石油）向低碳能源（天然气）和清洁能源（核能和可再生能源）转型，相关能源消费结构低碳化转型路径及模型优化将在后续章节中介绍。

第二节　低碳经济理论

一、低碳经济的概念及其内涵

关于低碳经济的概念，英国政府最早于 2003 年在《能源白皮书》中将"低碳经济"概括为在提高投入产出比的同时减少对环境的污染，从而提高人类的生活质量。随着世界各国经济联系的不断加强，低碳经济由经济问题逐步变为政治和经济问题，因此一直未形成统一的定义。目前由英国环境专家鲁宾斯德提出的低碳经济概念基本得到各国的认可，其描述为：通过市场与政府两种手段的结合，促进低碳技术的进步，实现产出效率高，能源消耗少，污染排放小的新型经济发展模式。

国内学者对低碳经济的概念研究较多。庄贵阳（2005）[184]认为实现低碳经济的重点是能源结构的优化以及通过市场竞争与政策引导促进能源技术创新和能源政策优化。邢继俊、赵刚（2007）[185]认为低碳经济就是加强新能源开发的技术研究和能源利用制度创新，实现二氧化碳减排和经济的可持续发展。鲍健强、苗阳、陈锋（2008）[186]将低碳经济定义为从化石能源低效利用的现代工业文明转向化石能源高效利用，新能源大力开发，社会发展与生态保护并进的生态经济和生态文明。李友华、王虹（2009）[187]提到低碳经济是从高碳能源向低碳能源的转变，目标是实现新的可持续的经济增长模式。金乐琴、刘瑞（2009）[188]认为低碳经济是经济、社会、环境问题的综合，是调整经济发展模式，转变经济结构，改变人类生活方式的重要选择，也是需要全球合作的战略性任务。李慧明、杨娜（2010）[189]以二氧化碳排放量作为考察经济发展的尺度，提出通过新能源的开发和传统能源的高效利用降低二氧化碳排放量，从而在实现经济增长目标的同时，达到二氧化碳减排目标，促进经济、生态、社会和谐发展。薛进军、赵忠秀（2011）[190]从低碳发展和低碳经济两个方面综合考虑，认为要平衡经济增长与环境保护两方面的需求，低碳发展的概念更适合中国的国情。

可以发现学者们对低碳经济有了深刻的认识和把握，低碳经济的基本特征是低碳排放，低碳经济的实现依赖能源消费结构的调整与能源利用效率的提高。本书认为低碳经济是以"低能耗、低污染、低排放"为基础的新型经济发展模式，其实质是通过降低高碳能源消耗和减少二氧化碳排放，建立合理的能源消费结构，从而达到社会经济发展与生态环境保护双赢的一种经济发展形态。从字面上看，低碳经济包括"低碳"和"经济"，本书将从以下三个方面理解低碳经济：

（1）在低碳层面，低碳经济的重点是在经济发展过程中优化调整能源消费结构，减少高碳能源消耗和转变能源利用方式，降低由能源消费所导致的二氧化碳排放。

（2）在经济层面，要求在保障经济平稳增长的前提下降低二氧化碳排放，关键是研发低碳技术促进可再生能源和新型能源的发展，不断优化能源消费结构，实现二氧化碳排放的持续下降和经济的长期稳定增长。

(3)在目标层面，低碳经济的目标是实现经济社会发展与生态文明建设的高度统一，这一目标的实现需要政府政策的引导和支持。

二、低碳经济发展模式

低碳经济发展模式是相对于高投入、高消耗、高污染、低效益("三高一低")的传统经济发展模式而言的，是应对气候变化的有效实现途径之一。付允等(2008)[191]总结了低碳经济发展模式(见图3.1)。

低碳经济发展模式是以可持续发展理论为指导思想，发展方向为低碳发展，通过节能减排等发展方式，采用碳中和等多种技术手段的一种新型绿色经济发展模式。

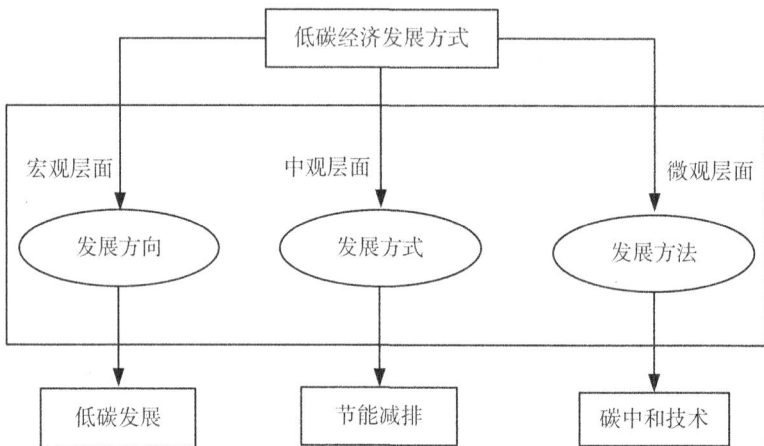

图3.1 低碳经济发展模式

资料来源：本图由作者根据付允等(2008)①的研究绘制。

能源消费结构低碳化和提高能源利用效率是实现节能减排的有效途径，低碳经济发展模式的实现也离不开能源消费结构低碳化转型。低碳经济发展模式的实现依靠政府的推动，需要面向高碳经济的政府管理体制向低碳化转型，同时也需

---

① 付允，等. 低碳经济的发展模式研究[J]. 中国人口·资源与环境，2008，18(3)：14-19.

要相应地调整政府职权、主管机关和监督管理机制。另外，低碳经济发展模式的实现也离不开制度的保障。在当前能源资源不足和面对日益紧迫的全球减排温室气体形势下，世界各国纷纷开展低碳经济发展模式，制定了相配套的法律法规体系。低碳经济发展模式是一种新兴的经济发展形态，其理念、发展方向、发展方式和发展方法与中国目前的法律法规体系仍然有着较明显的差距，中国要实现低碳经济发展模式，必须完善相应的法律法规体系，保障各项措施的顺利实施。

第三节　环境规制理论

一、环境规制的概念

环境规制这一概念来源于"environmental regulation"一词，也叫环境管制，是政府通过规制手段参与市场活动的行为，通过宏观调控弥补市场失灵，实现节能减排。环境规制的讨论最早是由美国经济学家马歇尔提出的，他在理论层面对环境问题进行了分析，提出了内部经济与外部经济。1920年庇古进一步补充和完善了外部性理论。科斯在1960年基于外部性对产权进行了分析并有了著名的科斯定理。随着规制经济学的发展尤其是社会性规制理论的出现，学者们逐渐采用环境规制这一更能体现其经济属性的概念。目前学界对环境规制从不同角度进行了定义，赵玉民、朱方明、贺立龙(2009)[192]认为环境规制是一种具有约束性的政府政策，它针对个体或组织，旨在环境保护，具体形式包括有形制度和无形意识。李真、张红凤(2012)[193]认为环境规制是政府通过强有力的行政命令对企业的污染行为进行直接管控，从而降低环境污染的外部性。赵敏(2013)[194]认为，环境规制是一种减少生产过程中环境负外部性的制度或规则手段，其内涵在于社会公共机构(如政府)对微观经济主体进行的干预和管理，从而对经济活动参与者的决策和社会资源配置产生影响，将外部环境成本转化为内部成本，实现社会福利的更大化。数十年来，学术界对环境规制的概念和内涵不断深入和拓展，但环境规制的研究历史相对较短，尚未达成完全统一的定义。综合各位学者的研究成果，本书认为环境规制是指一个国家和政府通过多种政策手段限制或禁止企业或个人的某些行为，以达到解决生态环境问题、保护地方环境、实现"双碳"目标并且促进经济发展的目的。

二、环境规制的分类

对于环境规制的分类，目前学术界尚未统一，主要有以下三种观点：第一种是将环境规制分为正式环境规制(显性环境规制)与非正式环境规制(隐性环境规制)，这是最常用的一种分类方式，其中，正式环境规制是指政府行政机关针对各类经济主体(一般指企业)所出台的相关法律政策、措施及协议计划等；而非正式环境规制主要依靠参与主体的主观能动性，是政府环境规制的辅助。第二种是根据环境规制参与主体的不同，将其分为命令控制型环境规制、市场激励型环境规制和自愿参与型环境规制，以及强制信息披露和企业政府合作的模式等[195]。第三种是根据环境规制的作用范围，将环境规制分为进口国环境规制、出口国环境规制和多边环境规制。结合环境规制的概念及现阶段多元化的环境规制类型，在借鉴现有研究的基础上，本书将环境规制分为正式环境规制和非正式环境规制，其中正式的环境规制包括命令控制型(command and control，CAC)、市场激励型(market-based incentives，MBI)和自愿协议型(voluntary agreement，VA)(见表3.2)。具体而言：

表 3.2　　　　　　　　　　　　　环境规制的划分

环 境 规 制		
正式环境规制	命令控制型	通过法律法规的形式明确规定企业在生产经营过程中必须达到的污染排放和节能减排技术标准
	市场激励型	通过市场信号鼓励企业主动进行技术创新，减少污染排放，实现减排目标
	自愿协议型	对微观经济主体实施环保宣传鼓励和支持各主体自愿进行环保活动
非正式环境规制	非正式环境规制指的是社会公众或团体在解决环境污染问题中的抗议、协商、谈判、上访和投诉等行为，通过这些行为形成的社会压力将环境意识和责任内化到企业的经营决策之中	

(一)命令控制型环境规制

命令控制型环境规制是世界各国在环境保护领域普遍采用的一种重要环境治理手段,其在解决生态环境问题方面发挥了举足轻重的作用,尤其是在处理一些外部问题导致的紧急环境事件上作用尤为明显。这一工具类型既包括标准、许可证、配额、使用限制等直接管制措施,也包括间接的管制措施,比如灵活运用财政政策达到环境治理目的。其主要方法是国家行政机构通过制定法律法规、环境标准或利用行政权力,对各类环境行为进行强制性干预,以达到环境治理的目标。中国命令控制型环境规制已形成完整体系,包括环境影响评价制度、"三同时"制度、排污申报登记和排污许可证制度、城市环境综合整治定量考核制度、污染集中控制和限期治理制度、环境保护目标责任制度、污染物排放总量控制等环境管理制度。

命令控制型环境政策工具的使用主体包括中央政府和地方政府。一般而言,通过命令控制型环境政策工具可以直接对污染物排放主体进行管制,使其行为符合环境保护的标准和规范,取得良好的环境治理成效。对于中央政府来说,还可以通过间接的管控手段,以达到同样的环境治理效果。目前,在中国式分权的体制下,由于环境公共物品的提供主体在于地方政府,污染物排放主体大部分由地方政府管辖,可以说,地方政府处在环境治理的最前线,中央政府明确环境治理目标后,具体落地实施还需要地方政府的发力。财政政策(如财政分权、财政转移支付等)作为政府治理环境的重要手段和举措,既表现出严肃性又有灵活性的特点,在充分遵循市场规律的同时能够很好地体现政府意志[196]。因此,对于中央政府来说,充分利用好财政政策工具,将其作为命令控制型的间接管控工具,以进一步激发出地方政府环境治理的积极性和主动性,对于实现环境治理的总体目标具有重要意义。总体而言,在我国现阶段所采用的命令控制型环境政策工具中,环境规划、关停并转、限期治理制度、"三同时"制度、环境目标责任制等,都是对污染物排放主体进行直接管制的有效子工具,而环境治理投资、财政转移支付、财政分权和政府绿色采购等,均是中央政府加快生态文明建设的间接管控工具。

（二）市场激励型环境规制

市场激励型环境规制是指由政府设计和指导，借助市场机制引导排污单位的污染排放行为，激励排污者降低排污水平的制度。市场激励型环境规制旨在通过建立激励机制将环境保护这一责任转化为企业的行为自觉，并通过市场化引导达到规范企业生产的目的。如针对企业污染环境的行为征收环境保护税，将企业的污染行为外部化，企业必须减少生产行为或者购买污染排放权减轻自己的税负，这些行为将污染的社会治理成本内部化为企业的成本，使得企业正视自己的行为，重新计算利润最大化的产量。或者对达到污染排放要求的企业进行鼓励，刺激企业加强环保手段节约企业成本，同时，间接刺激企业进行技术创新满足生产要求。这也是环境规制的传导机制之一——波特假说。市场激励型工具通过看不见的手对市场行为进行调节，它的优点是激励性强、运行成本低，但是可能存在滞后性。

市场激励型环境规制主要有排污权交易制度、环境保护税制度、排污费制度、环境补贴制度、生态补偿制度等。市场激励型环境规制在我国环境治理工作中发挥了重要作用。改革开放以后，我国经济进入高速发展的阶段，同时也带来了严重的环境污染问题。政府采用政策命令这一手段对环境污染问题进行控制，收效甚微。随着市场经济的发展和传统命令型工具的失效，我国逐渐采用环境税制、补贴以及排污权的交易等市场化工具对环境问题进行管制。

碳排放交易是指拥有政府配额的两个企业可以通过碳排放交易所进行配额的自由买卖，以此促进二氧化碳的减排。碳排放交易是根据科斯定理而来，通过碳排放权交易使得交易双方达到更好的状态，整个资源配置达到帕累托最优。中国经济的高速发展得益于重工业的发展，这种粗放式的经济增长对环境造成了严重的负担，习近平总书记提出了"绿水青山就是金山银山"这一口号并于联合国气候峰会上提出了我国将于2030年实现碳达峰、2060年实现碳中和的目标。我国正通过推行一系列的气候政策包括碳排放政策和交易试点来实现"30·60"目标。

目前，世界上有31个碳排放交易市场，有30项碳税机制，覆盖了46个国家和32个地区近120亿吨二氧化碳当量的碳排放。欧洲碳排放交易体系是世界上最大的碳排放交易市场，在世界碳交易市场中具有示范作用。欧盟于2005年启用了EU-ETS(欧盟排放交易体系),通过欧盟独立的登记系统(CITL)针对每一个排放实体记录登记其配额的发放、转移、取消、作废和库存。采用CITL电子信息系统对排放配额进行管理,每一个欧盟成员国都有一个国家配额登记账户,各国政府的碳排放事务管理机构均与CITL电子信息系统连接。每一个被纳入EU-ETS的排放实体也均有配额登记账户。

我国碳排放交易的发展历史主要划分为五个阶段:第一阶段(1979—2006年),继排污收费制度试行后,2002年于山东、山西等地以及华能集团启动二氧化硫排污权交易试点工作。第二阶段(2007—2011年),2007年排污权交易试点进一步扩大,国家发展改革委批复了11个省、市、自治区(天津、河北、山西、内蒙古、江苏、浙江、河南、湖北、湖南、重庆和陕西)开展排污权交易制度试点工作,明确所有试点地区的排放目标均包含二氧化硫,同时绿色金融体系开始形成。第三阶段(2012—2017年)碳交易地方试点和框架探索:2011年10月国家发改委发布《碳排放权交易试点工作通知》,确立7个国内碳排放权交易试点地区(北京市、天津市、上海市、重庆市、深圳市、广东省、湖北省);2012年6月国家发改委发布《温室气体自愿减排交易管理暂行办法》,为国家核证自愿减排量(Chinese certified emission reduction,CCER)交易市场搭建起整体框架;2013年开始试点交易;2014年发布的《碳排放权交易管理暂行方法》首次从国家层面上明确了全国统一的碳市场总体框架;2015年9月《中美元首气候变化联合声明》首次提出将于2017年启动全国碳排放交易体系。第四阶段(2018—2020年)完善阶段:2017年12月国家发改委发布《全国碳排放权交易市场建设方案(发电行业)》,标志着全国碳市场完成总体设计,正式启动。全国碳交易注册登记系统落户湖北,全国碳排放交易系统落户上海。第五阶段(2021年至今)开启全国碳交易:2021年1月《碳排放权交易管理办法(试行)》发布,2021年5月《碳排放权登记管理规则(试行)》《碳排放权交易管理规则(试行)》《碳排放权结算管理规则(试行)》发布;2021年7月启动上线交易,全国性的碳交易市场落地。

贺克斌2021年6月在清华大学"人文清华讲坛"发表的题为《碳中和,未来之变》的演讲中提出了我国碳排放市场的展望:全国碳市场上线交易,首先从电力系统推进,电力工业覆盖中国二氧化碳排放量的35%;第二步将会引入建材行业的水泥和有色金属行业的电解铝,这两个行业引入后,覆盖的二氧化碳排放量会达到 47%；之后引入化工、建材、石化等八大行业，这八大行业会覆盖全国二氧化碳排放量的 70%。未来还会从生产领域扩展到生活领域，在我们生活中也会逐步引入碳市场的概念和实际应用，也就是我们个人的碳足迹。

(三) 自愿协议型环境规制

自愿协议型环境规制是指企业和公众基于自身环保意识或政府引导，自发进行环境保护从而实现环境治理的目的。它是一种非传统的污染控制手段，是对解决传统命令型管制工具的低效率、高成本以及市场化工具应用局限性的积极探索和尝试。自愿协议型环境规制包括环境信息公开制度、环保公众参与制度、环境认证制度、生态标签等环保协议。这类环境规制建立在主体自愿参与的基础上，以企业或行业为主导，政府不参与或只作为辅助，不具有强制效力。此外，社会团体基于自身的利益而追求较高环境质量的行为，包括个体自发形成的环保意识、环保观念、环保态度、环保认知和环保行为，也属于自愿协议型环境规制的范畴。自愿协议型环境规制是一种主动的环保行为，能够充分发挥企业、民间组织、社会公众的力量，有效降低环境执法成本。但是，自愿协议型环境规制的完美运行建立在社会大众环保意识和企业环保责任普遍提高的基础上，不具有强制约束力，在中国只能作为一种辅助的环境规制形式。

(四) 非正式环境规制

传统的环境规制手段以政府为主体实施强硬的环境保护政策，通过对违法企业进行制裁和处罚减轻环境污染，在企业污染治理方面发挥了积极的推动作用，但是它实施成本高，急需探索新的环境规制手段，因此非正式环境规制应运而生。非正式环境规制被认为是继政府主导的命令控制型和市场导向型规制方式之后的第三次规制浪潮，主要由社会公众或团体(非政府组织)推动。非正式环境规制是指当政府对污染企业的环境监管失效时，为了追求更高的环境质量，维护自身权益，社会团体会积极与环境污染企业进行谈判协商，从而对企业污染排放的行为产生约束作用。通过民众或团体在解决环境污染问题中的抗议、协商、谈判、上访和投诉等行为，形成的社会压力将环境意识和责任内化到企业的经营决策之中。这种环境规制手段能够避开传统手段的缺点，将民众和社会团体纳入环境规制的实施，既减轻了政府压力，也能够促进企业节能减排，从而实现环境与经济发展的双赢。

民众和新闻监督也是非正式环境规制的重要手段，通过媒体对企业行为进行监督并作出报道以加快对企业污染行为的处罚。民众与政府相结合使环境规制手段得以有效实施。虽然非正式环境规制并不具备强制约束力，缺乏追索权的法律基础，但是社会公众和非政府组织可以对本地政府官员施加环保压力，从而构成污染企业减排的束缚力。这是因为地方政府官员在中央政府的问责激励和"以人为本"的执政理念下，必须响应和满足社会公众和非政府组织的环保诉求。

总的来说，目前我国非正式环境规制建设还不够成熟，非正式环境规制发挥的作用也受到限制，对于企业污染行为的限制也是杯水车薪。建立有效的投诉机制是非正式环境规制发挥作用的第一步。尽管如此，非正式环境规制在环境治理的过程中也发挥了巨大的作用。非正式环境规制作为正式环境规制的补充，与正式环境规制并列，都能够对环境保护起到促进作用。非正式环境规制能增强群众的环保意识，在正式环境规制失效的时候，通过微观经济主体对企业行为进行监督无论是对政府还是企业都形成了一定的压力，也在一定程度上降低了企业与政府之间信息的不对称，提高了政策的实施效率，降低了环境规制的实施成本，因此这一手段正逐渐成为环境治理的重要手段之一。

第四节　能源消费结构优化的相关理论

一、可持续发展理论

在 1987 年挪威前首相布伦特兰夫人领导的联合国环境与发展委员会（WCED）发表了《我们共同的未来》，并首次诠释了可持续发展，即"既满足当代人需求，又不损害后代人满足其需求能力的发展"。恩格斯早已关注了人类开发所带来的自然环境的破坏，提出人类的发展必须协调好人与自然的关系。

联合国环境规划署对可持续发展的定义为："可持续的发展，系指满足当前需要而又不削弱子孙后代满足其需要之能力的发展，而且绝不包含侵犯国家主权的含义。"可持续发展的核心是发展，关键是在以最小的代价实现当前经济发展的同时，保护资源和生态环境，保障后代发展的潜力。在发展中国家保证当代人生活质量的迫切性往往大于保障后代发展潜力的需求，所以厘清可持续发展的本质是解决两者矛盾的关键，这对发展中国家尤为迫切。

可持续发展涉及社会生活的方方面面，目标是持续提高人民生活质量，方法是高效、合理地利用资源，保证自然资源对经济发展的持续支持。其内涵表现为：

第一，持续提高人民生活质量是可持续发展的最终目标。生活质量不能仅仅以经济增长为唯一目标，而是对经济增长、社会进步、环境友好等方面的综合衡量。

第二，经济发展是可持续发展的表现之一，但可持续发展要求的经济发展模式是资源浪费少、环境污染小的发展模式。

第三，资源与环境是经济发展的基本条件，可持续发展研究的首要问题就是高效利用自然资源，确保经济的持续增长和自然环境的不断改善。资源与环境对经济发展的持续支持依赖于自然资源在不同地域、国家之间的高效利用，这需要建立合理的贸易制度，协调不同群体之间的利益关系，同时当代人的发展不应该以牺牲后代人的发展空间为条件，一个区域的发展不应以牺牲其他区域的发展空间为条件。

第四、完善政策法规，加大技术保障力度，加强国际合作是可持续发展的根本途径。实现可持续发展是各国发展的重要战略目标，但是全球性环境问题的解决需要世界各国的统一行动。各国在完善各自政策法规的同时，应加强国际合作，促进科技成果在世界各国间转移和应用，按照"共同但有区别的责任"这一基本原则，在确保不同国家人民生存和发展权利的同时，通过国际合作共同解决可持续发展中遇到的问题，真正促进国际公平。

可持续发展是中国消除贫困，提高人民生活水平，实现资源节约型和环境友好型社会的基本保障，中国的可持续发展战略是由不断改善和提高人民生活水平，增强综合国力这一基本主题确定的，主要表现在以下三个方面：

首先，中国作为世界上最大的发展中国家，经济建设取得了世人瞩目的成就，但中国在人口、资源、环境等方面的压力仍然十分巨大，同时面对全球变暖这一世界问题，中国坚持走可持续发展道路是历史的必然选择。

其次，中国的能源结构以煤为主，同时中国在世界产业结构的分工中处于生产加工环节，导致中国的工业生产吃下了更多的"粗粮"，二氧化碳排放量较大，在经济建设取得一定成就后，调整能源消费结构，转变经济发展模式，提高工业生产的技术含量，走低碳发展的道路是中国实现可持续发展的自主选择。

最后，作为负责任的大国，中国制定了 2030 年二氧化碳排放强度比 2005 年减少 60%～65% 和 "30·60" 双碳目标等，这些减排目标的确定，促进了企业调整生产方式加快产业结构升级的步伐，对中国走可持续发展道路具有极大的推动作用。

二、能源资源优化配置理论

能源资源是人类经济社会生存与发展的基础和保障，对经济社会的发展具有极其重要的作用。能源资源的稀缺性要求人类在生产与消费过程中最大化地使用和分配社会资源，做出理性的选择。同时能源也是开发利用其他自然资源的基础，能源的空间赋存情况与供给情况在一定程度上决定了一个区域产业结构的分布情况与产业发展的规模，一些地区能源产业已经成为区域经济发展的支柱。因此，优化配置各类能源，对于消除区域发展差异，提升和调整产业结构，保障社会稳定，具有十分重要的意义。

合理利用能源资源，实现快速发展是可持续发展关键。以对能源资源的掠夺性开发和粗放型利用为特征的消耗型经济给资源、生态环境带来了很大的压力，其发展过程是不可持续的；节约能源资源，合理开发利用，提高能源资源的回收利用率，实现经济、社会、生态效益的和谐统一是可持续发展的核心内容。

能源可分为可再生能源和不可再生能源，可持续发展对这两类能源都提出了节约和合理利用的要求[197]，但是对不可再生能源，必须通过优化配置，处理好当代发展与后代存续的问题。实现经济的可持续发展，必须保证能源的供给与社会的需求相适应，能源的需求在短期内表现为一定的弹性（例如冬季采暖对能源的需求），但最大供给量则相对稳定，通过各类能源的优化配置，降低对单一能源的短期需求，可以对经济的发展起到稳定器的作用。

能源是人类活动的基础，渗透于人类活动的方方面面，能源行业已经构成了一个复杂的系统，通过能源优化配置，对经济、环境、社会具有极其重要的意义。首先通过优化配置，提高能源利用效率，促进有限能源的充分利用对其他行业的发展有一定的推动作用；其次通过优化配置，提高能源利用效率，对于提高生态环境对能源利用的包容度具有极大的促进作用；最后优化配置各类能源资源，是消除贫困，解决社会二元化问题，实现能源与人之间协调发展的有效手段。

第五节　区域协调可持续发展理论

一、区域协调可持续发展的概念及其内涵

关于区域的概念，目前有多种定义。郝寿义和安虎森在《区域经济学》著作中将其定义为：区域是一个客观上存在的、由人们主观抽象出来的，通常没有确定的方位以及严格的范畴和边界，有相似特征的一个或几个国家（地区）都可称为一个区域。陈秀山和张可云在《区域经济理论》著作中对区域也做了类似的定义。美国著名的区域经济学家埃德加·M.胡佛（Edgar Malone Hoover）将区域定义为：区域是按照系统内部功能一体化或同质性的划分原则，考虑描述、管理、分析、计划或制定政策等应用目的而形成的多个地区。

从地理学角度来说，区域是地球表面上具有相似自然地理特征的地域单元。

从行政学角度来说，区域是按照行政权力覆盖的划分原则，将国家划分成不同的行政区域，比如中国东中西部三大地带的划分就以行政区域为标准。

从社会学角度来说，区域是按照具有共同文化、语言和信仰特征而划分形成的社会区域。

本书对区域的定义为：区域是地球上客观存在的，由经济单元和自然地理单元共同作用形成的一个应用性整体，具有功能一体化或同质性等特征。并且区域具有稳定性和层次性的特点，在内部区域相对稳定，其资源、经济、环境、社会、人口之间是相互联系、相互作用和相互制约的；在外部区域的规模大小和地域空间不是一成不变的，可根据具体的应用进行不同尺度的划分。本书的区域研究对象泛指省市自治区、东中西部三大地带、八大经济区域或按照某种应用目的划分形成的一片地区。

协调可持续发展是人类社会生产活动中的一种新型发展模式，从地域空间范围的尺度来看，由全球协调可持续发展（global coordinated sustainable development, GCSD）、国家协调可持续发展（national coordinated sustainable development, NCSD）和区域协调可持续发展（regional coordinated sustainable development, RCSD）等不同范围尺度的等级组成。

目前关于区域协调可持续发展的概念还没有达成一个共识，本书将其定义为：区域协调可持续发展就是协调区域内部的资源、经济、社会、环境、人口之间的关系，使其达到一个理想的优化配置状态。

区域协调可持续发展的内涵表现在以下三个方面：

第一，坚持人本位的发展，主要原因是任何国家或区域的发展最终目的都是为了满足人们日益扩大的需求和提高人民生活质量。

第二，其核心是发展，发展的目的是得到更多且质量更高的产出，在发展的基础上才能实现其可持续发展目的。

第三，其重点是协调，协调的目的是使得区域内各种要素之间能够长期保持一种高效、和谐、有效的发展状态。

二、区域协调可持续发展的原则和策略

区域协调可持续发展的原则主要有公平性原则、系统性原则和主体性原则。公平性原则强调人与人、人与自然以及地区与地区之间的公平，既要努力维持当代人们之间的横向公平，又要不损害与后代人之间的纵向公平，更不能凌驾于自然之上随意地支配自然，同时还要不断加强地区之间的合作与支持。系统性原则强调资源、经济、社会、环境、人口之间的整体协调发展，是指基于保持人与自然和谐发展、环境友好的前提，实现资源、经济、生态环境、社会之间相互依赖、相互促进和共同协调可持续发展的目的。主体性原则强调以人为本，任何发展都离不开人的发展，同样可持续发展的源泉和动力也依赖于人的全面发展。

由于中国地域辽阔、人口数量庞大、资源禀赋等基本现实，中国各区域之间的经济发展、能源消费和二氧化碳水平均存在显著的差异。因此，中国的区域协调可持续发展显得尤为重要。中国的区域协调可持续发展模式应在人口控制、环

境友好、经济创新、资源节约、科技创新相结合的框架下，建立一个以全社会人的全面发展为目的，促进人口、环境、经济、社会、资源共同发展的具有中国特色的协调可持续发展模式。

第四章 能源消费结构低碳化转型的现实问题

目前中国经济由高速增长向中高速发展的新常态演化，已进入全面深化改革的攻坚期和深水区，表现为"四个转变"：从高速增长逐渐转变为中高速增长；从不合理结构逐渐转变为优化科学的经济结构；从投入要素逐渐转变为投入创新；从暗含风险逐渐转变为全面风险[199]。中国经济发展进入"新常态"，这意味着今后较长一段时期内，经济增长速度放缓，随着经济总量的日益扩大，虽然2020年度2.3%的增速是30年来最低水平，但该经济增速仍明显高于全球增速，对世界经济增长的贡献率为30%左右，持续成为推动世界增长的主要动力源。经济增速的放缓，并不意味着能源资源刚性约束的解除，能源资源管理由单一"重数量"方式逐渐转变为"重数量、重质量和重生态"的三位一体方式。

此外，人类社会在21世纪必须共同面对全球气候变化这一重大挑战。各国力求以低碳经济为特征的绿色发展模式替代以碳基能源为特征的粗放发展模式，逐步减缓温室气体排放，推动经济健康可持续发展。党的十九届五中全会明确要坚持绿水青山就是金山银山理念，并且全会在2035年基本实现社会主义现代化远景目标中提到，要广泛形成绿色生产生活方式，碳排放达峰后稳中有降，生态环境根本好转，美丽中国建设目标基本实现。这标志着中国"两型"发展由理念到模式的升华，生态环境对经济发展的约束将成为中国经济中长期发展的重要影响因素。

第一节 供给侧改革下能源消费结构低碳化转型的内涵

供给和需求作为经济活动的两大主导因素，互为条件、缺一不可。供给侧是指劳动、资本、自然资源和技术等投入要素在生产环节的合理配置与优化组合，需求侧是指生产环节所生产产品的最终使用去向，包括出口、投资、消费这"三驾马车"[200]。传统上，导致经济下行的主要因素是总需求不足（即供大于求）。相应地，政府宏观调控的重点是古典经济学中凯恩斯主义主张的需求侧管理，扩大总需求主要通过实行扩张性货币财政政策来促进国内出口、投资和消费的增加，最终促进经济增长。例如我国政府在应对2008年经济危机时，出台的"四万亿"投资政策就基于需求侧管理这一着力点。

2015年11月习近平总书记首次明确提出"供给侧结构性改革"这一概念，要求着力加强经济结构性改革，增加供给体系对需求结构变化的适应性和灵活性。"供给侧结构性改革"将是新常态下我国宏观经济管理的核心方向，也是我国"十四五"和未来更长时期里践行"五大发展理念"政策的重要着力点。所谓"供给侧结构性改革"，是与需求侧管理相对应的。然而，需求侧管理有一个隐含的前提假设是不存在无供给的需求，同时保证供给侧是高效率和高质量的。如果该前提假设不满足，则政府宏观调控不会单纯从需求侧入手进行。例如在20世纪70年代，美国经济遭遇滞胀。随后美国总统里根从供给侧采用紧缩货币供给、减少税率等措施使美国走出经济危机。供给侧改革的提出与中国经济进入新常态关系密切。中国经济经历了30多年的高速增长后，2014年进入新常态，增速放缓和产业结构亟待升级。落后产能不仅导致大量资源要素浪费，也抑制了外资投入意愿与产品出口。另外，当前世界经济下行形势也十分严峻，仅靠需求侧管理来带动经济增长已难以为继。同时，随着大数据时代的到来和互联网技术的迅猛发展，现代服务业飞速升级，人们的消费习惯被重塑，对产品质量和服务的要求也越来越高。这些都是迫切需要供给侧结构性改革的重要诱因。

具体的，从能源供给侧来看，能源是在经济生产活动过程中满足各行业发展不可或缺的生产要素和中间投入品；从能源需求侧来看，能源是满足居民消费需求的生活要素和终端产品。目前中国能源发展面临的问题比较复杂：一是中国仍处于工业化和城镇化进程，能源需求存在刚性；二是以碳基化石能源为主的资源禀赋，以煤为绝对主力的能源格局短期内不会改变；三是资源环境约束、承诺减排目标和居民能源消费模式重塑的多重叠加压力刺激能源绿色低碳清洁发展。可见，能源消费结构低碳化转型存在的问题是生产要素组合配置不当，造成配置效率低下和能源产品质量不高。能源供给侧结构性改革本质上是改革供给结构和质量，实现能源供给从量到质的转变等内生的转型和升级，核心就在于以"高碳能源低碳发展、黑色能源绿色发展"为原则，必须依靠"能源体制改革和能源技术创新"双轮驱动，不断培育和催生新的能源，提升传统能源的绿色清洁供应能力，大力加强能源供给能力，推动能源持续健康发展。

随着中国经济发展进入新常态，能源发展呈现"三低三严"的新常态，具体表现为"低增速、低增量、低碳化"的三低态势和"能源安全供应、生态环境保护、温室气体减排"三重严格约束的新状态。为了适应能源发展新常态，以煤炭为主的能源消费结构必然面临改革，更加注重能源高效、清洁、低碳发展，严格控制能源特别是煤炭能源消费，优化提升能源供给结构，促进能源发展由量的扩张向质的提升转变。

第二节　新常态下能源消费结构低碳化转型的目标

在应对气候变化的低碳经济约束条件下，中国能源消费结构低碳化转型应以可持续发展理念为指导思想，坚持节能减排、保障能源资源安全、能源资源低碳多元化、宏观调控与市场调节相结合、因地制宜与因需制宜的五大基本原则。在当前节约能源消费和二氧化碳减排约束下，中国要在保证经济平稳增长的同时，逐步优化能源消费结构，降低以煤为主高碳能源的使用比例，提高高碳能源的利用效率，加大清洁能源的开发力度，保障油气的安全、稳定供应，促进能源工业的合理可持续发展；且在实现经济增长目标的同时，推进能源、经济与生态环境的全面协调发展，实现一个负责任大国的减排承诺。"十三五"期间，我国严格落实能源消费总量和强度"双控"制度，以较低的能源消费增长保障了经济社会健康发展。随着我国迈向高质量发展新阶段，"十四五"期间国民经济将继续保持稳定增长，能源消费结构低碳化转型将更加明显，预计到 2025 年全国煤炭消费比重有望降至 51% 左右。"十四五"期间，我国能源发展形势将呈现几个突出特点：一是能源需求持续增长。随着新型城镇化进程的推进和居民生活水平的提高，能源需求将保持刚性增长。二是能源消费结构更加突出"绿色"和"低碳化"。"十四五"是碳达峰的关键期、窗口期，能源发展也将进入新的阶段。三是能源安全保障重要性日益凸显。"十四五"时期，我国对能源发展提出了更高要求，应兼顾能源保障安全、经济发展、用能成本和碳达峰碳中和目标,加快形成资源节约、环境友好的生产方式和消费模式。

一、经济发展目标

中国作为世界上最大的发展中国家,经济增长质量不高,需要进一步加快传统经济发展方式的转变,另外中国将长期处于经济中速增长新常态的这一特点也决定了经济建设是中国需要长期关注的重要任务。因此,保持经济的稳定、持续增长是中国政府的重要目标,在经济发展的同时实现社会的全面进步,生态文明的新进步才是终极目标。2021 年政府工作报告提出了到 2035 年要实现的经济发展远景目标:我国经济实力、科技实力、综合国力将大幅跃升,经济总量和城乡居民人均收入将再迈上新的大台阶,关键核心技术实现重大突破,进入创新型国家前列。同时会议也提到了"十四五"时期经济发展要取得新成效,在质量效益明显提升的基础上实现经济持续健康发展,增长潜力充分发挥,国内市场要更加强大,经济结构要更加优化,创新能力得到显著提升,产业基础实现高级化、产业链现代化水平要明显提高,现代化经济体系建设要取得重大进展。在经济新常态下,可再生能源和新能源有着强劲的发展动力,成为刺激我国经济新一轮发展的主导力量之一。

二、能源消费总量和强度双控目标

BP 集团发布的《世界能源统计》显示,中国自 2010 年第一次超过美国,成为全球第一大能源消费国后已连续几年位居第一位。另外目前中国能源消费的主要缺点表现为能源供需缺口进一步扩大、能源消费结构和能源消费方式不合理以及能源利用效率低下[201]。以往的能源战略首先满足能源需求,其次兼顾能源效率。在经济发展新常态下,能源需求增速放缓,但短期内其总量仍将保持不断增长势头,能源战略应以降低能源消耗强度、提高能源效率为主。"十四五"能源战略将持续强调能源价格改革、能源体制与战略规划的一致性,以能源需求总量和强度作为节能减排的重要约束指标。首先从能源需求侧入手平衡能源需求,在能源消费结构低碳化转型过程中,需要以大力提高能源利用效率和降低能源消耗强度总量为重要目标,逐步实现能源消费模式的清洁低碳化。2020 年中国的能源消费已经是美国能源消费的 1.6 倍。① 这种能源密集型增长模式和碳密集型能源供应的结合，造成了巨大的碳足迹。

三、生态文明建设目标

生态文明建设事关社会公平和民心民生，是贯穿中国小康社会建设和"美丽中国"愿景目标实现全过程的一项长期战略任务。良好的生态环境既是最能体现公平的公共产品，又是最普惠的民生福祉。在过去的 20 年里，中国二氧化碳排放量的增长速度是世界其他地区的 6 倍，中国占了全球二氧化碳排放量增长的近 2/3。到 2020 年时，中国的人均二氧化碳排放量已超过欧盟。在这种背景下，中国国家主席习近平于 2020 年 9 月份在联合国大会上提出中国将力争于 2030 年达到二氧化碳排放顶峰，努力争取 2060 年实现碳中和，它可能代表了有史以来任何国家在气候问题上做出的最大努力。2060 年碳中和情景的排放路径需要在 2050 年实现近零排放，建成以新能源和可再生能源为主体的可持续能源体系。要实现 2060 年碳中和需要全社会经济体系、能源体系、技术体系等方方面面的巨大转变，需要付出艰苦卓绝的努力。同时，转型也会为我国带来经济竞争力提高、社会发展、环境保护等多重协同效益。当前，全球气候变暖的重要原因是以二氧化碳排放为主的温室气体排放增强了温室效应，而大气中的二氧化碳绝大多数又是高碳能源消费所导致的。同时，中国整体生态环境污染日趋严重，各地区经济结构正处于转型阶段，能源发展面临新的挑战和更高要求，清洁、高效、安全的能源供应是能源消费结构低碳化转型的重要方向。重塑能源生产与消费体系主要依靠大力推进能源清洁低碳供应模式，转变传统经济发展方式和引领居民绿色低碳生活方式等措施，从而加快生态文明建设，最终实现经济发展与"绿水青山"的双赢目标。

第三节　中国能源消费结构低碳化转型的障碍

一、需求侧较低增速下增量规模依然巨大，碳基能源比重居高不下

能源是人类生存和社会经济发展的重要生产要素。产业革命往往引领和催动

---

① 根据《BP 世界能源统计年鉴 2021》整理所得。

能源革命。随着中国经济的快速发展，特别是 2000 年中国加入 WTO 以后，中国经济与世界经济融合共生，取得了举世瞩目的成就。2012 年以来，随着中国经济发展步入新常态模式，经济增长速度开始放缓，由 2011 年的 9.3% 下降到 2019 年的 6.1%，2020 年的 2.3%，能源发展也不可避免地进入新常态，消费增速放缓，但消费总量规模依然巨大。从图 4.1 可以看出，2000—2020 年间能源消费增速波动明显，在 2008 年次贷危机之前，能源消费平均增速高于 GDP 平均增速，经济表现为粗放式增长，次贷危机后随着"4 万亿"投资政策的落实，能源消费增速不断调整，自 2011 年"4 万亿"投资红利消失后，能源消费增速呈现明显下降趋势，但其总量依然巨大，并一直保持持续增长的势头，总量从 2000 年的 14.7 亿吨标准煤，上升到 2020 年的 49.8 亿吨标准煤，增长了 2.4 倍，年平均增加 1.8 亿吨标准煤。在能源消费结构方面，中国能源消费结构存在的问题极其突出，长期以来煤炭消费量在中国一次能源消费总量中占有很大的比重，水电、核电、风电等非化石能源所占比重很小。2000—2020 年，煤炭消费在中国一次能源消费总量中所占比重平均达到 66.97%，石油、天然气、非化石能源（水电、核电、风电等）所占比重平均分别为 18.45%、4.49% 和 10.09%。2020 年中国能源消费总量中煤炭、石油、天然气和非化石能源所占比重分别为 56.8%，18.9%，8.4% 和 15.9%。与 2015 年相比，煤炭所占比重下降了约 6.9%，而石油和天然

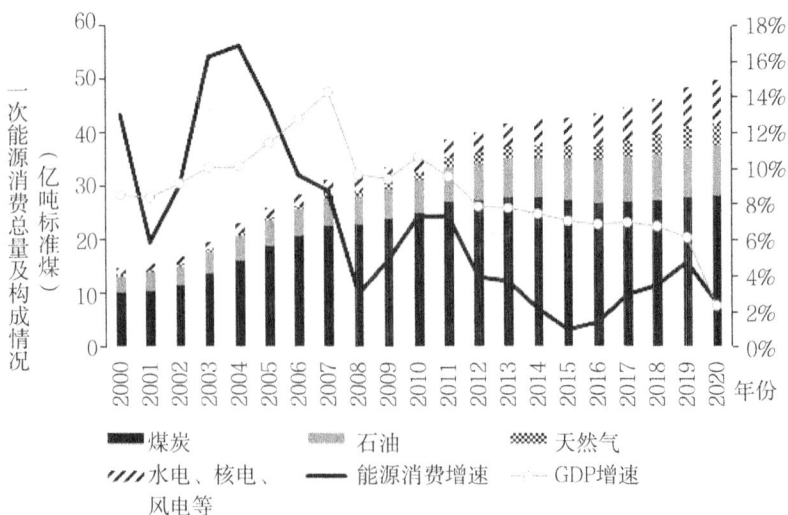

图 4.1　2000—2020 年中国一次能源消费总量及构成情况

气所占比重分别上升 0.6%、2.5%，与此同时 2019 年非化石能源消费占比达
15.3%，提前一年完成了"十三五"规划目标。

　　从世界范围来看，在 2020 年的世界一次能源消费中，煤炭消费总量为
5026.30 百万吨油当量，占比为 27.20%；石油消费总量为 5766.87 百万吨油当
量，占比为 31.21%；天然气消费总量为 4568.22 百万吨油当量，占比为
24.72%；其他非化石能源消费总量为 3115.63 百万吨油当量，占比为 16.86%。
中国一次能源消费结构中煤炭占比为 56.56%，比世界平均水平高 29.36%；石油
占比 19.59%，比世界平均水平低 11.62%；天然气占比 8.18%，比世界平均水平
低 16.54%；非化石能源消费占比 15.67%，也低于世界 1.19% 的平均世界水平。
2020 年世界主要国家能源消费结构情况如图 4.2 所示。

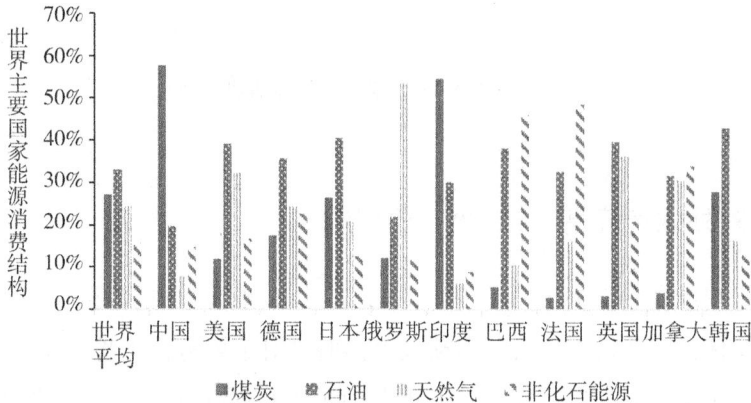

图 4.2　2020 年世界主要国家能源消费结构情况

　　从中国能源消费比重变动趋势来看（见图 4.3），在 2000—2020 年间煤炭消
费比重下降了 11.7 个百分点，且经历了一个"上升—下降—上升—下降"的变化
过程；石油消费比重下降了 3.1 个百分点，遵循着"下降—上升—下降—上升"的
变化趋势；天然气以及非化石能源的消费比重分别上升了 6.2 和 8.6 个百分点，
这说明中国的能源消费结构低碳化转型取得了进步，但煤炭在中国能源消费需求
中将仍然会占主要地位，中国仍然需要继续稳步推进能源消费结构低碳化转型，
继续坚持以清洁能源作为能源增量主体为方向的能源革命。

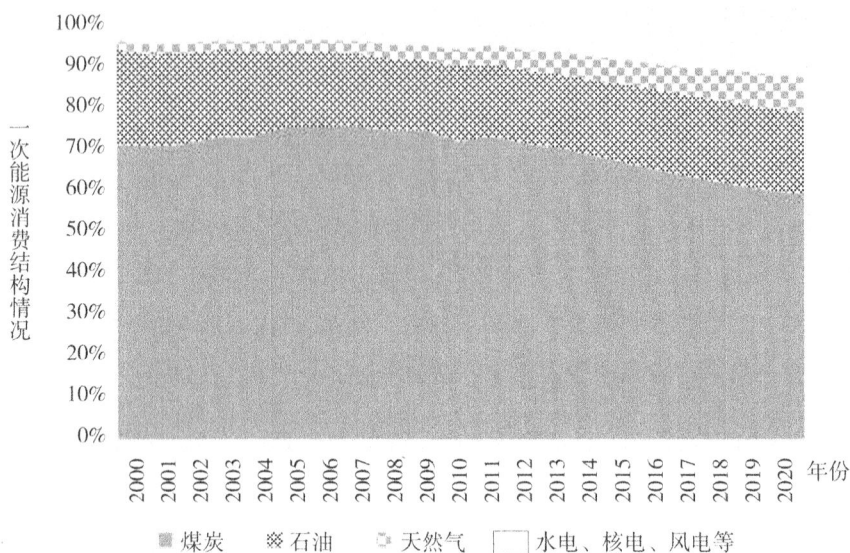

图 4.3 2000—2020 年中国一次能源消费结构情况

二、对外依存度高，结构性矛盾突出

经济学中讲自然资源禀赋概念，与发达国家相比，中国能源格局多年来一直以煤炭为主体，其所占比重虽然逐渐减少，但绝对主导地位优势仍将长期保持，主要原因在于维系人类经济社会生活最基本的发电和取暖的两大能源供应都是以煤为主，其中根据国家统计局官网发布的数据计算得出，2019 年中国火力发电量占全国总发电量的 69.5%，较 2018 年下降了 1.55%，2020 年中国火电发电量占全国总发电量的比例持续下降至 68.52%，但火力发电仍占据主要地位。取暖更是脱离不了煤炭。自 2009 年中国煤炭产业增值税由原来的 13% 提高到 17% 以后，中国开始成为煤炭净进口国家。2011 年首次成为世界最大煤炭进口国后，煤的进口量大幅度增加。2020 年，中国煤炭进口量达到 3.04 亿吨，较 2019 年的 3 亿吨同比增长 1.5%①。而发达国家从 20 世纪 60 年代就开始加快石油和天然气取代煤炭的进程，煤炭消费在一次能源消费中所占比重至今均未超过 40%。根据

① https：//www. yicai. com/news/100917484. html.

中国石油经济技术研究院的数据，中国石油消费需求近年来随着经济的快速发展不断增加，2020 年石油对外依存度达到 73%，但在一次能源消费中所占比重仍低于发达国家水平；根据国家统计局和海关总署统计数据，2021 年中国天然气表观消费量达到 3670.6 亿立方米，对外依存度达 44.1%，同比去年和前年分别增长 12.7% 和 21.1%，两年平均增速为 10.1%。随着应对气候变化的国际努力及能源低碳化越发成为共识，越来越多的国家积极出台政策措施推动可再生能源产业发展，绿色能源产业发展前景可期。国际能源署近期发布的《2020 年世界能源展望》报告显示，在全球能源需求整体下滑的背景下，可再生能源开发利用表现出了更大弹性，预计 2020—2030 年，可再生能源电力需求将增长 2/3，约占全球电力需求增量的 80%。中国在气候雄心峰会上提出，到 2030 年，风电、太阳能发电总装机容量将达到 12 亿千瓦以上等 4 项目标。总体来说，中国能源供给体系的问题在于煤炭比重过大，能源格局以煤为主，石油、天然气和非化石能源的开发利用较快，但比重太低，亟待进一步提高[185]。煤炭作为中国最主要的能源种类和工业原料，长期占中国能源消费总量的 60% 以上，2018 年首次低于 60%，具体为 59%，2019 年占比继续下降，具体数据为 57.7%，2020 年占比为 56.8%，但仍远远高于世界平均水平。同时煤炭的大量使用也造成了严重的环境污染，雾霾天气即是最明显的表现。因此，在环境保护的压力下，中国正在实施新能源战略，旨在通过发展核电、风能、太阳能等清洁能源，降低煤炭使用量，抑制煤炭需求。然而，中国煤多油少气缺的资源赋存状况，导致短期内改变中国以煤为主的能源格局十分困难[180]，在中国经济发展新常态和日益紧迫的全球减排温室气体形势下，中国以煤炭资源为主的高碳能源消费结构低碳化转型必然面临较大困难，因此跨越式地发展清洁能源和开发传统高碳能源清洁利用模式，是实现和确保经济社会可持续发展的必由之路[202]。

三、多因素引起煤炭需求增速下降、进入高质量发展攻坚期

经济社会发展日新月异，作为带动煤炭消费的两驾马车——城镇化和工业化进程加快，势必引起煤炭消费总量的持续增长，但能源消费结构低碳化转型和环境保护又对煤炭消费量增长形成制约。能源消费结构低碳化转型的目标是降低煤炭在一次能源消费结构中的比重，日益严格的环保要求会大幅提升煤炭企业生产

成本，进口低价煤也对国内煤炭市场需求造成一定影响。由图4.4可以看出，煤炭消费增速自2011年以来出现显著下降趋势，从2008到2011年平均5.9%的增速下降到2012到2014年不足1%，而同期GDP平均增速仅由9.8%放缓到7.7%。特别是2014年中国GDP增速达到7.4%的情况下，煤炭消费量同比下降了2.5%，15年来首次出现负增长，此后一直到2016年持续保持负增长，2017年开始又呈增长趋势，从2015年到2019年的煤炭消费增速和GDP增速分别为0.6%和6.7%，预示着中国经济增长与煤炭消费增长的进一步脱钩。2020年9月22日，习近平总书记在第75届联合国大会一般性辩论上提出，中国将采取更加有力的政策和措施，力争2030年前二氧化碳排放达到峰值，2060年前实现碳中和。新时代的能源体系，要求煤炭进一步发挥"稳定器""压舱石"作用。在"碳中和"推进过程中，煤炭需求虽然进入平台期，但在相当长时期内，煤炭仍将保持相当强的竞争优势。"十四五"时期，煤炭行业将进入高质量发展攻坚期。目前能源消费结构中，煤炭消费占比达56.8%，在"能源双控"的政策作用下，预计2025年煤炭消费将达到峰值，为42亿吨左右，占比约为52%，之后随着新能源发电和储能技术的成熟以及下游工业逐步实现脱碳，将逐步下降，预计2060年煤炭消费量将下降至3亿~5亿吨的水平。

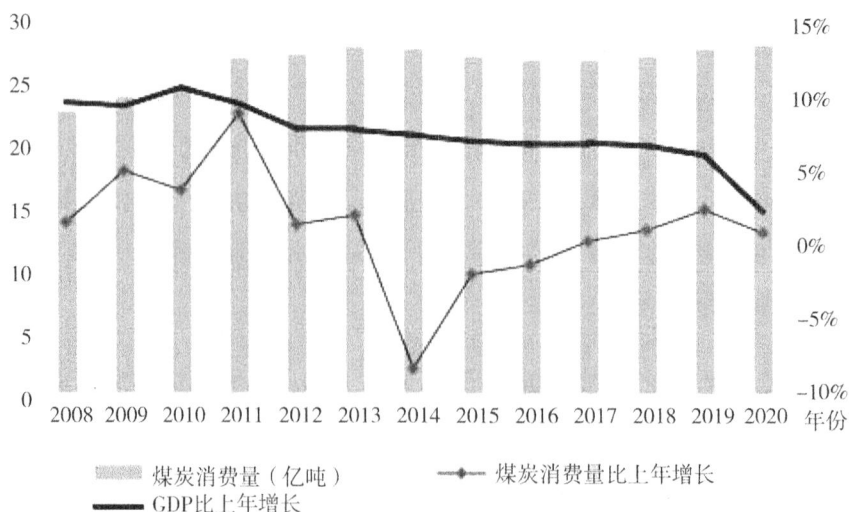

图4.4　2008—2020年中国煤炭消费量及同比增长

四、能源密集型产业技术水平较低，自主创新能力不足

与发达国家相比，中国能源密集型产业技术水平偏低，生产过程中高耗能行业比重偏高，且全社会用能中四大高耗能行业（建材、化工、冶金、钢铁）用能占比高达 40% 左右，这种不合理的产业结构导致中国能源利用效率水平较为落后。另外，2020 年和 2019 年中国单位 GDP 能耗分别为 0.49t 和 0.485t 标准煤/万元，是世界平均水平的 1.5 倍左右。[1] 能源技术创新是指通过研发新的替代能源技术和改进现有能源技术使其得以广泛应用。能源技术创新可以有效解决我国当前面临的能源问题。然而，当前我国能源技术创新存在资源分散封闭、重复低效、产学研结合不紧密、尖端人才匮乏、体制不顺、自主创新基础薄弱和原创性成果不多等诸多问题。部分地区存在能源重大技术装备和能源技术"双空心化"，对自主研发技术产业的扶持力度不够，缺乏对引进技术的消化提升能力，技术创新成果的转化及应用严重不足。此外，各地区可再生能源产业补贴在产业上游研发和下游应用中提供得较少，其政策支持主要集中在产业中游及设备制造环节方面，使得虽然产能扩张迅速，但大多数存在低水平重复建设的现象，不利于提高自主创新能力。企业是创新的主体，目前国内大型能源石油企业中石化、中石油虽然得益于政府的扶持跻身世界 500 强，其营业额远高于美孚石油，但净利润却远低于盈利排名第一的美孚石油，即使与中海油和中燃气合并在一起，净利润也仅勉强持平。因此真正强大的现代能源企业还比较缺乏。能源企业要发展，能源产业要优化升级，必须有效引导能源企业探寻自主创新路径。

五、有效能源供给管理不足

能源供给管理缺乏顶层设计通盘规划，近年来能源供给管理的混乱局面虽然有所改善，但整体上仍存在一些深层次矛盾和问题。第一，能源市场体系不健全、结构不合理。我国能源企业所有制结构单一，以大型国有企业为主，市场主体发育不健全；部分领域存在垄断经营、限制竞争、主辅不分、网运不分等问题。第二，能源价格机制不健全。油气、电力等价格仍由政府制定，能源开发生态补偿机制建设尚未开展，缺乏科学的能源价格形成机制；居民用电、用气等价

---

[1]　http：//energy. people. com. cn/n1/2020/1125/c71661-31943213. html.

格普遍存在交叉补贴现象且长期低于成本。第三，政府管理缺位、越位并存。第四，政府监管不到位。能源部门分割，监管职能分散，职责不清；监管职能相对较弱，专业性监管力量、技术手段明显不足。第五，能源法制体系不完善。能源基本法及能源单行法内容不健全，修订进度缓慢与滞后并存；地区封锁导致地方性法规各层级之间衔接不到位；对行政执法过于依赖，执法不严、惩戒力度不足等问题较为突出。

第四节　中国能源消费结构低碳化转型的驱动机制

一、强化创新驱动，抢占发展制高点

创新是引领产业变革的第一动力。"三低三严"新常态下能源消费结构低碳化转型是未来能源发展的大逻辑[203]，必须强化创新发展，把创新摆在核心位置，贯穿能源产业改革始终，不仅是科技创新、文化创新、理论创新，更要注重体制创新，为整个能源革命激发强大动力。目前，全球范围内能源技术制高点的争夺逐渐进入白热化，我国作为世界第一大能源生产与消费国，必须以能源科技创新为核心，加快能源体制机制创新，培育发展新动力和拓宽发展新空间，全面提高能源自主创新能力，为能源"4+1"目标提供保障。

二、坚持系统优化，提高能源持续健康发展水平

协调发展既是能源可持续健康发展的内在要求，又是评价其发展水平的标准和尺度[204]。能源系统优化配置是在能源行业落实协调发展理念的客观要求，是解决能源生产与消费布局不平衡、能源系统效率偏低问题的重要举措。要结合区域协调发展战略和新型城镇化建设的实施，将协调理念贯穿能源变革全过程，合理优化能源产业布局，加快高能耗产业向能源生产地转移，降低远距离能源输送几率，提高能源系统优化配置效率，着力调整能源消费结构，推动能源系统协同发展和互补利用，从而实现能源消费结构低碳化转型升级的目标。

三、坚持绿色低碳发展，推动能源结构优化升级

当前全球正处于由传统化石能源向清洁能源过渡的转折点，实现绿色低碳转

型发展已逐渐达成共识。煤炭石油价格调整和应对气候变化行动已对全球经济造成深远影响，能源供给结构必然面临重大调整。根据煤炭消费和二氧化碳排放峰值目标，实施煤炭、石油和天然气清洁低碳高效利用，鼓励开发煤层气，加快发展风能、水能、太阳能等可再生能源，安全高效推进核电建设，实施能源消费电能替代(以电代煤、以电代油)战略，提高清洁能源消费比重并逐渐降低高碳能源如煤炭和石油比重，实现低碳循环发展，推动能源绿色低碳多元化步伐成为中国调整能源消费结构的必然选择。

四、坚持扩大开放，保障能源资源安全供应

国家经济安全是指经济全球化时代一个国家在面临内外经济环境新挑战，以及难以预测和不可预见的多重因素影响下，国家经济发展方向不被打乱，保证重大经济利益免受损失，保障国家经济稳定、发展和繁荣，在复杂的国际竞争中占据有利地位并能长期保持的状态和能力。能源资源安全是国家经济安全体系中不可或缺的一部分，对国家的经济发展具有决定性意义。中国要实现能源-经济-环境系统的全面协调和可持续发展，就必须加强以"一带一路"为重点的能源国际合作，有效提升国际能源市场话语权，在开放的环境下保障能源资源安全，缓解能源供给和资源短缺压力，实现中国经济持续健康发展和社会的和谐稳定。

五、坚持公平效率统一、共享发展，提升能源普遍服务和利用水平

人人共建、人人共享既是经济社会发展的出发点又是落脚点，同时还是能源发展的理想状态。要充分体现能源共享发展理念，通过大力实施惠民利民工程，让能源改革发展成果惠及城乡居民，惠及各地区经济社会发展。一方面，要确保人民群众用能需要得到满足，完善贫困地区重大能源工程项目审批立项和能源资源开发收益机制，加快天然气管网等基础设施建设，大力增强能源民生保障能力，提升城乡居民能源普遍服务均等化水平；另一方面，要以满足人民群众日益增长的生活需要为前提，不断改善居民生活用能条件，包括大力发展分布式能源，加快城乡配电网的智能化升级，推动天然气与原油管道输送业务独立，提高能源利用水平，推动能源高效互联共享。

第五章　能源消费结构低碳化的新常态情景模拟研究

在保障经济稳定增长的框架下实现减排和"30·60"目标，其根本目的是实现 3E(energy-economy-environment)系统之间的综合平衡与协调发展，其有效途径之一就是能源消费结构低碳化。另外，在二氧化碳排放强度目标作为应对气候变化的约束指标被提出以后，该指标具有了重要的政策含义。本章根据该约束指标，将能源投入、劳动力、技术进步及 CO_2 减排控制率引入 C-D 生产函数，构建"3E"协调发展模式下的经济动力学模型，以保证能源投入、经济平稳增长与 CO_2 减排控制之间的动力学机制，从而得到基准情景(无减排控制)和低碳经济发展情景(减排控制)下 2025 年和 2030 年的最优经济增长率。在此基础上，结合经济、能源与二氧化碳排放控制各个系统的具体发展规划，确定"3E"协调平衡模式参数。最后参考基准和"3E"两种不同的经济发展情景，预测 2025 年和 2030 年的经济产出、能源消费需求和二氧化碳排放总量。

第一节　资源环境约束下的经济增长理论模型

经济增长问题具有复杂且多层面特征，一直是学者们关注的焦点。从古典经济增长理论到现代新经济增长理论，不同的经济学家采用不同的方法和概念试图用来解释经济增长的过程，因而呈现出一种百家争鸣的局面。但这些经济增长理论大都集中在两个关键性问题：一是经济持续增长的生产要素和动力来源，二是不同国家或地区的经济增长和差异情况。早期以亚当·斯密(Adam Smith)、大卫·李嘉图(David Ricardo)和马尔萨斯(Malthus)等为代表的经济学家提出的古典经济增长理论(classical growth theory)，认为资本、劳动和自然要素是经济增长的主要生产要素，劳动分工在经济增长中也有着重要作用，同时由于资本、劳动和土地等生产要素受边际收益递减规律的影响，经济增长最终会趋于停滞。新古典经济增长理论（neoclassical growth theory）始于 20 世纪 40 年代，哈罗德（Harrod，1939）和多马（Domar，1946）以凯恩斯（Keynes）理论为基础建立了哈罗德-多马（Harrod-Domar）经济增长模型，这为经济增长理论的研究奠定了重要基础；在 20 世纪 60 年代，索洛（Solow）和斯旺（Swan）等对哈罗德-多马经济增长模型进行了改进，假设技术进步要素是一种外生变量，将其引入生产函数中，从而得出经济稳定增长的条件及经济增长收敛等结论[205]。到 20 世纪 80 年代，以 Arrow（1962）[206]、Romer（1986）[207]、Lucas、Robert（1988）[208]、Barro（1990）[209] 等为代表的经济学家提出的内生经济增长理论（endogenous growth theory）将物质资本、知识资本和包括人力资本在内的广义资本引入经济增长模式，同时放弃了技术进步外生化的假定，将技术进步内生化，强调资本、知识和技术进步在经济增长中的关键性作用。学者们将上述这些理论作为区域经济增长和存在差异的理论基础，分别从劳动、资本、制度等角度对不同国家或地区的经济增长进行了理论解释[210]。

另外从工业革命以来，随着科学技术的不断进步、社会生产力的极大提高和经济规模的不断扩大，人类在发展经济方面取得了光辉的业绩，创造出前所未有的财富，但与此同时也面临着巨大的挑战，生态环境破坏和资源短缺等问题日益严重。早在 20 世纪 70 年代初期，以 Meadows 为代表的经济学家提出：地球上的资源储量是有限的，而自然资源的消耗、生态的破坏和环境污染的增长方式是指数增长，按照这样的增长趋势继续下去，人类生活将无以为继，这一结论促使经济学家们更加关注资源、环境等诸多因素对经济增长的影响，形成了各种不同的理论，大致可以归纳为以下三类：

首先是将自然资源、能源、环境和外生技术进步因素包含在内的新古典经济增长模型。如 Stiglitz（1978）[211]，Solow（1974）[212] 和 Dasgupta、Heal（1974）[213] 等把自然资源作为一种生产要素引入 Ramsey 模型，考察自然资源消耗与经济增长之间的关系。Rasche 和 Tatom（1977）[214] 首次在柯布-道格拉斯生产函数（Cobb-Douglas production function）中引入能源要素，同时假定能源与资本之间有着不变的替代弹性，去寻找能源要素和经济增长之间的规律，研究结论表明在长期均衡增长路径上，由于能源的不断消耗和其不可再生性特征，最终代表性家庭的消费将会减少，导致不能维持经济的持续增长。Rasche 和 Tatom 的开创性研究给能源与经济增长关系的分析提供了一个基本框架。Pezzey 和 Withagen（1998）[215]在外生技术进步的经济增长模型中引入资源生产要素，研究结论表明：经济增长处于不平衡、不稳定的状态，因而不能维持经济的可持续发展，主要是由于随着不可再生资源的持续消耗，其消费的增长率基本呈现单峰分布，即表现为先上升，到达峰值后开始下降。Stokey（1998）[216]将环境污染因素纳入外生技术进步的经济增长模型中，试图寻找经济可持续增长与技术进步之间的关系，研究发现人均收入和生态环境质量之间呈现倒 U 形曲线关系。Sachs、Warner（2001）[217]和Glyfason（2001）[218]等学者也利用外生技术进步的经济增长模型对自然资源与经济发展之间的关系展开了研究，结果表明两者之间存在负相关的关系。

其次是将技术进步内生化的内生经济增长模型。上述运用包含自然资源、能源、环境和外生技术进步因素在内的新古典经济增长模型进行研究的结论表明：不存在经济的稳定、平衡增长路径，随着自然资源和能源的持续消耗，消费的增长率先上升，到达单一峰值后将持续下降，最终将导致经济走向崩溃。根据这一具有悲观色彩的结论，许多学者开始将环保政策、能源和节能技术等因素引入内生经济增长模型，考虑通过技术进步、政府管制等手段来修复环境污染问题和自然资源消费过度所导致的经济扭曲问题。如 Romer（1986）[207]和 Lucas（1988）[208]等以技术进步内生化的内生经济增长理论为基础，在 Cobb-Douglas 生产函数中引入自然资源和环境要素，基于内生经济增长模型框架探讨了自然资源消耗、环境污染和经济可持续发展之间的关系。Grimaud 和 Rouge（2003）[219]的研究表明包含环境因素的技术进步内生化经济增长模型与新古典经济增长理论关于环境污染与经济增长之间关系的结论保持一致，通常相对于不包含环境因素的内生经济增长模型，环境污染的最优控制需要保持较低的稳态增长速率，而且严格的环境标准对经济维持最优的持续增长很有利。Maltsoglou（2009）[220]通过构建包含环境污染、不可再生能源、可再生能源和技术进步的经济增长模型，重点研究经济社会可持续发展的前提下可再生能源的作用机理。该模型假定高增长和低增长两种经济增长情景，根据环境污染、生产成本和技术等因素合理选择使用可再生能源或不可再生能源。在技术进步外生情况下，发现单纯地提高技术水平并不能实现经济的持续增长，而增加可再生能源占比和加快技术进步虽然可以实现低增长情景下的经济持续发展，但在平衡增长路径下环境污染则不断增加；在技术进步内生情况下，两种增长情景下经济均能维持可持续增长，并在平衡增长路径上环境污染将减少。

最后是其他关于环境污染因素与经济增长关系的宏观经济增长理论模型。如John、Pecchenino（1994）[221]利用世代交替模型（overlapping generation model）得出在经济平衡增长路径的稳态情形下可能存在多种稳态均衡情况，如低增长低环境污染、高增长高环境污染和高增长低环境污染等情况，由此可以发现不同收入的国家或地区对应的环境污染水平也各不相同。Taylor 和 Copeland（1994，1995）[222,223]利用一般均衡模型（general equilibrium model）在开放经济条件下对环境污染的经济效应进行分析，发现国际贸易自由化加剧了发展中国家的环境污染，减轻了对发达国家的污染。这两个模型从不同方法不同角度分析了环境污染与经济增长的关系，也进一步验证了最优经济增长模型关于环境污染与经济增长之间关系的基本理论。总的来说，已有的文献研究经济可持续发展问题大多是基于包含自然资源和环境约束的经济增长模型，也基本支持新古典经济增长理论关于环境污染因素与经济增长之间关系的研究结论。

国内许多学者立足中国国情，在内生经济增长基本框架下，将环境污染问题、经济可持续发展问题和中国转变经济发展方式相结合，对其展开了一些有益的研究和探索。如易纲、樊钢、李岩（2003）[224]，吴敬琏（2005）[225]等根据中国实际国情，从不同角度对经济增长理论进行了解释和应用。王海建（1999，2000）[226,227]和彭水军、包群（2006）[228]等在柯布-道格拉斯生产函数中引入不可再生资源，建立了包含不可再生资源的内生经济增长模型，发现在经济活动中如果有足够多的人力资本积累和较高的 R&D 经济产出效率，则研发创新活动会比较有效，可克服自然资源耗竭和短缺等问题，从而保证持续的最优经济增长。鉴于人为造成的环境污染治理在经济可持续发展中的重要作用，于渤、黎永亮、迟春洁（2006）[229]和许士春、何正霞、魏晓平（2008）[230]等利用基于 R&D 的内生经济增长模型，构建了一个包含能源耗竭、环境污染治理的经济可持续增长模型，运用最优控制方法分析了污染治理的投入比例、能源资源耗竭速率与经济增长之间的动态关系，探讨了平衡增长路径下的稳态解。张彬、左晖（2007）[231]和黄菁、陈霜华(2011)[232]为研究经济的可持续发展和能源的可持续利用问题，构建了一个能源与环境两个约束条件下的内生经济增长模型，研究发现：促进人力资本的积累可保持经济可持续发展，同时发展能源节约和循环再利用的循环经济，依赖技术进步加快转变经济发展方式，达到能源发展和生态环境保护的双赢，才能实现中国经济的可持续增长。王锋(2012)[233]将技术研发、产品生产、新能源生产和温室气体减排引入生产函数，构建出一个四部门内生经济增长模型，并运用最优控制方法研究了在气候变化和化石能源耗竭约束下，转变经济发展方式过程中的平衡增长路径与劳动力在各部门之间的转移和配置。闫庆友、汤新发(2013)[234]首次在生产函数和福利函数中引入社会资本要素，通过建立一个四部门内生经济增长模型并利用动态最优控制理论方法求解，分析了社会资本、自然资本、人力资本和人造资本之间的关系，解释了实现经济最优增长的内在机理。其他的类似研究有很多，如：李金铠(2009)[235]，刘钻石、张娟(2011)[236]，刘岩、于渤、洪富艳(2011)[237]，马颖(2012)[238]等。

第二节 "3E"协调发展模式下的经济增长模型构建

新古典经济增长理论认为物质资本 K 和劳动力 L 是经济增长的基本投入要素，而技术进步 A 则是经济增长的源泉和动力。随着科学的进步和社会的发展，能源已经成为关乎国民经济命脉和国家经济安全的重要战略资源。从第一章关于能源消费与经济增长关系的经验性研究中可以看出，基于对能源问题的大量研究，学者们普遍认为能源要素对经济增长的影响至关重要，是生产过程中不可缺少的要素。因此本书基于 Solow 经济增长模型，借鉴 Moon、Sonn (1996)[239]和朱永彬等(2009)[240]的研究成果，认为能源要素与其他要素具有有限替代弹性，将其与资本和劳动力要素一起引入传统的 Cobb-Douglas 生产函数，反映能源与经济产出之间的关系，同时假设资本和能源具有不变规模报酬性质，并在生产函数中考虑技术进步因素，根据新古典经济增长理论，假设技术进步是外生的，为Hicks 中性技术进步，其变化率服从指数增长，将模型设定为：

$$Y(t) = A(t)K(t)^{\alpha}E(t)^{1-\alpha}L(t)^{\beta} \quad 0 < \alpha, \beta < 1 \qquad (5.1)$$

式(5.1) 中各变量的含义如下：

$Y(t)$：t时刻的经济产出；

$A(t)$：t时刻的技术水平；

$K(t)$：t时刻的资本投入；

$E(t)$：t时刻的能源消费量；

$L(t)$：t时刻的劳动力投入；

α：资本的产出弹性；

$1-\alpha$：能源的产出弹性；

β：劳动的产出弹性。

关于环境污染排放量与经济增长关系的研究比较复杂，文献中主要有两种处理环境污染排放量的方法：一种方法是将环境污染排放量与资本、劳动等其他要素一起作为生产的投入要素引入生产函数模型，代表文献有 Chichilnisky（1994）[241]，Ramanathan（2005）[242]，Lu、Pan、Chen（2006）[243]等；另一种方法是将环境污染排放量作为非期望产出，国民生产总值 GDP 作为期望产出，资本、劳动力和能源消费作为投入指标，一起引入生产过程，Chung、Fare、Grosskopf（1997）[159]，涂正革（2008）[162]，吴琦、武春友（2009）[244]和沈能（2010）[245]等许多学者对其进行了分析研究。

此外，很多学者在二氧化碳减排方面也展开了详细的研究。高鹏飞、陈文颖、何建坤（2004）[246]应用 MARKAL-MACRO 混合模型对中国 2010—2050 年的二氧化碳减排边际成本进行了测算。韩一杰、刘秀丽（2010）[247]在不同的减排目标和 GDP 增长率的假设下，计算了中国实现二氧化碳减排目标所需要的增量成本。李陶、陈林菊、范英（2010）[248]根据二氧化碳强度目标构建了省级减排成本估计模型，提出了基于非线性规划的二氧化碳减排配额分配方法。公维凤、周德群、王传会（2012）[249]在节能减排约束条件下，构建了各省、市、区经济增长优化模型，分析了各种情景下各省、市、区经济发展的优化问题。

以上学者主要是利用历史数据对所关注区域的能源、经济与环境等问题进行了研究。如何在确保经济平稳发展的前提下减少二氧化碳排放量，已成为世界各国共同研究和探讨的焦点。另外，在 2020 年二氧化碳排放强度目标作为应对气候变化的约束指标被提出以后，该指标具有了重要的政策含义，本书在此基础上将 CO_2 减排控制率引入模型（5.1）中，假设 CO_2 减排控制率为 $\mu(t)$。张清、陶小马、杨鹏(2010)[250]和 Nordhaus (1992)[91]构建的 DICE 模型中均设定二氧化碳排放以 $\mu(t)$ 的速率减少排放，本书将 CO_2 减排控制率 $\mu(t)$ 设定为二氧化碳排放强度年下降速率，则式(5.1)可扩展为如下形式：

$$Y(t) = (1 - \mu(t))A(t)K(t)^{\alpha}E(t)^{1-\alpha}L(t)^{\beta} \tag{5.2}$$

式(5.2)对应的人均消费和资本积累方程形式如下：

$$c(t) = C(t)/N(t) \tag{5.3}$$

$$\dot{K}(t) = (1 - \delta)Y(t) - C(t) \tag{5.4}$$

式(5.3)中 $N(t)$ 表示 t 时刻的总人口数，$c(t)$ 表示人均消费。

为了简化分析，式(5.4)假设经济产出除了消费支出和折旧外，都用于资本的积累，δ 为资本折旧系数。

该模型对劳动力人口即就业人口和总人口做了区别，其中，$N(t)$ 表示 t 时刻的总人口数，$\omega(t)$ 表示就业人口占总人口的比重，即劳动参与率，因此劳动力 $L(t)$ 可表示为：

$$L(t) = \omega(t) \cdot N(t) \tag{5.5}$$

模型剩下的假设是关于技术进步、总人口和能源消费如何随时间而变化。给定技术进步与总人口的初始水平，技术进步与总人口均分别以不变的增长率增长：

$$A(t) = A_0 e^{vt} \tag{5.6}$$

$$N(t) = N_0 e^{nt} \tag{5.7}$$

根据定义，能源强度是指单位 GDP 所消耗的能源，由能源消费量和经济产出决定，同时模型假定能源强度是外生的，用公式可表示为：

$$\tau(t) = E(t)/Y(t) \tag{5.8}$$

将式(5.5)、式(5.6)、式(5.7)和式(5.8)代入式(5.2)，则有：

$$Y(t) = \left[(1 - \mu(t))A_0 e^{vt}\right]^{\frac{1}{\alpha}}K(t)\tau(t)^{\frac{1-\alpha}{\alpha}}\left[\omega(t)N_0 e^{nt}\right]^{\frac{\beta}{\alpha}} \tag{5.9}$$

关于目标函数我们采用具有不变跨时替代弹性的效用函数 CES(也被称为不变的相对风险厌恶或 CRRA)，其含义是：效用是人均消费 c(t) 的函数，同时还需考虑总人口数，该效用函数主要由式(5.10)来确定：

$$U[c(t), N(t)] = N_0 e^{nt}\left[(c(t)^{1-\sigma} - 1)/(1 - \sigma)\right]$$

$$= \frac{1}{1-\sigma}(N_0{}^{\sigma}\mathrm{e}^{n\sigma t}C(t)^{1-\sigma} - N_0\mathrm{e}^{nt}) \tag{5.10}$$

这里 σ 为风险厌恶系数，而社会计划者的目标就是在预算约束下使得跨期效用最大化，如式(5.11)所示：

$$\max \int_0^\infty U[c(t), \quad N(t)]\mathrm{e}^{-\rho t}\mathrm{d}t$$

$$= \max \int_0^\infty \frac{1}{1-\sigma}(\mathrm{e}^{(n\sigma-\rho)t}N_0{}^{\sigma}C(t)^{1-\sigma} - \mathrm{e}^{(n-\rho)t}N_0)\mathrm{d}t \tag{5.11}$$

其中 ρ 为时间偏好系数。

模型(5.11)即为如下最优控制问题：

$$\max \int_0^\infty \frac{1}{1-\sigma}(\mathrm{e}^{(n\sigma-\rho)t}N_0{}^{\sigma}C(t)^{1-\sigma} - \mathrm{e}^{(n-\rho)t}N_0)\mathrm{d}t$$

$$\mathrm{s.\,t.}\ \dot{K}(t) = (1-\delta)Y(t) - C(t)$$

$$\mathrm{CEI}(T) \leqslant (1-a)\mathrm{CEI}(0) \tag{5.12}$$

其中 CEI(T)表示期末二氧化碳排放强度，CEI(0)表示基期二氧化碳排放强度，a 为减排目标设定的期末二氧化碳排放强度相对基年的下降比例。

第三节 "3E"协调发展模式下的经济增长模型求解

本章主要分析经济系统长期稳定增长的情形，该问题就是在连续时间内，求泛函积分最大化问题，其中包括控制变量和状态变量，是一个非线性系统动态最优化问题。根据最优控制理论中庞特里亚金极大值原理，式(5.12)的 Hamilton 函数 H 如下：

$$H = U[c(t), \quad N(t)] + \lambda\{(1-\delta)[(1-\mu(t))A_0\mathrm{e}^{nt}]^{\frac{1}{\alpha}}K(t)\tau(t)^{\frac{1-\alpha}{\alpha}}$$

$$[\omega(t)N_0\mathrm{e}^{nt}]^{\frac{\beta}{\alpha}} - C(t)\} \tag{5.13}$$

上式中，C 为控制变量，K 为状态变量，λ 为拉格朗日乘子，经济含义是 t 时刻资本的影子价格，其最大化的一阶条件为：

$$\frac{\partial H}{\partial C} = U'(C) - \lambda = 0 \tag{5.14}$$

由式(5.14)可得:

$$\lambda = N_0{}^{\sigma}\mathrm{e}^{(n\sigma-\rho)t}C(t)^{-\sigma} \tag{5.15}$$

拉格朗日乘子 λ 的运动方程为:

$$\dot{\lambda} = -\frac{\partial H}{\partial K} = -\lambda(1-\delta)\cdot\frac{\partial Y}{\partial K} \tag{5.16}$$

由式(5.9)可得:

$$\frac{\partial Y}{\partial K} = \left[(1-\mu(t))A_0\mathrm{e}^{vt}\right]^{\frac{1}{\alpha}}\tau(t)^{\frac{1-\alpha}{\alpha}}\left[\omega(t)N_0\mathrm{e}^{nt}\right]^{\frac{\beta}{\alpha}} \tag{5.17}$$

将式(5.17)代入式(5.16),得:

$$\frac{\dot{\lambda}}{\lambda} = -(1-\delta)\left[(1-\mu(t))A_0\mathrm{e}^{vt}\right]^{\frac{1}{\alpha}}\tau(t)^{\frac{1-\alpha}{\alpha}}\left[\omega(t)N_0\mathrm{e}^{nt}\right]^{\frac{\beta}{\alpha}} \tag{5.18}$$

对式(5.15)两边取对数,得:

$$\ln(\lambda(t)) = \sigma\ln(N_0) + (n\sigma-\rho)t - \sigma\ln(C(t)) \tag{5.19}$$

求式(5.19)关于时间 t 的导数,得:

$$\frac{\dot{\lambda}}{\lambda} = n\sigma - \rho - \sigma\frac{\dot{C}}{C} \tag{5.20}$$

令 g 代表各变量的增长率,则有 $g_\lambda = \dfrac{\dot{\lambda}}{\lambda}$, $g_C = \dfrac{\dot{C}}{C}$, $g_K = \dfrac{\dot{K}}{K}$, 合并式(5.18)和式(5.20),得到:

$$g_C = \left(n-\frac{\rho}{\sigma}\right) + \frac{1-\delta}{\sigma}\cdot\left[(1-\mu(t))A_0\mathrm{e}^{vt}\right]^{\frac{1}{\alpha}}\tau(t)^{\frac{1-\alpha}{\alpha}}\left[\omega(t)N_0\mathrm{e}^{nt}\right]^{\frac{\beta}{\alpha}} \tag{5.21}$$

由于在稳态增长条件下,消费与经济产出以相同的速度增长,因此经济平稳增长路径下加入 CO_2 减排控制率的最优经济增长率为:

$$g_Y = \left(n-\frac{\rho}{\sigma}\right) + \frac{1-\delta}{\sigma}\cdot\left[(1-\mu(t))A_0\mathrm{e}^{vt}\right]^{\frac{1}{\alpha}}\tau(t)^{\frac{1-\alpha}{\alpha}}\left[\omega(t)N_0\mathrm{e}^{nt}\right]^{\frac{\beta}{\alpha}} \tag{5.22}$$

同理,经济平稳增长路径下无 CO_2 减排控制率的最优经济增长率为:

$$g'_Y = \left(n-\frac{\rho}{\sigma}\right) + \frac{1-\delta}{\sigma}\cdot(A_0\mathrm{e}^{vt})^{\frac{1}{\alpha}}\tau(t)^{\frac{1-\alpha}{\alpha}}\left[\omega(t)N_0\mathrm{e}^{nt}\right]^{\frac{\beta}{\alpha}} \tag{5.23}$$

第四节　新常态下中国未来经济发展情景模拟分析

一、数据来源与研究方法

(一)数据来源

通过式(5.2)和式(5.6)可以得到:

$$Y(t)/[E(t)(1 - \mu(t))] = A_0 e^{vt} [K(t)/E(t)]^{\alpha} L(t)^{\beta} \tag{5.24}$$

令 $Y' = Y(t)/[E(t)(1 - \mu(t))]$, $K' = K(t)/E(t)$, 为了消除时间因素对方程的影响, 对式(5.24)两边进行取对数操作, 并添加误差项 ε, 得到如下方程:

$$\ln Y' = \ln A_0 + vt + \alpha \ln K' + \beta \ln L + \varepsilon \tag{5.25}$$

本章以 1978—2020 年的时间序列数据为研究对象, 所有数据源自《中国统计年鉴》《中国能源统计年鉴》和《新中国 65 年统计资料汇编》等。经济产出以可比价格的 GDP 序列作为其衡量指标(1978 年 = 100); CO_2 减排控制率以二氧化碳排放强度的年下降速率表示, 其中二氧化碳排放量的测算采用间接法, 即化石能源(煤炭、石油、天然气)消耗乘以相应的二氧化碳排放系数[251], 分别为 2.744、2.138 和 1.628; 劳动投入以样本期末全国就业人数表示; 能源投入以样本期末全国能源消费总量表示; 资本投入数据选取固定资本存量作为其衡量指标, 遵循 Goldsmith(1951) 开创的目前广泛应用的永续盘存法(perpetual inventory method)[252], 采用相对效率几何递减模型测算, 其基本公式为:

$$K_t = K_{t-1}(1 - \delta) + I_t/P_t \tag{5.26}$$

式(5.26)中 K_t 表示当年的固定资本存量, K_{t-1} 表示上一年的固定资本存量, I_t 表示当年新增资本存量, P_t 表示当年的固定资本平减指数, 本章以当年的全社会固定资产投资总额替代当年新增资本存量[253], δ 表示折旧率。用式(5.26)测算固定资本存量, 有如下几个关键:

(1)基年固定资本存量和折旧率的确定。本章采用1978年的固定资本存量作为基年固定资本存量 K_0, K_0 按国际常用方法计算[254]: 基年的全社会固定资本形成总额 I_0(可比价格)与样本期内全社会固定资本形成总额(可比价格)的几何平

均增长率 g 加上折旧率 δ 之和的比值，其公式为：

$$K_0 = \frac{I_0}{g + \delta} \tag{5.27}$$

对于折旧率 δ，本书根据张军(2004)[255]的估算，取 $\delta = 9.6\%$。

(2)固定资本平减指数的确定。在采用永续盘存法时，必须将当年价格表示的固定资本用一定的价格指数进行平减，换算成以基年不变价格表示的实际值，本章采用固定资产投资价格指数作为固定资本平减指数。然而根据《新中国65年统计资料汇编》，发现在1991年才开始每年公布这一指数，这样便无法把1978—2011年用当年价格给出的全社会固定资产投资总额折算成以1978年价格表示的数据。但是，可以通过构造指数来间接实现这个目的。经过分析，本章选择了在1978—1990年的工业品出厂价格指数(1978年＝100)和1991—2020年的固定资产投资价格指数去拟合固定资本平减指数，以此推算中国1978—2020年以1978年价格表示的历年全社会固定资产投资总额，从而为逐年累计出中国的资本存量奠定基础。

(二)研究方法

偏最小二乘回归(partial leastsquares regression)[256]由伍德(S. Wold)和阿巴诺(C. Albano)等人于1983年首次提出，是应实际需要产生和发展的一种新型的多元统计数据分析方法，其主要思想可以理解成是三种方法即典型相关分析、主成分分析和多元回归分析的有效组合。偏最小二乘回归可以有效地克服目前回归建模的许多实际问题，诸如样本容量小于变量个数的情况下进行回归建模，以及多因变量对多自变量的同时回归分析等用普通多元线性回归无法解决的问题。特别是在普通多元线性回归中，变量之间的多重共线性常会严重危害参数估计，扩大模型误差，并破坏模型的稳健性，用偏最小二乘回归进行建模，其分析结论更加可靠，结论性更强。

本章利用单因变量偏最小二乘回归方法进行分析，其建模方法如下：设有因变量 Y 和 k 个自变量 $\{x_1, \cdots, x_k\}$。为了研究因变量与自变量的统计关系，观测了 n 个样本点，由此构成了自变量与因变量的数据矩阵 $X_{n \times k}$ 和 $Y_{n \times 1}$，分别记为：

$$X_{n \times k} = \begin{bmatrix} x_{11} & x_{12} & \cdots & x_{1k} \\ x_{21} & x_{22} & \cdots & x_{2k} \\ \vdots & \vdots & \vdots & \vdots \\ x_{n1} & x_{n1} & \cdots & x_{nk} \end{bmatrix} \quad Y_{n \times 1} = \begin{bmatrix} y_{11} \\ y_{21} \\ \vdots \\ y_{n1} \end{bmatrix}$$

偏最小二乘回归分析的目的是在数据集 X 中提取出 t_1(t_1 是 x_1，$\cdots$，x_k 的线性组合)，表示为 $t_1 = w_1 x_1 + w_2 x_2 + \cdots + w_k x_k$。要求 t_1 满足：(1) 应尽可能大地携带数据矩阵 X 中的变异信息；(2) 与 Y 的相关程度能够达到最大。

在第一个成分 t_1 被提取后，偏最小二乘回归分别实施 X 对 t_1 的回归以及 Y 对 t_1 的回归。如果回归方程已经达到满意的精度，则算法终止；否则，将分别利用 X 和 Y 被 t_1 解释后的残余信息进行第二轮的成分提取。如此反复迭代，直到能达到一个较满意的精度为止。若最终对 X 共提取了 q 个成分 t_1，$\cdots$，t_q，偏最小二乘回归将通过施行 Y 对 t_1，$\cdots$，t_q 的回归，然后再表达成 Y 关于原自变量 x_1，$\cdots$，x_k 的回归方程。

二、潜在经济增长率实证结果与分析

(一)生产函数参数估计

常用的诊断多重共线性的方法主要有容忍度、方差膨胀因子、条件指数、方差比例等，本书采用方差膨胀因子(VIF)方法进行诊断，结果如表 5.1 所示。

表 5.1　　　　　　　　　　　　**多重共线性检验结果**

变量	平均值	标准差	方差膨胀因子
$\ln K'$	8.1126	0.4043	29.3589
$\ln L$	2.3687	0.2358	21.1367
t	19.5000	12.9457	85.1572
$\ln Y'$	7.3948	0.4356	

从表 5.1 中可以发现各自变量的 VIF 都超过 10，说明自变量之间存在严重的多重共线性关系，将影响普通最小二乘回归的估计值，极有可能会出现模型结论

与现实相差较大的情况，从而导致模型的解释无效。这里利用多元统计数据分析方法中能够有效解决多重共线性问题的偏最小二乘回归方法对式(5.25)进行估计分析，运行 DPS 数据处理系统软件中的偏最小二乘回归分析程序。

在模型具体处理过程中，有一个因变量 y_1，自变量数据集 X 有三个变量 x_1、x_2 和 x_3，因此对于潜变量的个数，一般情况下是根据预测残差平方和 PRESS（predicted residual error sum of squares）来确定，其公式可表示为：

$$\text{PRESS}_{(j)} = \sum_{i=1}^{n} \left(y_{(j)(i)} - \hat{y}_{(j)(i)} \right)^2 \qquad (5.28)$$

式(5.28)中，$\text{PRESS}_{(j)}$ 为第 j 步预测残差平方和，$y_{(j)(i)}$ 为第 j 步第 i 个观测点上的因变量实际观测值，$\hat{y}_{(j)(i)}$ 为第 j 步第 i 个观测点上的因变量实际预测值。

当 $\text{PRESS}_{(j)} - \text{PRESS}_{(j-1)}$ 小于预测精度时，停止迭代过程，否则继续进行迭代计算来提取潜变量。在实际实验过程中一般是根据 PRESS 的变化和参考各个效应的标准回归系数来确定，同时认为潜变量个数最多不超过实验处理的自变量个数。因此该实验最多可以提取的潜变量个数为 2。

当潜变量个数 k 为 1 时，模型效应和因变量权数如表 5.2 所示。

表 5.2 　　　　　　　　模型效应和因变量权数（$k = 1$）

潜变量个数	x_1	x_2	x_3	y_1
1	0.5121	0.5947	0.6015	1

模型效应负荷量如表 5.3 所示。

表 5.3 　　　　　　　　　模型效应负荷量（$k = 1$）

潜变量个数	x_1	x_2	x_3
1	0.5634	0.5831	0.6272

模型运算结果的标准回归系数如表 5.4 所示。

表 5.4　　　　　　　　　　标准回归系数($k=1$)

潜变量个数	x_1	x_2	x_3
1	0.2687	0.3164	0.3275

从表 5.4 可以看出,该标准回归系数的符号与其现实情况相一致。

当潜变量个数为 2 时,模型效应和因变量权数如表 5.5 所示。

表 5.5　　　　　　模型效应和因变量权数($k=2$)

潜变量个数	x_1	x_2	x_3	y_1
2	−0.6532	0.7046	−0.1769	1

模型效应负荷量如表 5.6 所示。

表 5.6　　　　　　　　模型效应负荷量($k=2$)

潜变量个数	x_1	x_2	x_3
2	−0.7639	0.6597	−0.0376

模型运算结果的标准回归系数如表 5.7 所示。

表 5.7　　　　　　　　标准回归系数($k=2$)

y_i	x_1	x_2	x_3
y_1	−0.0689	0.7126	0.2897

从表 5.7 可以看出,该标准回归系数的符号与其现实情况不一致。并且,经交叉有效性检验,只能提取一个成分,因此数据标准化后的模型误差平方和以及 PRESS 统计量如表 5.8 所示。

表 5.8　　　　　　　　数据标准化后判定系数 R^2 与 PRESS 统计量

组分	R^2	PRESS 统计量
c_1	0.7641	9.4251

从表 5.8 中可以看出判定系数 R^2 为 0.7641，效果较好，原变量的偏最小二乘回归方程为：

$$\ln Y' = -2.5572 + 0.0118t + 0.3089\ln K' + 0.6374\ln L \qquad (5.29)$$

从而根据式(5.29)，式(5.24)变为如下形式：

$$Y(t)/[E(t)(1-\mu(t))] = 0.0775e^{0.0118t}[K(t)/E(t)]^{0.3089}L(t)^{0.6374}$$
$$(5.30)$$

由于偏最小二乘回归方法属于多元统计数据分析方法范畴，学者们在使用该方法建模时，不用考虑变量的平稳性和回归方程的"伪回归"现象，另外当变量之间存在多重共线性问题时，与传统多元线性回归模型相比，该方法减少了模型误差，并提高了模型的稳健性，其分析结论更加可靠，结论性更强，从而在许多领域中得到了广泛应用。

(二)其他参数估计

本章模型中假定能源强度是外生的，根据王铮等(2010)[257]的研究，技术进步推动了能源强度的变化，又根据经济增长理论中技术进步服从指数增长，设定能源强度随时间也呈指数变化趋势，未来能源强度的预测值可通过拟合历年能源强度数据获得。根据前面选取的 1978—2020 年的经济产出和能源消费量数据，计算得到历年能源强度时间序列数据，从而能源强度的变化趋势可表示为：

$$\tau = 0.0016e^{-0.0298t}(R^2 = 0.8974) \qquad (5.31)$$

式(5.31)中，0.0016 代表初始能源强度，能源强度随时间变化的下降速度为 2.98%，从中可以看出变化比较缓慢，可能与中国处于工业化、城市化进程加快阶段且能源消费需求增长快这一现实密切相关，其判定系数为 0.8974，模型拟合程度较好，并通过了统计检验。

同样的，根据《中国统计年鉴》和《新中国 65 年统计资料汇编》中的样本期末全国总人口数可拟合得到总人口变化趋势，初始人口为 9.7865 亿人，其增长率为 0.0091，从而由总人口模型可预测得到未来人口的总量，根据王金营、蔺丽莉（2006）[258]预测的劳动力数据可计算出未来劳动参与率 ω 的取值，其中 $\omega_{2030}=0.5304$。

在 Ramsey 模型中，时间偏好系数 ρ 和风险厌恶系数 σ 都是重要的外生参数。时间偏好系数表示人们对现在的满意程度与对将来的满意程度的比值，人们越不喜欢现在，其时间偏好系数也就越低。Barro 和 Sala-I-Martin 在其著作 *Economic Growth* 中认为时间偏好因子有一个基准值 0.02，顾六宝、肖红叶（2004）[259]的研究中以 0.02 为基准给 ρ 值设定了一个取值范围（0.01，0.03），检验结果表明，ρ 值在 0.01～0.03 的变化对显著性检验的影响很小，并采用 $\rho=0.02$，因而本书也设定 $\rho=0.02$。另外根据 Barro 和 Sala-I-Martin（2003）[260]的研究中模拟最优消费增长率时 σ 值取 3 的研究结果，设定参数 σ 的取值为 3。

2021 年 4 月 8 日，生态环境部部长黄润秋在第 30 次"基础四国"气候变化部长级会议上表示截至 2020 年年底，中国二氧化碳排放强度较 2005 年降低约 48.40%，本章假设在未来几年内中国二氧化碳排放强度以"十三五"期间平均速度下降，计算可得 μ 的取值为 0.0427。

由此将所需参数值代入式（5.22），获得有无 CO_2 减排控制下的潜在经济增长率均分别为 5.97%（2025 年）和 5.35%（2030 年）。这表明中国政府采取越来越积极的措施改善生态环境质量，推动经济高质量发展，中国的强度减排目标可以得到实现。

综合国家统计局、中国社会科学院、中国人民大学、清华大学等机构的分析预测，"十四五"期间我国潜在经济增长率在 5.1%～5.5%。"十四五"规划没有设定具体增长目标，但提出"国内生产总值年均增长保持在合理区间"。"十四五"时期，是我国由全面建成小康社会向基本实现社会主义现代化迈进的关键时期，是"两个一百年"奋斗目标的历史交汇期，也是开启全面建设社会主义现代化强国新征程的重要机遇期。清华大学国情研究院预估"十四五"时期 GDP 增长率大致可以维持在 5.2%～5.7%。①。宋鹭（2021）经过测算，认为 2020—2035 年我国 GDP 平均增速需要达到 4.0%～5.4%，才能实现"两步走"的战略目标[261]。基于中国经济增长的连续性和稳定性，并比照有关机构和专家的经验，本章认为该模

①　https：//finance. sina. com. cn/china/gncj/2021-01-18/doc-ikftssan7854068. shtml.

型的预测结果在一定程度上可信。

三、"3E"模式下未来经济产出、能源消费量和二氧化碳排放量

根据上述计算得到的2025年和2030年最优经济增长率，并参考大多数学者们的研究成果，本章将未来经济发展路径设定为两种情景。目前，中国正处在工业化和城镇化加速发展阶段，能源消费需求激增，进一步加剧了生态环境污染恶化的压力。同时，在2020年全面建成小康社会的目标达成后，实现十九大提出的2035年"美丽中国"目标将成为下一个重要任务。因此，本章首先建立了一个基准(business as usual，BAU)情景，其定义为延续现有计划的减排举措、政策框架以及可预见的技术路径继续发展，不去做额外碳减排努力的情景，其主要特征之一是60%~65%减排目标和宽松的经济发展路径。其次基于上述分析，将碳减排控制下的潜在经济发展情景设定为"3E"协调发展情景。该情景反映了将采取更有力的政策和措施，不仅考虑强度和数量控制，还考虑二氧化碳排放峰值和"30·60"目标。在两种经济发展情景中，2021—2025年和2026—2030年的潜在经济增长率设定如表5.9所示。以2011年的经济产出总量(按2005年不变价格计算)为基年，估测可得到中国2025年和2030年的经济产出总量；由能源强度模型可获得2025年和2030年能源强度的预测值，从而计算出能源消费需求量；另外也可计算出2025年和2030年两种情景下的二氧化碳排放量。结果见表5.9。

表5.9 **2025年和2030年经济产出总量和能源消费需求量**

年份	经济增长情景	潜在经济增长率	经济产出总量（万亿元）	能源消费需求量（亿吨标准煤）	CO_2排放量（亿吨碳）
2025	BAU 情景	6.0%	135.96	53.61	107.21
	"3E"情景	5.7%	134.05	52.86	105.62
2030	BAU 情景	5.5%	177.68	60.37	120.74
	"3E"情景	5.26%	173.21	58.85	117.59

第六章　新常态情景下未来能源消费
结构低碳化转型研究

中国经济正处在转变发展方式、优化经济结构、转换增长动力的攻关期，经济发展前景总体向好。目前，全球正快速推进能源清洁低碳化转型，中国于2020年9月向世界作出了"二氧化碳排放力争于2030年前达到峰值，努力争取2060年前实现碳中和"的重大政策宣示，开启了未来10~40年以"双碳"为目标的经济社会系统性变革之路。但是中国是世界最大的能源生产国和消费国，碳排放总量大，实现碳达峰、碳中和面临严峻的挑战。2020年，能源碳排放99亿吨，占全球31%，[①] 而我国处于工业化发展阶段，经济发展任务艰巨，电力需求还将刚性增长。同时，我国产业结构偏重、能源结构偏煤、能源利用效率偏低，2020年，非化石能源占比15.9%，清洁能源发电量占比36%，煤炭消费占比56.8%，其高于世界平均水平约30个百分点。面对上述挑战，中国碳达峰、碳中和应以"四化"（清洁化、电气化、数字化、标准化）为方向，加强"两个支撑"（科技创新支撑、政策机制支撑），构建清洁低碳安全高效的能源体系。

能源消费结构低碳化转型是实现碳达峰、碳中和目标的有效措施之一。能源消费结构系统本身在结构及功能上具有极强的复杂性，涉及社会经济生活的方方面面，其低碳化转型受到内在驱动因素的影响，其变动有着一定的规律。本章首先采用 Markov 链模型研究一次能源消费结构的变动规律和预测 2025 年和 2030 年中国的一次能源消费结构。然后，根据第五章得到的"3E"协调发展情景下 2025 年和 2030 年的经济产出、能源消费量和 CO_2 排放量，运用多目标决策方法，综合考虑社会经济、能源、环境系统的协调发展，对 2025 年和 2030 年的能源消费结构低碳化转型趋势进行预测，比较两种不同模式下未来能源消费结构的差

---

① 根据《BP 世界能源统计年鉴》整理。

异，以求能为中国能源资源的合理配置与社会经济的稳定发展提供有益的政策建议。

第一节　一次能源消费结构的预测

一、Markov 链模型

（一）Markov 链的相关概念

Markov 链是数学中具有 Markov 性质的离散时间随机过程，该过程是指在给定当前知识或信息的情况下，过去状态对于预测未来状态是无关的。时间和状态都是离散的马尔可夫过程称为马尔可夫链，简记为 $X_t = X(t)$，$t = 0$，1，2…，并且有：

$$P\{X(t + 1) = j | X(t) = i, \ X(t - 1) = i_{t-1}, \ \cdots, \ X(1) = i_1, \ X(0) = i_0\}$$

$$= P\{X(t + 1) = j | X(t) = i\}$$

有限维 Markov 链的概率可以表示为：

$$P\{X(t) = i_t, \ X(t - 1) = i_{t-1}, \ \cdots, \ X(1) = i_1, \ X(0) = i_0\}$$

$$= P\{X(t) = i_t | X(t - 1) = i_{t-1}, \ \cdots, \ X(0) = i_0\}$$

$$\quad P\{X(t - 1) = i_{t-1}, \ \cdots, \ X(0) = i_0\}$$

$$= P\{X(t) = i_t | X(t - 1) = i_{t-1}\} P\{X(t - 1) = i_{t-1}, \ \cdots, \ X(0) = i_0\} = \cdots$$

$$= P\{X(t) = i_t | X(t - 1) = i_{t-1}\} \cdots P\{X(1) = i_1 | X(0) = i_0\} P\{X(0) = i_0\}$$

对于不同状态之间的变换关系，可以用"状态转移概率"和"状态转移矩阵"来描述。

关于状态转移概率，设研究对象具有 r 种状态，并且每一时刻只能处于一种状态。另外，当研究对象处于某一状态时，可能会向其他任意一种状态转移，这样状态的变化方式将会有 r 种（包括状态向自身的转变，即状态不变），同时向不同状态转移均是随机的。

对于 Markov 链 $\{X(t)$，$t = 0$，1，2…$\}$，假设在 k 时刻，$X(k)$ 处于状态 j 下，则 $X(k) = j$ 的概率称为 Markov 链的状态概率，记为 $P_j(k)$，也可写成 $P\{X(k) = $

j。用 $P_{ij}(k)$ 表示 Markov 链 $\{X(t)，t = 0，1，2\cdots\}$ 在时刻 k 处于状态 i 下，在时刻 $k + 1$，其状态转移到 j 的概率，称为一步转移概率。其中：

$$P_{ij}(k) = P\{X(k + 1) = j \mid X(k) = i\}$$

对于 Markov 链 $\{X(t)，t = 0，1，2\cdots\}$ 在时刻 k 处于状态 i 下，经过 s 步转移到状态 j 的概率，称为 s 步转移概率，记为 $P_{ij}(k，s)$，即：

$$P_{ij}(k，s) = P\{X(k + s) = j \mid X(k) = i\}$$

如果 Markov 链 $\{X(t)，t = 0，1，2\cdots\}$ 中一步转移概率与状态所处的时刻无关，则该 Markov 链 $\{X(t)，t = 0，1，2\cdots\}$ 称为齐次 Markov 链，可记为：

$$P\{X(k + 1) = j \mid X(k) = i\} = P_{ij}$$

状态转移矩阵，是由状态转移概率所组成的矩阵，可以描述研究对象状态转移过程，其中一步转移概率对应的是一步状态转移矩阵，多步转移概率对应的是多步状态转移矩阵。如果在时刻 k 的状态 i 经过 s 步转移到状态 j，则该过程的 s 步状态转移矩阵可表示为：

$$P^{(s)} = \begin{bmatrix} p_{11}^{(s)} & p_{12}^{(s)} & p_{13}^{(s)} & \cdots \\ p_{21}^{(s)} & p_{22}^{(s)} & p_{23}^{(s)} & \cdots \\ \cdots & \cdots & \cdots & \cdots \\ p_{i1}^{(s)} & p_{i2}^{(s)} & p_{i3}^{(s)} & \cdots \\ \cdots & \cdots & \cdots & \cdots \end{bmatrix}$$

关于初始状态概率分布，由于研究对象的状态在状态转移矩阵的作用下不断变化，其最终状态与初始状态存在一定的联系，但有时最终状态几乎不受初始状态的影响。Markov 链 $\{X(t)，t = 0，1，2\cdots\}$ 的状态空间为 I，若 $P_i(0) = P\{X(0) = i\}$，$i \in I$，有以下两个性质：

$$\begin{cases} P_i(0) \geqslant 0 \\ \sum_{i \in I} P_i(0) = 1 \end{cases}$$

则 $\{P_i(0)，i \in I\}$ 为该 Markov 链 $\{X(t)，t = 0，1，2\cdots\}$ 的初始状态概率分布。

关于 Markov 链的稳定状态，Markov 链在经过一段时间状态变化后，最终会稳定在这样一种状态，该状态既与其初始状态无关，且前后两期的状态转移概率相等, 这个状态称为 Markov 链的稳定状态, 此时的分布为 Markov 链的平稳分布。与 Markov 链稳定状态紧密联系的概念即 Markov 链的遍历性。Markov 链 $\{X(t), t = 0, 1, 2\cdots\}$ 在其状态空间 I 上, 如果对于一切的 i 和 j, 均存在不依赖于 i 的极限值 $\pi(j)$, 使得 $\lim\limits_{n\to\infty} P_{ij}^{(s)} = \pi(j)$, 称此 Markov 链具有遍历性。

(二) Markov 链预测原理

对于齐次 Markov 链, 其绝对概率是 $P_j(k)$, s 步转移概率是 $P_{ij}^{(s)}$, 有 $P_j(s+1) = \sum\limits_{i \in I} P_i(s) P_{ij}$, 以及 $P_j(s) = \sum\limits_{i \in I} P_i(0) P_{ij}^{(s)}$, 说明 Markov 链的绝对概率是由其初始分布和 n 步转移概率共同决定的。更一般的, 由著名的 Chapman-Kolmogorov 方程可知, $P_{ij}^{(m+n)} = \sum\limits_{k \in I} P_{ik}^{(m)} P_{kj}^{(n)}$, 简单推导证明如下:

$$P_{ij}^{(n)} = P\{X(n+m) = j \mid X(m) = i\}$$

$$= \frac{\sum\limits_{k \in I} P\{X(n+m) = j, X(m+1) = k, X(m) = i\}}{P\{X(m) = i\}}$$

$$= \frac{\sum\limits_{k \in I} P\{X(n+m) = j \mid X(m+1) = k, X(m) = i\} P\{X(m+1) = k, X(m) = i\}}{P\{X(m) = i\}}$$

$$= \frac{\sum\limits_{k \in I} P\{X(n+m) = j \mid X(m+1) = k\} P\{X(m+1) = k, X(m) = i\}}{P\{X(m) = i\}}$$

$$= \sum\limits_{k \in I} P_{kj}^{(n-1)} P_{ik}$$

这就是 Markov 预测的理论基础, 即确定研究时间序列的初始状态以及初始分布后, 可依据状态转移矩阵进行未来时刻的预测分析, 其中状态转移矩阵的选择以最大可能性为原则。

二、一次能源消费结构变动的 Markov 链模型

根据 Markov 链的分析过程, 可构建如下一次能源消费结构变动的 Markov 链模型: 将煤炭、石油、天然气、非化石能源 (水电、核电、风电) 四类能源在一次能源消费总量中的比例分为: 煤炭比重、石油比重、天然气比重、非化石能源比重四类, 结构变化为: 流入和流出 (一次能源消费中的各类能源消费比重变

动），用 $A_t = (a_1(t), a_2(t), a_3(t), a_4(t))$ 表示在 t 年的一次能源消费结构，其中 $(a_1(t), a_2(t), a_3(t), a_4(t))$ 表示在 t 年各类能源的消费比重，以 p_{ij} 记每年从 i 类能源流入 j 类能源的消费比重概率，则 $P = (p_{ij})_{4 \times 4}$ 是一个准转移概率矩阵（每行的所有元素之和为 1）。

$$P = \begin{bmatrix} p_{11} & p_{12} & p_{13} & p_{14} \\ p_{21} & p_{22} & p_{23} & p_{24} \\ p_{31} & p_{32} & p_{33} & p_{34} \\ p_{41} & p_{42} & p_{43} & p_{44} \end{bmatrix} \tag{6.1}$$

用 Markov 链对一次能源消费结构进行预测分析，最关键的一步就是状态转移概率矩阵 P 的确定。为了动态研究一次能源消费结构随时间 t 的变化情况，用状态转移概率矩阵 P 来表示每隔一年各类能源消费比重状态的转移情况，得到如下矩阵：其中的 $p_{ij}(i = 1, 2, 3, 4; j = 1, 2, 3, 4)$ 表示当前处于第 i 类能源比重，1 年后将处于第 j 类能源比重的概率，并且 $p_{ij} \geqslant 0$，$\sum_{j=1}^{4} p_{ij} = 1(i = 1, 2, 3, 4; j = 1, 2, 3, 4)$。

本章将根据一次能源消费结构的变动特点，在构造一次能源消费结构转移矩阵时遵从如下原则：所有消费比重减少的能源均向比重增加的能源分配转移；所有消费比重增加的能源均不向任何能源分配转移，而以概率 1 向其自身分配转移；消费比重减少的能源向增加的能源转移的概率，其计算公式为：

$$p_{ij} = \frac{\text{第 } i \text{ 类能源消费比重终值}}{\text{第 } i \text{ 类能源消费比重初值}}(i = j)$$

$$p_{ij} = \left(1 - \frac{\text{第 } i \text{ 类能源消费比重}}{\text{第 } i \text{ 类能源消费比重初值}}\right) \times \frac{\text{第 } j \text{ 类能源消费比重增加量}}{\text{第 } i \text{ 类能源消费比重减少量}}(i \neq j)$$

$$\tag{6.2}$$

三、一次能源消费结构 Markov 链预测结果与分析

（1）状态转移概率矩阵的计算结果。首先，利用 2015—2020 年的能源消费结构数据和式（6.2），来计算 2015—2020 年每年的能源消费结构转移概率矩阵，便可得到 5 个不同年份的能源消费结构转移概率矩阵，于是有：

$$P^{(1)} = \begin{bmatrix} 0.9749 & 0.0047 & 0.0047 & 0.0157 \\ 0.0000 & 1.0000 & 0.0000 & 0.0000 \\ 0.0000 & 0.0000 & 1.0000 & 0.0000 \\ 0.0000 & 0.0000 & 0.0000 & 1.0000 \end{bmatrix}$$

$$P^{(2)} = \begin{bmatrix} 0.9743 & 0.0032 & 0.0129 & 0.0096 \\ 0.0000 & 0.9989 & 0.0004 & 0.0006 \\ 0.0000 & 0.0000 & 1.0000 & 0.0000 \\ 0.0000 & 0.0000 & 0.0000 & 1.0000 \end{bmatrix}$$

$$P^{(3)} = \begin{bmatrix} 0.9736 & 0.0000 & 0.0116 & 0.0149 \\ 0.0000 & 0.9989 & 0.0004 & 0.0006 \\ 0.0000 & 0.0000 & 1.0000 & 0.0000 \\ 0.0000 & 0.0000 & 0.0000 & 1.0000 \end{bmatrix}$$

$$P^{(4)} = \begin{bmatrix} 0.9780 & 0.0017 & 0.0068 & 0.0136 \\ 0.0000 & 1.0000 & 0.0000 & 0.0000 \\ 0.0000 & 0.0000 & 1.0000 & 0.0000 \\ 0.0000 & 0.0000 & 0.0000 & 1.0000 \end{bmatrix}$$

$$P^{(5)} = \begin{bmatrix} 0.9844 & 0.0000 & 0.0062 & 0.0094 \\ 0.0000 & 0.9947 & 0.0021 & 0.0032 \\ 0.0000 & 0.0000 & 1.0000 & 0.0000 \\ 0.0000 & 0.0000 & 0.0000 & 1.0000 \end{bmatrix}$$

从而可计算出平均转移概率矩阵为：

$$P = \begin{bmatrix} 0.9770 & 0.0019 & 0.0084 & 0.0126 \\ 0.0000 & 0.9989 & 0.0004 & 0.0006 \\ 0.0000 & 0.0000 & 1.0000 & 0.0000 \\ 0.0000 & 0.0000 & 0.0000 & 1.0000 \end{bmatrix} \tag{6.3}$$

（2）在确定了状态转移概率矩阵 P 后，可根据矩阵 P 对 2025 年和 2030 年一次能源消费结构进行预测，设 A_{2025} 和 A_{2030} 分别表示 2025 年和 2030 年一次能源消费结构状态向量，$A_0 = (a_1(0), a_2(0), a_3(0), a_4(0))$ 表示基期煤炭、石油、天然气、非化石能源四类能源在一次能源消费总量中的比例，于是有 $A_{2025} = A_0 \times P^5$

和 $A_{2030} = A_0 \times P^{10}$，本章选择 2020 年一次能源消费结构数据作为初始一次能源消费结构向量[0.568, 0.189, 0.084, 0.159]，因此可得到无能源规划约束情景下 2025 年和 2030 年一次能源消费结构(见表 6.1)。为深入贯彻落实党中央、国务院关于碳达峰、碳中和的重大战略决策，扎实推进碳达峰行动，国务院印发的《2030 年前碳达峰行动方案》提出，到 2025 年，非化石能源消费比重达到 20% 左右，为实现碳达峰奠定坚实基础。到 2030 年，非化石能源消费比重达到 25% 左右，顺利实现 2030 年前碳达峰目标。无能源规划基准情景下非化石能源消费比重与此相比，还有一定差距。本章假设在 2021—2030 年，石油和天然气的消费比重变动依然保持基准情景下的基本趋势，而非化石能源消费比重的增加将由煤炭消费比重的减少来补充。基于该假设，在有能源规划(energy planning，EP)约束情景下，预计到 2025 年和 2030 年非化石能源消费量分别达到一次能源消费量的 20% 和 25%，一次能源消费结构如表 6.1 所示。

表 6.1　　　　　　　　　2025 年和 2030 年一次能源消费结构预测结果

年份	能源消费结 构 情 景	能源种类			
		煤炭	石油	天然气	非化石能源
2025	基准情景	50.57%	19.32%	10.73%	19.38%
	EP 情景	49.95%	19.32%	10.73%	20.00%
2030	基准情景	45.03%	19.68%	12.80%	22.49%
	EP 情景	42.52%	19.68%	12.80%	25.00%

从表 6.1 的计算结果可以看出无能源规划约束基准情景下 2025 年一次能源消费结构，即煤炭、石油、天然气和非化石能源的消费比重分别为 50.57%、19.32%、10.73% 和 19.38%(低于能源规划中的 20%)。2030 年一次能源消费结构中天然气和非化石能源的消费比重分别为 12.80% 和 22.49%(低于能源规划中的 25%)，煤炭和石油的消费比重分别为 45.03% 和 19.68%。这意味着未来 10 年，能源转型的力度将进一步加大，到 2030 年，以风能、光能、核能和生物质能源为代表的非化石能源在一次能源中的占比将达到 25% 左右。面对势不可挡的能源转型趋势，现阶段中国需要大力发展新能源和非化石能源产业，进一步加快

一次能源消费结构的低碳化转型过程，从而占领下一个制高点，实现低碳可持续发展。

第二节　"3E"模式下一次能源消费结构低碳化模型构建

根据王迪、聂锐、李强（2011）[132]的分析，该低碳化模型忽略产业结构的因素，以一次能源分品种的消费量即煤炭（x_1）、石油（x_2）、天然气（x_3）和非化石能源（x_4）的消费量作为决策变量。

一、"3E"模式下一次能源消费结构低碳化模型设定原则

一是经济效益最大化原则。一次能源消费结构低碳化的目的是保证经济平稳发展，带来尽可能多的经济效益。

二是减少二氧化碳排放原则。二氧化碳是温室气体排放的最主要来源，低碳化转型后的能源消费结构使得二氧化碳排放总量控制在目标范围内。

三是节约能源消费原则。在严峻的能源安全形势下，如何在保障经济平稳增长的前提下大幅度减少能源消费成为重中之重，即低碳化转型后的一次能源消费结构使得能源消费总量越少越好。

四是能源清洁原则。使用水电、核电、风电等非化石能源作燃料既能够有效减少二氧化碳排放，又可降低对煤炭、石油及天然气这些化石能源的依赖。

五是技术变化限定。假定技术差距在各产业之间不存在，能源效率的变化在能源消费结构的低碳化转型进程中体现，并忽略技术、管理等因素对能源效率变化的影响。

二、"3E"模式下一次能源消费结构低碳化模型构建

第一，经济效益发展目标。本模型选取 GDP 作为衡量经济效益的目标，以2025 年和 2030 年为目标期，考虑"3E"协调情景下的最优经济增长。如"3E"协调情景下，2025 年和 2030 年 GDP 潜在增长率分别为 5.7% 和 5.26%。

第二，二氧化碳排放目标。根据"3E"协调情景假设，可以得到"3E"协调情景下 2025 年和 2030 年二氧化碳排放总量的上下限，其上限和下限分别表示为

CEUB、CELB。令煤炭、石油和天然气的二氧化碳排放系数为 EC_i(参考前面的运算结果)，根据减少二氧化碳排放原则，有：

$$CELB \leqslant f(x_i) = \min \sum_{i=1}^{3} EC_i x_i \leqslant CEUB \tag{6.4}$$

第三，能源消费总量目标。EUB 和 ELB 分别为"3E"协调情景下 2025 年和 2030 年能源消费总量的上限和下限。由节约能源消费原则，有：

$$ELB \leqslant h(x_i) = \min \sum_{i=1}^{4} x_i \leqslant EUB \tag{6.5}$$

第四，能源消费比重的区间约束。随着中国城镇化的持续推进，人们对社会美好生活的愿景，将持续对中国能源消费总量增长产生影响，以煤为主的能源消费结构短期内难以发生改变，结合国民经济和社会发展第十四个五年规划和二〇三五年远景目标的建议，并参考以前的研究结果，本书认为 2025 年中国一次能源消费结构的变化区间是 48%~56%，16.6%~20%，10%~15% 和 18%~25%。对于 2030 年，考虑到资源开发潜力和能源消耗的合理性，能源消费结构将处于合理区间。煤炭、石油、天然气和非化石能源比重的变化区间分别为：40%~50%，16%~20%，10%~18% 和 20%~30%。区间约束如式(6.6)所示。

$$a_1 \leqslant \frac{x_1}{\sum\limits_{i=1}^{4} x_i} \leqslant b_1 \qquad a_2 \leqslant \frac{x_2}{\sum\limits_{i=1}^{4} x_i} \leqslant b_2$$

$$a_3 \leqslant \frac{x_3}{\sum\limits_{i=1}^{4} x_i} \leqslant b_3 \qquad a_4 \leqslant \frac{x_4}{\sum\limits_{i=1}^{4} x_i} \leqslant b_4 \tag{6.6}$$

第五，非负性约束。模型中的决策变量为各种能源消费量，决定了该决策变量的非负性，即 $x_i \geqslant 0$。

第三节 "3E"模式下一次能源消费结构低碳化模型求解

本章中的一次能源消费结构低碳化模型是一个多目标决策问题。多目标决策方法(multi-objective decision-making method)是 20 世纪 70 年代后迅速发展起来的一种决策分析方法。多目标决策问题和单目标决策问题都属于运筹学中的范畴。单目标决策中要解决的问题需要达到一个目的，也就是数学模型中目标函数只有一个。其中线性规划要求目标函数和约束条件均为线性表达式，反之如果两者中有一个为非线性表达式时，则该问题属于非线性规划。在社会经济系统的研究控制过程中，人们所面临的系统决策问题常常是多目标的，而且这些目标之间相互作用和矛盾，使决策过程变得尤为复杂。多目标决策问题求解方法主要有线性加权和法、分层序列法、直接求非劣解法、多目标规划法、多属性效用法、层次分析法、重排序法、多目标群决策和多目标模糊决策等。本书的研究目的是在新常态下高质量平稳发展阶段，首先保障经济平稳增长，然后通过一次能源消费结构的低碳化转型，使得碳达峰和碳中和的目标都能实现。因此，可以将这一问题简化为运用多目标决策方法，对与社会经济、环境协调发展的一次能源消费结构低碳化模型进行研究，本章选择运用线性加权和法来构造一次能源消费结构低碳化模型，其可以表示为：

$$\min F(x_i) = w_1 f(x_i) + w_2 h(x_i)$$

$$\text{s. t. } \text{CELB} \leqslant \sum_{i=1}^{3} \text{EC}_i x_i \leqslant \text{CEUB}$$

$$\text{ELB} \leqslant \sum_{i=1}^{4} x_i \leqslant \text{EUB}$$

$$a_1 \leqslant x_1 \Big/ \sum_{i=1}^{4} x_i \leqslant b_1$$

$$a_2 \leqslant x_2 \Big/ \sum_{i=1}^{4} x_i \leqslant b_2$$

$$a_3 \leqslant x_3 \Big/ \sum_{i=1}^{4} x_i \leqslant b_3 \tag{6.7}$$

$$a_4 \leqslant x_4 \Big/ \sum_{i=1}^{4} x_i \leqslant b_4$$

$$x_i \geqslant 0$$

第四节　"3E"模式下一次能源消费结构低碳化实证结果与分析

根据式(6.7)，可以对中国一次能源消费结构低碳化问题进行求解，本章调用 MATLAB 优化工具箱中的 linprog 函数求解建立的多目标决策模型。

表 6.2 "3E"协调情景下 2025 年和 2030 年一次能源消费结构低碳化结果

年份	能源种类			
	煤炭	石油	天然气	非化石能源
2025	49.53%	18.43%	11.87%	20.17%
2030	41.53%	16.96%	15.84%	25.67%

从表 6.2 中可以看出,"3E"经济发展情景中,2025 年煤炭、石油、天然气和非化石能源在一次能源消费结构中所占比重为 49.53%、18.43%、11.87%和 20.17%。2030 年煤炭和石油的消费占比分别下降到 41.53%和 16.96%,但天然气和非化石能源的比重均有所上升,分别为 15.84%和 25.67%。另外,"3E"协调发展模式下 2025 年和 2030 年由化石能源导致的二氧化碳排放量分别为 105.62 亿和 117.59 亿吨碳。相应的,2025 年的化石能源消费总量为 42.19 亿吨标准煤,2030 年的化石能源消费总量为 43.74 亿吨标准煤。

图 6.1 显示了基准情景、能源规划情景和"3E"协调发展情景三种模式下 2025 年的能源消费结构。在"3E"协调发展情景下,煤炭消费比重虽然呈下降趋势,但其支柱地位仍没有动摇,天然气和非化石能源的比重将延续清洁化、高

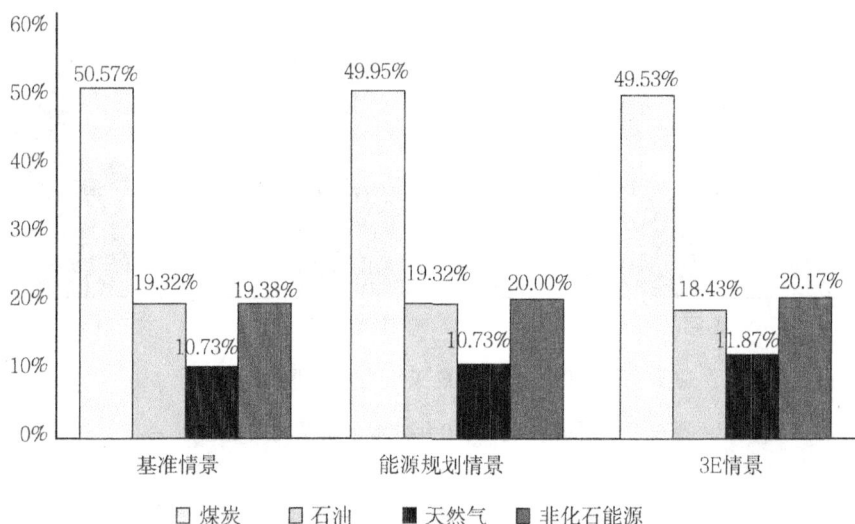

图 6.1 不同模式下 2025 年能源消费结构演变趋势

效化，与基准情景相比，天然气和非化石能源各增长 1.14% 和 0.79%，煤炭和石油占比各下降 1.04% 和 0.89%。此外，能源规划情景仅反映能源发展规划目标，非化石能源的比例将在基准情景基础上增加至 20.00%。同时，增加的部分被煤炭比重替换，石油和天然气的比例将保持不变。

根据图 6.2，"3E"协调平衡模式下，2030 年能源消费结构均得到优化调整。与基准情景相比，石油的消费比重将下降至 16.96%，差异比较明显，达到约 2.72%。煤炭消费比例将从 45.03% 下降至 41.53%，变化十分显著。非化石能源的比重将达到 25.67%，差距约为 3.18%。尤其是作为清洁能源的天然气将显著增加到 15.84%，这可以实现能源发展规划目标。相应的，在"3E"协调发展情景下，二氧化碳排放量将最小，可减少 3.15 亿吨。这一结果表明，在"3E"协调发展情景下能源消费将逐步走向低碳化，煤炭消费比重锐减，作为替代能源的水电、核电等非化石能源在一次能源消费结构中所占比重大幅提升，能源消费结构将逐步告别"以煤为主"的高碳时代，过渡到多元化时代。

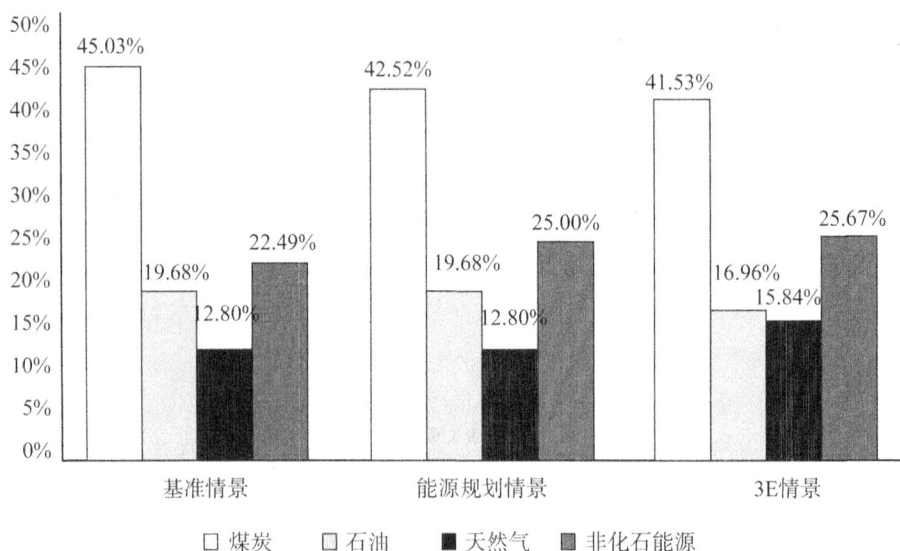

图 6.2　不同模式下 2030 年能源消费结构演变趋势

第七章　新常态情景下能源消费结构空间区划研究

改革开放 40 多年来，中国经济持续保持了举世瞩目的高速增长，成为仅次于美国之后的全球第二大经济体，但是在发展过程中付出了巨大的资源和环境代价，高投入、高消耗、高污染、低效益("三高一低")的粗放式经济增长方式严重制约了中国经济社会的可持续发展[262,263]。与此同时，全球气候变暖和二氧化碳减排行动已成为世界各国关注和研究的焦点[264]，中国作为全球应对气候变化行动的积极参与者，在 2009 年哥本哈根气候大会上向国际社会庄重承诺 2020 年减排目标，2015 年巴黎气候大会上又一次在"国家自主贡献"中宣布二氧化碳排放量 2030 年左右达到峰值等减排目标。2020 年 9 月，在第七十五届联合国大会上习近平总书记提出，中国将增强贡献力度，采用更强力的政策和举措，争取在 2030 年之前达到二氧化碳排放最高值，在 2060 年之前完成碳中和。党的十九大也提出了实行区域协调发展规划，并将其作为建设现代化经济体系的重点任务。

中国作为全球最大的发展中国家和二氧化碳排放增量较多的国家，面临着国际上全球低碳博弈，以及国内资源短缺和环境污染严重的压力[265]，如何实现二氧化碳减排目标，已经成为当前必须解决的关键问题。然而"煤多、油少、气缺"的资源禀赋和煤炭价格优势决定了短期内以煤为主的能源格局不会根本改变，这就需要从提升绿色全要素生产率和推动能源消费结构低碳化转型两方面入手，加快中国政府减排目标和低碳经济发展方式的实现。提高绿色全要素生产率对中国完成"30·60"减排目标至关重要。

此外，在明确了中国的二氧化碳减排目标后，在各省、市、自治区之间合理分配二氧化碳减排目标是逐步消除区域经济发展差异、实现经济健康发展的重要途径，也是二氧化碳减排任务顺利完成的重要保障。然而，中国地域辽阔，资源禀赋各异，各地区的经济发展很不平衡，导致了各地区的绿色全要素生产率水平和能源消费结构存在着较大差异[266]。中西部区域的大多数省、市、自治区能源资源存量富裕，如宁夏、山西、新疆、云南等区域煤炭资源比较充裕，而天津、上海、北京等区域能源资源相对稀缺；而且随着社会经济的发展，减排难度会越来越大，成本也会越来越高。因此，正确认识和把握中国省际绿色全要素生产率和能源消费结构的差异，在兼顾二氧化碳减排与经济社会平稳发展的前提下，对二氧化碳减排任务进行合理的区域分配，并有针对性地提出相应政策，才能公平有效地以较低成本实现二氧化碳减排的目标[265]。这样既保障省际经济发展之间的相对公平性，又可为省际二氧化碳减排等相关政策的制定提供合理依据，对于中国以及其他发展中国家促进能源-经济-环境的健康协调发展有着重要现实意义。

　　本章将全要素框架下的二氧化碳排放效率定义为绿色全要素生产率。关于二氧化碳排放效率的概念，目前学术界仍未形成明确统一的定义。大多数学者对二氧化碳排放效率的解释是以尽可能少的二氧化碳排放来实现最大经济产出和最少能源消耗。不少学者将二氧化碳排放、能源消费和经济发展结合起来，针对二氧化碳排放效率评价提出了一系列指标，包括单位能源的二氧化碳排放量、单位GDP的能源消费量、人均单位二氧化碳排放、单位GDP的二氧化碳排放量和碳生产率等。这些概念仅强调了二氧化碳排放、能源消费和经济发展三者中的两两相互关系，三者之间内在有机的联系未能结合起来。借鉴以上概念，绿色全要素生产率是指从包容性增长角度出发，运用经济学生产理论，将能源、资本和劳动力一起作为投入要素，同时二氧化碳排放也被作为经济学上的一种非期望产出（undesirable output），在投入要素和配置比例既定的前提下，所能实现的最优经济产出和最少二氧化碳排放。

　　传统的效率评价并不考虑非期望产出问题，DEA相对效率评价思想要求投入尽可能地缩减，产出尽可能地扩大。为了使在DEA效率评价模型中包括非期望产出的效率，学者们对此做了大量有益的尝试。如李新等（2015）[267]，胡鞍钢等（2008）[268]，涂正革（2008）[269]等。这些文献都运用了径向的（radial）、角度的（oriented）DEA模型。SBM模型属于DEA模型中的非径向和非角度的度量方法，它能够有效避免径向和角度选择差异带来的偏差和影响[170]，比起其他模型更能体现效率评价的本质。李新等（2015）[267]从东中西部三个层面对2001—2010年中国省际电力能源二氧化碳排放强度的差异性特征和时空演变进行了分析。李静

（2009）[270]和王兵、吴延瑞、颜鹏飞（2010）[271]利用 SBM 模型对中国不同地区的环境效率进行了测算，他们在地理上将中国各地区划分为不同的群体，并提出了改进生产过程的建议，以便当地政府可以利用其来保护环境。目前利用 SBM 模型评价中国省际绿色全要素生产率的实证研究较少。另外，这些研究对二氧化碳排放区域差异进行对比分析时，一般都是将中国划分为东部、中部、西部三大地带，以此提出二氧化碳减排对策。传统的三大地带划分方式虽然也能反映中国区域差异的总体特征，但这种划分方法比较模糊和不全面，不便于深入分析区域差异。二氧化碳减排目标的实现需要考虑多种因素的共同作用，依赖于省际等区域层面的绿色全要素生产率提升以及能源消费结构低碳化转型，已经超越了单纯基于地理学意义的空间"近邻"关系。

据此，本章试图从以下几方面进行拓展：在全要素框架下，基于包容性增长视角，选取 2000—2018 年作为样本区间，运用考虑非期望产出的 SBM-DEA 模型对中国 30 个省、市、自治区（未包含西藏、香港、澳门、台湾）绿色全要素生产率值进行测算，以期保证测算结果的准确度，并利用 GIS 技术分析中国省际绿色全要素生产率状况、差异以及演进规律；在此基础上，结合中国不同省、市、自治区的特点，以绿色全要素生产率和能源消费结构两个变量为依据，对中国 30 个省、市、自治区的绿色全要素生产率和能源消费结构特征进行空间区划和类群划分，并根据各类群的不同特点量体裁衣，提出因地制宜的低碳经济社会发展对策建议。

第一节　绿色经济高质量发展下省际全要素生产率分析

一、研究方法

（一）非期望产出 SBM 模型

传统 SBM 模型分式规划的基本形式为：

$$\min \rho = \frac{1 - (1/m) \sum_{i=1}^{m} S_i^- / x_{i0}}{1 - (1/S) \sum_{r=1}^{s} S_r^+ / y_{r0}} \tag{7.1}$$

s. t. 　$x_0 = X\lambda + S^-$；　$y_0 = Y\lambda - S^+$；　$\lambda,\ S^-,\ S^+ \geq 0$

其中，S 表示投入、产出的松弛量，λ 是权重向量。矩阵 X、Y 定义如下：

$$X = [x_1, x_2, \cdots, x_n] \in R^{m \times n}, \quad Y = [y_1, y_2, \cdots, y_n] \in R^{s \times n} \quad \text{其中} X, Y > 0$$

对传统 SBM 模型进行扩展，考虑非期望产出时，假定在 t 期生产系统有 n 个决策单元，每个决策单元均有 m 种投入、S_1 种期望产出和 S_2 种非期望产出，三个元素可以表示成 $X_t \in R^m$，$Y_t^g \in R^{s_1}$，$Y_t^b \in R^{s_2}$，定义矩阵 X_t、Y_t^g、Y_t^b 如下：

$$X_t = [x_{1t}, x_{2t}, \cdots, x_{nt}] \in R^{m \times n}, \ X_t > 0$$

$$Y_t^g = [y_{1t}^g, y_{2t}^g, \cdots, y_{nt}^g] \in R^{s_1 \times n}, \ Y_t^g > 0$$

$$Y_t^b = [y_{1t}^b, y_{2t}^b, \cdots, y_{nt}^b] \in R^{s_2 \times n}, \ Y_t^b > 0$$

于是，SBM 模型可写成：

$$\rho_t^* = \min \frac{1 - (1/m) \sum_{i=1}^{m} s_{it}^- / x_{i0t}}{1 - (1/(s_1 + s_2)) \left(\sum_{r=1}^{s_1} s_{rt}^g / y_{r0t}^g + \sum_{r=1}^{s_2} s_{rt}^b / y_{r0t}^b \right)} \tag{7.2}$$

$$\text{s.t.} \ x_{0t} = X_t \lambda_t + S_t^-; \quad y_{0t}^g = Y_t^g \lambda_t - S_t^g;$$

$$y_{0t}^b = Y_t^b \lambda_t + S_t^b; \quad \lambda_t, \ S_t^-, \ S_t^g, \ S_t^b \geqslant 0$$

其中 λ_t 为权重向量，S_t^-、S_t^g 和 S_t^b 分别表示投入、期望产出和非期望产出的松弛变量。目标函数满足对 S_t^-、S_t^g 和 S_t^b 的严格单调递减，并且 $0 \leqslant \rho_t^* \leqslant 1$。当 $\rho_t^* = 1$ 时，即 $S_t^- = 0$、$S_t^g = 0$、$S_t^b = 0$，该决策单元是有效的；当 $\rho_t^* < 1$ 时，即 S_t^-、S_t^g 和 S_t^b 不全为 0，该决策单元是无效的，投入产出方面存在改进的必要性。

(二) 数据来源

本章的研究对象是全国 30 个省、市、自治区，选取 2000—2018 年的面板数据来测算绿色全要素生产率，所有数据源自《中国统计年鉴》《中国能源统计年鉴》《新中国 65 年统计资料汇编》以及部分省、市、自治区的统计年鉴。本章假定生产过程中的投入要素包括资本投入、能源投入和劳动力投入。

资本投入：选取固定资本存量作为资本投入量的衡量指标，采用 Goldsmith (1951) 开创的目前被广泛应用的永续盘存法（perpetual inventory method）[252] 测算固定资本存量，公式为：

$$K_{it} = K_{it-1}(1 - \delta) + I_{it}/P_{it} \tag{7.3}$$

式 (7.3) 中 K_{it} 表示 i 地区第 t 年的固定资本存量，K_{it-1} 表示 i 地区第 $t-1$ 年的

固定资本存量，I_{it} 表示 i 地区第 t 年的新增资本存量，以当年的全社会固定资产投资总额替代当年新增资本存量，P_{it} 表示 i 地区第 t 年的固定资本平减指数，δ 表示折旧率，同第五章中 δ 的设定一样，取 $\delta = 9.6\%$。本章采用1978年的固定资本存量作为基年固定资本存量，并以固定资产投资价格指数作为固定资本平减指数，依据式（7.3）逐年推算出各地区的资本存量，单位为亿元。

能源投入：以样本期末各地区能源消费总量表示，单位为万吨标准煤。

劳动投入：以样本期末各地区就业人数表示，单位为万人。

期望产出：以各地区的 GDP 序列表示，均以 1978 年不变价格折算，单位为亿元。

非期望产出：以各地区的二氧化碳排放量表示，关于各地区的二氧化碳排放数据，目前没有直接的统计监测数据。

本章利用各地区煤炭、石油和天然气三种一次化石能源消费量以及相应的能源碳排放系数来测算，用公式表示如下：

$$C_{it} = \sum_{i=1}^{3} E_{itj} \times \delta_j \times \frac{44}{12} \times O_j \tag{7.4}$$

式（7.4）中，C_{it} 为 i 地区第 t 年的能源二氧化碳排放总量；E_{itj} 为 i 地区第 t 年第 j 种能源消费总量；δ_j 为第 j 种能源的碳排放系数，O_j 为第 j 种能源的碳氧化率。具体取值见表7.1。

表7.1　各类能源消费的碳排放系数和碳氧化率（万吨碳/万吨标准煤）[1]

能源消费类别	煤炭	石油	天然气
碳排放系数	0.75	0.58	0.44
碳氧化率	0.90	0.98	0.99

另外，投入产出数据的特征见表7.2。

---

[1]　煤炭、石油及天然气的碳排放系数来源于 2003 年国家发展和改革委员会能源研究所发布的《中国可持续发展能源暨碳排放情景分析》；碳氧化率来源于《IPCC 国家温室气体清单指南》和中国气候变化国别研究组。

表7.2　中国30个省、市、自治区投入产出变量统计性描述（2000—2018年）

指标	资本（亿元）	能源（万吨标准煤）	劳动力（万人）	GDP（亿元）	二氧化碳排放量（亿吨碳）
最大值	152001.80	38899	6767	63498.68	10.90
最小值	1502.63	480	275.50	263.68	0.091
均值	29371.98	10869.11	3440.83	9671.59	2.31
偏差	26690.15	7786.47	1825.94	9988.78	1.89

二、基本估计结果与分析

（一）省际绿色全要素生产率测算结果

以低能耗、低污染、低排放、高效率为基础的低碳经济发展模式的实质是以较低的高碳能源消耗和环境污染，尤其是减少温室气体——二氧化碳排放来实现最大经济产出，建立合理的能源消费结构，从而达到生态环境保护与社会经济发展的双赢。下面选取SBM模型，以地区GDP为期望产出变量，二氧化碳排放量为非期望产出变量，资本存量、能源消费和劳动力作为投入变量，对2000—2018年中国30个省、市、自治区的绿色全要素生产率进行了测算。本章研究所使用的软件为MAXDEA6.0，计算结果具体见表7.3。

（二）全国整体平均效率分析

根据表7.3所示，从全国整体平均效率来看，当考虑非期望产出时，2000—2018年绿色全要素生产率水平整体显著低下，其平均效率在0.45～0.56变动。研究结果说明，环境污染给效率造成了较大程度的损失，这表明在效率评价中不考虑二氧化碳排放因素的方法是失真和不合实际的，也进一步证明了选取基于非径向和非角度的SBM模型对考虑非期望产出存在情况下的效率进行评价，能够避免传统DEA模型角度选择和径向选择的缺陷，从而提高效率评价的准确性和

表 7.3 基于 SBM 模型的中国省际绿色全要素生产率值（2000—2018 年）

地区	2000	2001	2002	2003	2004	2006	2007	2008	2009	2010	2011	2012	2013	2014	2015	2016	2017	2018	年平均值
北京	0.83	0.87	0.86	0.86	0.79	1.00	1.00	1.00	1.00	1.00	1.00	1.00	1.00	1.00	1.00	1.00	1.00	1.00	0.96
天津	0.59	0.60	0.60	0.62	0.62	0.63	0.60	0.61	0.61	0.60	0.59	0.58	0.60	0.62	0.62	0.64	0.62	0.61	0.61
河北	0.35	0.35	0.35	0.35	0.35	0.35	0.34	0.34	0.34	0.34	0.33	0.32	0.31	0.32	0.32	0.32	0.32	0.33	0.34
山西	0.15	0.14	0.13	0.13	0.14	0.14	0.14	0.15	0.15	0.16	0.16	0.16	0.16	0.17	0.17	0.17	0.18	0.18	0.15
内蒙古	0.42	0.42	0.43	0.43	0.40	0.36	0.34	0.34	0.33	0.32	0.30	0.29	0.29	0.29	0.29	0.29	0.29	0.29	0.34
辽宁	1.00	1.00	1.00	0.59	0.59	0.53	0.52	0.51	0.50	0.50	0.49	0.47	0.48	0.48	0.49	0.46	0.46	0.47	0.58
吉林	0.44	0.44	0.41	0.40	0.39	0.34	0.31	0.29	0.28	0.26	0.25	0.25	0.25	0.25	0.28	0.28	0.28	0.28	0.32
黑龙江	0.49	0.50	0.51	0.50	0.50	0.48	0.45	0.44	0.42	0.41	0.40	0.38	0.38	0.37	0.36	0.35	0.35	0.35	0.43
上海	1.00	0.99	1.00	0.99	0.99	1.00	1.00	1.00	1.00	0.99	0.99	1.00	1.00	1.00	0.99	0.99	1.00	1.00	1.00
江苏	0.70	0.72	0.74	0.74	0.68	0.62	0.60	0.63	0.63	0.62	0.60	0.59	0.59	0.61	0.62	0.62	0.62	0.62	0.64
浙江	0.71	0.74	0.73	0.68	0.63	0.60	0.58	0.60	0.59	0.60	0.59	0.58	0.59	0.59	0.59	0.58	0.57	0.58	0.62
安徽	0.49	0.49	0.49	0.49	0.50	0.50	0.50	0.49	0.49	0.49	0.48	0.46	0.45	0.44	0.44	0.44	0.43	0.43	0.47
福建	1.00	1.00	1.00	1.00	0.79	0.73	0.72	0.68	0.67	0.63	0.62	0.61	0.60	0.60	0.60	0.62	0.60	0.61	0.73
江西	0.58	0.57	0.55	0.52	0.52	0.51	0.49	0.49	0.48	0.49	0.48	0.47	0.46	0.45	0.45	0.45	0.45	0.45	0.49
山东	0.49	0.56	0.56	0.48	0.48	0.45	0.44	0.45	0.45	0.45	0.44	0.44	0.46	0.47	0.46	0.46	0.47	0.47	0.47
河南	0.43	0.44	0.43	0.42	0.41	0.42	0.41	0.40	0.38	0.40	0.39	0.39	0.38	0.37	0.38	0.38	0.39	0.39	0.40
湖北	0.39	0.38	0.39	0.37	0.36	0.36	0.35	0.34	0.34	0.99	1.00	1.00	1.00	0.41	0.42	0.43	0.42	0.42	0.51

续表

地区	2000	2001	2002	2003	2004	2006	2007	2008	2009	2010	2011	2012	2013	2014	2015	2016	2017	2018	年平均值
湖南	1.00	1.00	0.61	0.57	0.54	0.49	0.50	0.51	0.52	0.52	0.50	0.48	0.49	0.49	0.50	0.50	0.50	0.50	0.56
广东	1.00	1.00	1.00	1.00	0.99	0.99	0.99	0.99	0.99	1.00	1.00	1.00	1.00	0.99	0.99	1.00	0.72	0.98	0.98
广西	0.49	0.53	0.61	0.56	0.50	0.48	0.44	0.43	0.40	0.34	0.32	0.31	0.30	0.30	0.30	0.29	0.29	0.29	0.4
海南	0.74	0.73	0.75	0.67	0.67	0.63	0.61	0.59	0.57	0.58	0.53	0.49	0.47	0.45	0.44	0.43	0.38	0.40	0.57
重庆	0.59	0.59	0.59	0.58	0.60	0.58	0.56	0.58	0.59	0.60	0.60	0.60	0.59	0.59	0.60	0.61	0.61	0.60	0.59
四川	0.48	0.49	0.47	0.44	0.44	0.46	0.45	0.44	0.45	0.46	0.47	0.47	0.48	0.47	0.50	0.50	0.50	0.50	0.47
贵州	0.25	0.24	0.24	0.23	0.23	0.25	0.25	0.26	0.26	0.27	0.27	0.26	0.26	0.25	0.25	0.26	0.25	0.25	0.25
云南	0.46	0.44	0.42	0.42	0.40	0.38	0.38	0.39	0.39	0.37	0.35	0.33	0.34	0.33	0.32	0.32	0.33	0.33	0.37
陕西	0.43	0.41	0.39	0.39	0.39	0.40	0.38	0.38	0.38	0.37	0.36	0.35	0.35	0.34	0.34	0.35	0.36	0.36	0.38
甘肃	0.30	0.31	0.31	0.31	0.31	0.32	0.32	0.33	0.34	0.34	0.33	0.32	0.31	0.31	0.30	0.30	0.31	0.31	0.32
青海	0.28	0.29	0.29	0.30	0.29	0.27	0.27	0.28	0.28	0.30	0.31	0.30	0.29	0.28	0.28	0.27	0.27	0.28	0.28
宁夏	0.25	0.26	0.25	0.25	0.24	0.23	0.23	0.23	0.23	0.23	0.21	0.21	0.20	0.21	0.20	0.20	0.28	0.28	0.23
新疆	0.43	0.41	0.40	0.39	0.37	0.34	0.33	0.34	0.33	0.32	0.31	0.29	0.25	0.26	0.26	0.24	0.23	0.25	0.32
全国均值	0.56	0.56	0.55	0.52	0.52	0.50	0.49	0.48	0.48	0.49	0.48	0.48	0.47	0.46	0.46	0.46	0.45	0.46	0.49

可信度。从时间分异特征来看，中国整体绿色全要素生产率均值在生产中呈现不断下降趋势，大部分省域的绿色全要素生产率在计算期内表现出持续降低的走向，这表明我国绿色全要素生产率有一定幅度的提升潜力。图7.1直观地显示了2000—2018年中国30个省、市、自治区绿色全要素生产率平均值的变化趋势。在考虑二氧化碳排放情况下，北京、广东、上海和福建的平均效率值维持在0.7以上的高效率水平，浙江、天津和江苏的绿色全要素生产率平均值保持在0.6~0.7的较高效率水平，宁夏、青海、山西和贵州的绿色全要素生产率平均水平只有0.3以下，其他地区的绿色全要素生产率平均水平在0.3~0.6。

通过计算获得中国30个省、市、自治区的绿色全要素生产率值(见表7.4)。从总体上看，我国绿色全要素生产率水平较低，和有效生产仍存在差距，同一时间，与其他发达国家也存在一定的差距，我国仍有很大的节能潜力。究其原因，主要在于2000年以来我国各地区经济保持了持续的高速增长，但经济增长是一把双刃剑，在人民生活水平得到极大提高的同时，也加大了高碳能源消耗，从而产生了大量的二氧化碳气体排放，给生态环境带来极大的破坏。绿色全要素生产率总体低下说明我国绝大部分地区在生产过程中能源、资本和劳动还存在着很大的无效损耗，其节能减排潜力与改进空间极大。

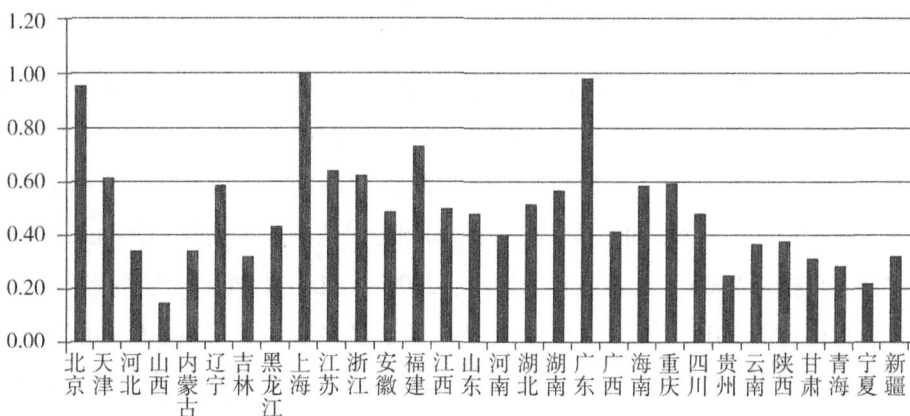

图7.1　2000—2018年中国30个省、市、自治区绿色全要素生产率平均值

表 7.4　　　　　　各省、市、自治区 2000—2018 年平均效率值

区间	2000—2004 年	2005—2009 年	2010—2018 年
(0, 0.4]	河北、山西、湖北、贵州、甘肃、青海、宁夏(7个)	河北、山西、内蒙古、吉林、湖北、贵州、云南、陕西、甘肃、青海、宁夏、新疆(12个)	河北、内蒙古、山西、吉林、黑龙江、河南、广西、贵州、云南、陕西、甘肃、青海、宁夏、新疆(14个)
(0.4, 0.6]	内蒙古、吉林、黑龙江、安徽、江西、山东、河南、广西、重庆、四川、云南、陕西、新疆(13个)	辽宁、黑龙江、浙江、安徽、江西、山东、河南、湖南、广西、重庆、四川(11个)	辽宁、浙江、安徽、江西、山东、湖南、海南、四川(8个)
(0.6, 0.8]	天津、江苏、浙江、湖南、海南(5个)	天津、江苏、福建、海南(4个)	天津、江苏、福建、湖北、重庆(5个)
(0.8, 0.1]	北京、辽宁、上海、福建、广东(5个)	北京、上海、广东(3个)	北京、上海、广东(3个)

三、省际绿色全要素生产率的时空演变分析

为了详细比较绿色全要素生产率值在中国 30 个省、市、自治区的时空差异及演变趋势，本章计算了省、市、自治区初始的 2000—2004 年的平均效率值，以及 2005—2009 年的平均效率值和 2010—2018 年间的平均效率值。采用平均值是为了减少特殊年份对结果的影响，该区间划分是按照应对气候变化的二氧化碳排放强度目标以 2005 年为基准年来设定，2009 年 11 月中国首次公开控制温室气体排放目标，于 2011 年把约束性指标纳入国民经济和社会发展"十二五"规划。下面比较各省市自治区绿色全要素生产率值的差异，以及绿色全要素生产率值随年份的变化情况。

根据表 7.3 和表 7.4，可以看出在 2000—2018 年，绿色全要素生产率均值在 (0.8, 1] 的区间内历年最高的地区分别为北京、上海、广东，对于北京、上海和广东这三个地区来说，平均绿色全要素生产率值处于有效生产前沿的主要原因是

它们的期望产出更有效。北京的非期望产出较其他地区要少,广东的 GDP 在我国名列前茅,上海的自贸区政策也带来了巨大的经济增长,它们都有很好的区位优势,进出口贸易非常便利。

绿色全要素生产率均值在(0.6,0.8]的区间内历年最高的地区分别为福建、江苏和浙江,福建的平均绿色全要素生产率值高的主要原因是其非期望产出较其他地区要少,但这并不是保证平均绿色全要素生产率值高的充分条件,比如2009年宁夏的非期望产出低于福建,但宁夏并不是有效生产。对于江苏和浙江这两个地区来说,平均绿色全要素生产率值高的主要原因是江苏和浙江的期望产出更有效,譬如这些区域的人均 GDP 产出比其余地区高。

绿色全要素生产率均值在(0.4,0.6]的区间内历年最高的地区分别为辽宁、重庆和海南,重庆和海南的平均绿色全要素生产率值处于有效生产前沿的主要原因是它们的非期望产出较低,海南地处热带和亚热带,以旅游为基础的生产性服务业有很强的产出能力,能源消费量较少,因此经济效率高。而辽宁的平均绿色全要素生产率值处于有效生产前沿的主要原因是期望产出较高。

绿色全要素生产率均值在 0.4 以下的区间内历年最高的地区分别为云南和陕西,云南和陕西的平均绿色全要素生产率值处于有效生产前沿的主要原因是陕西的期望产出较高而云南的非期望产出较低。

从表7.3 和表7.4 还可以看出,从绿色全要素生产率的变化趋势来看,在2000—2018 年大部分省、市、自治区绿色全要素生产率存在不断降低的趋势,而且低效率地区大幅增加,分布状态从中西部地区向全国扩展。在研究期间内辽宁和福建的绿色全要素生产率明显下降,差值在 0.35 左右,而湖北地区在研究期间内绿色全要素生产率均值有明显的上升,由0.38 增加到0.67,主要原因是湖北省的期望产出大幅增加。青海、甘肃、河北、宁夏、贵州和山西等地区绿色全要素生产率均值始终低于0.4,主要原因是它们处于中西部地区,经济发展受到了很大限制,节能减排技术不是很完善,特别是山西作为煤炭资源大省,经济发展主要依靠重污染和高耗能的产业。同时,它们在提高绿色全要素生产率方面潜力巨大。

此外,在 2000—2010 年除北京外其余省、市、自治区平均绿色全要素生产率值均有不同程度的下降,究其原因,主要在于 2000 年中国加入 WTO 以来,各地区经济保持了持续的高速增长,但是经济增长在提高人们生活水平的同时,也增加了高碳能源消耗，因此排放了大量二氧化碳，极大地破坏了生态环境。总体来看，我国绿色全要素生产率均值表现出地理空间集聚特点，东部区域的绿色全要素生产率通常较高。在 2011—2018 年期间，我国 30 个省、市、自治区的绿色全要素生产率均值没有大的变化，并且效率高的地区和效率均等的地区大约占总数的 1/3，这表明样本统计期间我国绿色全要素生产率有所提高。在研究期间内，大部分省、市、自治区绿色全要素生产率整体没有出现较大的变化，虽然 30 个省、市、自治区把《能源发展"十二五"规划》作为其能源发展的行动计划，但是成效甚微，并没有全面提高绿色全要素生产率。

第二节　基于绿色全要素生产率的能源消费结构类群划分

一、分析方法

中国区域划分方式一般常采用基于地理区位的角度进行分组，由于中国地区绿色全要素生产率和能源消费结构有着较大的差异，该传统分组方式有可能会导致相关政策的制定缺乏对拟解决问题的针对性。"30·60"目标的实现需要考虑多种因素的共同作用，依赖于省际等区域层面的绿色全要素生产率提升以及能源消费结构低碳化转型，已经超越了单纯基于地理学意义的空间"近邻"关系。由于中国各地区绿色全要素生产率和能源消费结构有着较大的差异，需要科学分析中国 30 个省、市、自治区的绿色全要素生产率水平和能源消费结构特征，在此基础上采用更为合理有效的类群划分，量体裁衣，制定合适的省际二氧化碳减排目标和二氧化碳排放权配额。这样在不影响全国经济发展的前提下，既可以实现 30 个省、市、自治区经济发展的相对公平性，也可以为二氧化碳减排政策的制定提供决策依据。

本章选取绿色全要素生产率和能源消费结构两个指标作为分类依据进行类群分析和空间规划。首先以上面计算得到的 2000—2018 年期间 30 个省、市、自治区的绿色全要素生产率平均值（0.49）为标准，高于 0.49 的为高效率地区，低于 0.49 的为低效率地区；其次目前由能源消耗所产生的二氧化碳排放中大部分来源于煤炭消费，因此本章中的能源消费结构以折合为标准煤以后的煤炭消费量在一次能源消费总量中所占比重表示，根据 30 个省、市、自治区统计年鉴计算得到 2000—2018 年其能源消费结构(煤炭消费比重)平均值，结果见表 7.5。以煤炭消费所占比重最高的山西省(89%)和比重最低的海南省(32%)之间差值的 1/3(51%)和 2/3(70%)为标准将 30 个省、市、自治区划分为 3 类。能源消费结构变化是功能相等、开发技术不同、经济产出效率各异的能源种类替代过程。与发达国家相比，中国能源消费多年来一直以煤炭为主体，其所占比重虽然逐渐减少，但其绝对主导地位优势仍将长期保持，而发达国家从 20 世纪 60 年代就开始加快推进石油和天然气取代煤炭主体地位，煤炭消费在一次能源消费中所占比重至今均未超过 40%。2015 年 10 月，在国际煤炭峰会上中国煤炭工业协会会长王显政指出，据有关机构预测，到 2030 年，煤炭消费比重将占到 55% 左右，到 2050 年，煤炭消费比重仍将占到 50% 左右。[①] 另外，从发展保障看，由于煤炭资源的资源禀赋优势、价格低廉性，决定了短期内煤炭资源作为中国能源主体地位不会根本改变。考虑到以煤为主的能源消费结构难以改变这一现实情况，本章将煤炭消费比重低于 51% 的作为能源消费结构较合理地区，位于 51%~70% 的为能源消费结构欠合理地区，煤炭消费比重高于 70% 的为能源消费结构不合理地区。

表 7.5　　　各省、市、自治区 2000—2018 年能源消费结构平均值

类型	地区
结构较合理(0, 0.51)	青海、上海、北京、广东、湖北、海南(6 个)
结构欠合理(0.51, 0.7]	贵州、云南、广西、黑龙江、甘肃、四川、新疆、福建、浙江、重庆、江苏、天津、辽宁(13 个)
结构不合理(0.7, 1)	河北、山东、宁夏、河南、内蒙古、山西、安徽、吉林、陕西、湖南、江西(11 个)

二、空间区划结果分析

根据分析方法中的划分标准对省际绿色全要素生产率和能源消费结构特征进行分析，将全国 30 个省、市、自治区分为六大类群：低效率能源消费结构不合

---

① https：//www.in-en.com/article/html/energy-2240616.shtml.

理类群、低效率能源消费结构欠合理类群、低效率能源消费结构较合理类群、高
效率能源消费结构不合理类群、高效率能源消费结构欠合理类群和高效率能源消
费结构较合理类群，详见图7.2。

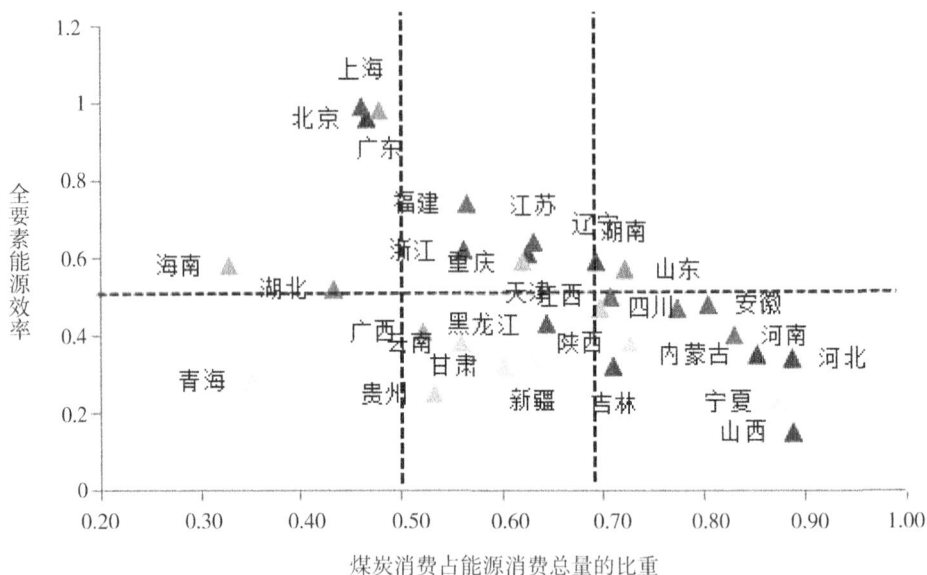

图 7.2　基于能源消费结构的省际排放效率类群划分值

第一，低效率能源消费结构不合理类群。包括河北、山东、宁夏、河南、内
蒙古、山西、安徽、吉林和陕西9个省自治区，其中中部地区的山西、河南以及
西部地区的内蒙古均有丰富的能源资源，在产业结构中能源密集型产业所占比重
过大。这些地区能源消耗多并且高度依赖煤炭资源，由于它们的绿色全要素生产
率不高，经济发展水平相对比较落后，其节能减排潜力非常大。中部地区的河北
和山东属于经济强省，其高能耗的重化工产业比重日益扩大，因此位于能源消费
结构不合理和绿色全要素生产率较低的层面。吉林属于东北重工业基地，支柱产
业为重工业，市场化程度较低，经济增长方式粗放。宁夏处于西部区域，经济发
展水平相对落后，其煤炭消费比重高达87%左右，处于能源消费结构不合理的
局面。

第二，低效率能源消费结构欠合理类群。包括贵州、云南、广西、黑龙江、
甘肃、四川和新疆7个省自治区。东北三省中的黑龙江由于农林业发达，森林覆

盖率在全国名列前茅，在 2000—2018 年煤炭消费比重低于其他两省，因而处于能源消费较合理类群。新疆和甘肃能源种类较多、矿产资源丰富，但由于地理位置偏远，经济发展水平相对落后，煤炭消耗较少，绿色全要素生产率改善的空间和潜力很大。类群中其他地区都对煤炭的依赖程度不高。为了提升绿色全要素生产率，这些地区应加大对传统工业的改造。

第三，低效率能源消费结构较合理类群。包括青海省，青海从地理位置上看属于西部地区，经济技术水平落后，绿色全要素生产率均有待进一步改善，仍有一定的减排空间和潜力。

第四，高效率能源消费结构不合理类群。包括湖南和江西 2 个省份，湖南和江西的绿色全要素生产率较高，均大于 0.49，位于绿色全要素生产高效率层次，但煤炭消费比重分别为 72% 和 71% 左右，处于能源消费结构不合理的局面。

第五，高效率能源消费结构欠合理类群。包括福建、浙江、重庆、江苏、天津和辽宁 6 个省市，其中福建、天津、辽宁、江苏和浙江都处于沿海地区，因合适的气候环境和良好的区位，经济较为兴盛，绿色全要素生产率较高，能耗较低且对煤炭的依赖程度相对不高。

第六，高效率能源消费结构较合理类群。包括上海、北京、广东、湖北和海南 5 个省市，海南的能源消费中对煤炭的依赖最低，绿色全要素生产率较高，主要发展以旅游产业为龙头的现代服务业；北京、广东和上海在中国经济发展中处于领先地位，主要发展具有高附加值的第三产业，绿色全要素生产率较高。

第三节 结论与政策建议

本章在运用非期望产出 SBM 模型的基础上计算了 2000—2018 年中国 30 个省域的绿色全要素生产率，结果显示，绿色全要素生产率名列前茅的省域是上海、福建、广东和北京，绿色全要素生产率排名较后的省域为宁夏、贵州、山西和甘肃。我国省际绿色全要素生产率差异显著，主要体现为区域间差异。根据实证研究的结果，本章提出如下政策建议：

首先，本章对我国 2000—2018 年 30 个省、市、自治区绿色全要素生产率和能源消费结构进行空间区划，将中国 30 个省、市、自治区分为六大类群，地方政府应根据自身经济发展与能源消费结构中的优缺点，制定合理的区域发展政策，以促进经济可持续发展。对于高效率能源消费结构较合理地区，如海南，应"居安思危"，正确认识到自身经济发展存在的问题，严格执行环境保护法，避免因过度利用自然资源导致生态环境问题；对于北京、上海和广东这3个高效率能源消费结构较合理地区，绿色全要素生产率较高的原因是期望产出GDP更有效；对于低效率能源消费结构不合理地区宁夏，其自身与青海地理位置相似，能源消费总量很低，但煤炭消费比重过大导致结构不合理，因此该地区的地方政府应更加注重产业结构调整，保证绿色低碳技术行业开发与应用的资金投入；对于低效率能源消费结构欠合理地区，如广西、云南、贵州等7个省域，它们的经济发展对煤炭产业的依赖程度较低，具有较大的二氧化碳减排潜力，应优化能源、经济、环境配置格局，不断提升生产效率；低效率能源消费结构不合理地区中山西、河南和内蒙古属于煤炭资源密集型省域，对于这类地区政府应加大对可再生能源与绿色低碳技术的投入，降低污染排放。对于经济较发达的河北和山东这类地区，应积极实施节能减排措施，通过减少高能耗产业比重来降低能耗强度和提升绿色全要素生产率。对于市场化程度较低的吉林地区，应加快产业转型升级，促进地区低碳经济发展方式的实现。

其次，能源低效生产是对经济可持续发展的巨大挑战。研究表明，全国整体绿色全要素生产率从2000年的0.56降低到2018年的0.49，降低了12.5%，这期间恰好是中国经济高速发展的时期，但是，在这期间政府的能源政策并不能很好地服务于经济的绿色健康发展。随着环境保护基本国策的逐步实施，中国的能源政策应及时调整和改变。目前，虽然我国政府加大了对可再生能源和新型高效能源的支持力度，在很大程度上控制和解决了环境风险问题，但风险资本和民间资本也应该在这一领域发挥重要作用。因此，政府决策在能源行业应转向鼓励绿色创新科技市场的发展，随着可再生能源技术成本不断降低，绿色创新科技市场将会吸纳更多的民间资本。

再次，因地制宜地分解节能减排目标，制定差异化节能减排政策。从以往的状况来看，东部区域大多实现了目标，可是西部部分省域的绿色全要素生产率并没有下降反而有所提高。实证结果还显示，30个省、市、自治区间绿色全要素生产率也存在明显的区域差异，而且各地区绿色全要素生产率变化速率也显著不同。因此，在制定政策时，应依据不同地区制定不同的节能减排政策。

最后，促进各地区交流，减少地区间能源效率差值。研究也显示，东、中、西部地区的绿色全要素生产率存在较大差异，只有缩小地区间绿色全要素生产率差异，才能更快地提高整体能效。全国 30 个省、市、自治区的生产效率和经济社会发展程度并不平衡，尤其是中西部地区在绿色全要素生产率和能源消费结构方面的表现与它们的经济社会发展表现呈现出一致性。在中部，山西、河南、安徽地区从中华人民共和国成立以来就一直是中国重要的能源基地，到目前这一状况也没有发生根本性改变，对于这些省份，中央政府应给予更多的发展包容性，鼓励地方企业加快步伐迈向创新驱动发展道路，地方政府在制定政策时，应逐步优化调整产业结构，鼓励现代服务业的发展，减少对资源密集型行业的过度依赖，同时加强各地区间的交流与合作。在中国较为落后的西部地区，中央政府投资应重点放在保护生态环境和提高生产技术效率的项目上，以促进西部地区经济健康可持续发展。

第八章 政策型环境规制下能源消费
结构低碳化路径研究

新冠肺炎疫情给全球经济加速绿色转型打开了新窗口，而能源消费结构绿色低碳转型无疑提供了经济可持续发展的重要杠杆和有效推手。为了应对气候变化和抢占未来新一轮经济发展的制高点，自 2009 年首次提出二氧化碳强度减排的约束性指标以来，中国政府积极参与和引领全球气候治理，采取一系列措施推进节能减排工作，先是于 2011 年在上海、北京、广东等 7 个省市开展碳排放交易试点工作，政策试行数年后，2021 年 7 月正式启动全国碳交易市场上线交易。2020 年 9 月，习近平总书记正式提出"二氧化碳排放力争 2030 年前达到峰值，努力争取 2060 年前实现碳中和"的目标。随后在 2021 年 4 月召开的气候峰会上，习近平总书记明确将碳达峰和碳中和纳入中国生态文明建设整体布局，开启了生态优先、绿色低碳的经济社会发展新征程。

能源消费结构的转型升级是我国建立健全绿色低碳循环发展经济体系的关键路径[272]。然而，当前中国煤炭消费量仍较大，与多数国家能源消费结构低碳化水平还存在较大差距。"十一五"以来，中国大力加快能源消费结构绿色低碳化转型，持续优化能源消费结构，基本扭转了煤炭比重长期维持在 70% 左右的局面[273]，煤炭消费占比由 2008 年的 72.4% 下降至 2010 年的 70.1%，2020 年的 56.8%，① 但远超 27.2% 的世界平均水平和 11.2% 的美国煤炭消费占比。② 中国急需加快能源消费结构绿色低碳化转型，进而确保如期完成"30·60"双碳目标。而碳交易政策作为一种市场型环境规制手段，有助于我国通过较低的成本实现减排目标，同时也是实现"双碳"目标的重要政策工具[274]。基于此，本章研究碳交

---

① 国家统计局. 中国统计年鉴 2021[M]. 北京：中国统计出版社，2021.
② 根据《BP 世界能源统计年鉴 2021》整理。

易政策对能源消费结构的影响及传导机制，这对于我国推动经济社会发展全面绿色低碳化转型具有重要的参考意义。

现有文献关于能源消费结构的相关研究主要聚焦在影响因素、变动趋势预测和低碳化水平的测度三个方面。就能源消费结构影响因素而言，学者们普遍认为能耗强度[275]、产业结构[134]、城镇化水平[276]、经济发展水平[277]等因素会对能源消费结构产生主要影响，其中，经济发展水平与能源消费结构起到了双向影响作用。就能源消费结构变动趋势预测而言，学者们主要关注于方法选择，如许多学者通过 ARMA 模型[278]、马尔科夫链[279]、Logistic 模型[280]、成分数据分析方法[281]、能源消费弹性系数[282]、组合模型[283]等考察能源消费结构的变动趋势。其中，与单一模型相比，组合模型可以得到更精确可靠的预测结果，具体有：GM(1，1)与 BP 神经网络的优化组合模型[284]、改进 GM(1，1)模型与趋势预测法相结合的模型[285]、ARIMA-BP 神经网络组合模型[286]、GM(1，1)和马尔科夫链相结合的组合模型[287]。就能源消费结构低碳化的测度方面的研究而言，学界主要有以下两种思路：一是使用单一指标对能源消费结构低碳化程度进行刻画，如使用煤炭占比[288]、煤炭消费占比和非化石能源消费占比；二是通过构建综合指标来评估能源消费结构低碳化程度，如苗阳等(2016)[289]利用 AHP 模型构建综合能源结构评价体系；李荣杰等(2020)[290]通过改进加权多维向量夹角方法构建了能源结构低碳化综合指数；王韶华、范德成、张伟(2012)[291]采用未确知测度评价模型建立了一个多指标综合评价体系来衡量能源消费合理化程度。

碳交易试点政策对中国经济和环境的影响一直是学者们研究的热点问题。现有文献对于碳交易政策的研究包括：第一，关于碳交易政策影响效应的有效性研究。多数学者评估了碳交易政策的减排效应，普遍认为碳交易政策可以有效降低地区的碳排放，但学者们采用的方法不尽相同，早期研究主要采用多 Agent 模型[292]、多区域一般均衡模型 $TermCO_2$[293]、GD_CGE 模型[294]、C2GS2 模型[295]、CGE 模型[296]等。近年来，学者们对研究方法进行了拓展，开始使用合成控制法[297]、连续双重差分法[298]等。随着空间计量模型的广泛应用，学界对于碳交易政策影响效应有效性的研究不再局限于政策实施地，开始将其对邻地产生的影响也纳入研究范围。多数研究结果发现碳交易政策能够有效促进试点地区的碳减排[299]，且其减排效应逐年增强[300]，除此之外还具有一定的溢出效应——抑制邻地减排[301]。第二，关于碳交易政策对于低碳经济发展影响的研究。碳交易政策在促进试点地区实现碳排放强度下降的同时，也对低碳经济发展产生了正向推动作用[302]，有利于实现地区整体绿色发展[303]。对其影响机制深入分析发现，碳排放交易能够有效激励地区创新，进而促进绿色经济增长[304]。第三，关于碳交易政策与其他方向的融合研究。王为东、王冬、卢娜（2020）[305]从低碳技术创新视角出发，基于282个城市面板数据考察了碳交易政策对低碳技术创新的影响，研究发现在碳交易机制下试点地区开展了更多生态创新活动；胡江峰、黄庆华、潘欣欣（2020）[306]基于企业创新数量及质量视角研究碳交易政策的影响，结果表明碳交易政策在促进企业提升创新数量的同时也可促进企业兼顾创新质量，但对于低质量创新的促进作用更为明显；还有学者（孙振清、李欢欢、刘保留（2020）[307]、任晓松等（2021）[308]、陆敏（2020）[309]）关注碳交易政策对绿色发展效率的影响效应，结果表明碳交易政策能显著提升绿色发展效率；谭静、张建华（2018）[310]从产业结构优化升级视角出发，对碳交易政策对中国产业结构优化升级的影响进行探索，发现碳交易政策对当地产业结构升级具有显著的"倒逼"效应；姬新龙（2021）[311]从企业环境责任视角进行研究，结果显示碳交易政策可以显著促进高碳排放企业环境责任水平的提升，且促进作用逐年增强，在政策实施前三年作用效果尤为明显。

那么，碳交易政策能否真正有助于地区实现能源消费结构低碳化转型？如果该政策红利效应得到证实，其背后深层次的驱动机制又是什么？政策效果影响是否会因地区经济发展差异而存在异质性？对于这些问题，尽管碳交易政策至今已试行九年之久，既往文献深入探讨了碳交易政策的治污减排效应，取得了丰硕的研究成果，但关于碳交易政策对于地区能源消费结构低碳化转型影响机制的研究却极为匮乏。基于此，本章利用中国省级面板数据，首先构建能源消费结构低碳化指数，进而运用多期DID模型，实证检验碳交易政策与能源消费结构低碳化之间的关系，并进一步利用多重中介效应模型考察碳交易政策对地区能源消费结构低碳化转型的作用路径。最后，运用三重差分模型讨论碳交易政策对不同地区能源消费结构低碳化转型的异质性影响。

本书可能的贡献有：第一，拓展了碳交易政策与能源消费结构低碳化转型方面的文献，为碳交易政策相关研究补充了能源消费结构的视角；第二，从碳交易政策实施后的生态创新、结构优化、环保支出、行为驱动4个角度提供了碳排放权交易促进地区能源消费结构低碳化转型的驱动机制，从理论和实证解释上拓展了碳交易政策效应的研究；第三，着重讨论了经济发展异质性下的政策效果差异，丰富拓展了相关文献的研究内容；第四，将"行为驱动效应"纳入多重中介效应模型，对这种"自下而上"的力量进行考察，实证分析了四类中介效应的平行及链式中介效应。本书的研究结论可以为各地区制定能源转型政策提供经验支持和有效参考。

第一节　碳市场促进能源消费结构低碳化转型的理论机理分析

实现地区能源消费结构低碳化转型是一项复杂的系统工程，并非能通过单一要素驱动实现，更无法通过简单的主要能源更迭来实现，其需要的是多层次要素混合驱动且彼此关联、彼此影响。这是一场彻底的能源体系变革，不仅需要政府的顶层宏观设计、相关政策制定，还需要企业积极响应以及公众的参与[312]。碳交易政策是科斯定理在政府治理环境方面的应用，该政策是将碳排放权利作为一种资产标的进行公开交易，将企业高碳生产的负外部性行为内部化。由于碳交易政策的存在，不同种类的能源被隐形标注了额外的价格，直接影响了它们的相对价格，企业使用高碳能源的成本将会高于使用清洁能源的成本。在这样的政策背景下，遵循成本最小化或利益最大化的企业便会考虑调整能源消费结构。因此，碳交易政策的实施不仅可直接敦促企业优化调整能源消费结构，长此以往还可促进各行业能源消费结构的升级换代，最终推动整个地区的能源消费结构朝着绿色、低碳的方向发展。基于此，参考范英、衣博文（2021）对能源转型驱动机制方面的研究，本书认为碳交易政策之所以能够促进地区能源消费结构低碳化水平提升，主要是存在以"生态创新效应为引领、结构优化效应为内驱、环保支出效应为助推、行为驱动效应为补充"的4个重要机制。

一、生态创新效应

在现实层面，碳交易政策的实施会促使各企业开展有关碳排放的"开源节流"行动。所谓"开源"是指一些高碳排放企业通过在碳交易市场购买额外的排放许可实现既定的碳排目标，而"节流"则是指以清洁能源替代高碳能源的方式或是以生态技术革新的方式达到减排的目的[313]。在理论层面，"波特假说"认为企业在适当的环境规制下，会倾向于从事更多技术创新研发活动，激发的"创新补偿效应"能够抵消部分甚至是全部的环境成本，从而降低企业的合规成本。而碳交易政策正是一种市场型环境规制，在这种政策条件下，作为逐利型主体的企业在边际治碳成本高于边际技术创新成本时，它们会有足够的动机不断改进生产技术工艺，提高自主创新能力，广泛开展生态创新实现"绿色生产"方式变革。一方面，企业不仅可以实现清洁生产，还可以出售富余的碳排放许可；另一方面，拥有生态技术创新的企业也可以向其他高碳排放企业出售自主研发的绿色生产技术，这两者带来的收益均可以缓解企业因政策带来的附加环境成本压力[314]。短期来看，技术创新成本会加重企业负担，但从长远角度来看，技术创新不仅可以提高生产效率，还可以降低企业的环境治理成本，有利于加大企业的市场竞争能力，同时也有助于实现地区能源消费结构低碳化转型。

二、结构优化效应

碳交易政策的实施实际上是政府给予高污染、高能耗企业的一种信号，督促其进行低碳生产改造。一方面，在碳交易政策实施的背景下，作为"理性人"的企业会不断地通过减排来压缩生产成本[315]，当开展减排的企业由点向面进行扩散时，那些不进行减排的"两高"企业就会因生产成本过高导致企业竞争力下降，最终被挤出市场。此外，这种优胜劣汰的淘汰机制也会使碳交易政策存在"环境壁垒"效应[316]，隐形中会不断提高行业准入门槛从而倒逼产业结构优化；另一方面，清洁产业的利润空间随着相关环境法规严苛而增大，相应地会诱使社会资源重新配置，致使生产要素流向清洁产业，加速产业结构优化，进而实现地区能源消费结构低碳化转型。

三、环保支出效应

快速推进工业化在助力我国经济腾飞的同时，也造成了大量的环境污染[317]。我国政府除肩负着发展经济的硬任务之外也承担着治理环境的责任，环保支出作为一种特殊的工具同时具有经济和环保双重属性而成为政府的重要选择[318]。环保支出最直接的作用是助力环境治理，有不少学者对此作用进行了研究，黄珺、余朝晖(2018)[317]的研究发现政府的公共财政支出可以显著改善环境状况。另外，环保支出所体现出的政府偏好也具有一定的导向作用，可以通过各种形式引导一系列的非官方环保投资间接地促进整个社会的环境治理[318]。同样的，"两高"企业在感知到政府偏好的同时，也会积极调整原料投放或生产工艺以实现清洁生产的目标。

因此，环保支出不仅可以直接作用于环境治理，有利于地区能源消费结构低碳化水平的提升，还可以通过影响产业结构及技术创新以链式传导机制的方式作用于地区能源消费结构低碳化。具体作用机理表现为：一是环保支出以一种投入型的环境规制方式对地区的技术创新产生刺激作用[319]；二是环保支出依靠其强烈的政策导向性引导着社会资金的集聚方向，从而有助于产业结构的调整[320]。

四、行为驱动效应

碳交易政策属于环境规制中的正式环境规制，由政府进行主导体现了官方治理环境的主动性。除此之外，公众群体的力量也不容小觑，公众参与环境治理的这种非正式环境规制行为目前已成为正式环境规制的重要补充[321]。随着人们物质生活的充裕，空气质量、生活环境等非物质需求逐渐成为人们对美好生活的新需求。公众行为如小到产品消费、出行方式的转变，大到自发成立环保组织对各类环境污染行为进行无偿督查，都会对社会环保事业产生或大或小的影响。具体而言，公众可能从消费习惯、环保参与两个维度参与环保事业，一是环保意识的提高会促使公众消费行为发生转变，倾向选择同质产品中更具有环保特质的产品[322]，由此便可"倒逼"企业进行生产调整开展绿色生产改革，推动能源消费结构低碳化转型的进程；二是公众监督具有及时、高效、无利益纠葛等优点，很大程度上缓解了政府与企业之间环境污染信息不对称的问题，在更好地辅助政府进行环保督察的同时施与企业更大的压力。

公众参与不仅可以成为正式环境规制的辅助，还可以通过刺激企业进行生态创新以链式传导机制方式作用于地区能源消费结构低碳化转型。公众的终端需求决定了企业的生产方向，其对绿色产品的偏好可以影响企业的生产策略，直接刺激企业开展生态技术创新，研发环境友好型生产技术或"绿色"产品[323]，从而助力企业在市场上拥有绝对的竞争力，同时也有利于地区实现能源消费结构低碳化转型。

第二节　碳市场对能源消费结构低碳化转型的影响效果分析

一、模型设计

(一) 多期双重差分模型

为了探究碳交易政策的实施能否对能源消费结构低碳化转型产生影响，本章采用多期 DID 方法，将碳交易试点政策视为"准自然实验"，以 30 个省、市、自治区实施碳交易政策的实际年份作为政策干预时间点，以此将研究对象分为处理组和控制组，进而对两类地区在政策实施前后的能源消费结构低碳化水平进行比较，设计模型如下：

$$Y_{it} = \alpha_0 + \alpha_1 \text{pro}_i \times \text{time}_t + d_1 X_{it} + \beta_i + \theta_t + \varepsilon_{it} \tag{8.1}$$

其中，t、i 分别表示政策实施年份和地区。Y_{it} 为被解释变量，表示地区 i 在年份 t 的能源消费结构低碳化水平；核心解释变量 $\text{pro}_i \times \text{time}_t$ 表示地区 i 在年份 t 是否启动实施碳交易政策的虚拟变量，当且仅当地区 i 在年份 t 启动实施碳交易试点政策时，取值为 1，其他情况则取值为 0；该变量的系数为待估政策净效应，反映碳交易政策的实施对地区能源消费结构低碳化产生的影响。X_{it} 为一系列控制变量，包括：自然资源禀赋、政府干预、城镇化水平以及经济活力。β_i 为地区固定效应；θ_t 为年份固定效应；ε_{it} 为随机扰动项。

(二) 多重中介效应模型

本章利用多重中介效应模型对碳交易政策影响能源消费结构低碳化转型的中介传导机制进行分析，引入行为驱动效应（ier_{it}）、环保支出效应（es_{it}）、结构优化效应(iso_{it})、生态创新效应(ei_{it})四个中介变量对其产生的平行及链式中介效应进行讨论，具体传导路径如图 8.1 所示，模型设定如下：

$$ier_{it} = a_0 + a_2 pro_i \times time_t + d_2 X_{it} + \beta_i + \theta_t + \varepsilon_{it} \tag{8.2}$$

$$es_{it} = a_0 + a_3 pro_i \times time_t + d_3 X_{it} + \beta_i + \theta_t + \varepsilon_{it} \tag{8.3}$$

$$iso_{it} = a_0 + a_4 pro_i \times time_t + b_1 es_{it} + d_4 X_{it} + \beta_i + \theta_t + \varepsilon_{it} \tag{8.4}$$

$$ei_{it} = a_0 + a_5 pro_i \times time_t + b_2 ier_{it} + b_3 es_{it} + d_5 X_{it} + \beta_i + \theta_t + \varepsilon_{it} \tag{8.5}$$

$$gec_{it} = a_0 + a_1 pro_i \times time_t + c_1 ier_{it} + c_2 es_{it} + c_3 iso_{it} + c_4 ei_{it} + d_6 X_{it} + \beta_i + \theta_t + \varepsilon_{it}$$
$$\tag{8.6}$$

式(8.1) 用于检验碳交易政策影响能源消费结构低碳化转型的总效应，其中，系数 α_1 反映了碳交易政策影响能源消费结构低碳化转型的总效应，式(8.6) 中的系数 a_1 反映了碳交易政策对能源消费结构低碳化转型影响的直接效应，总效应 α_1 也就是直接效应 a_1 与间接效应即中介效应之和。式(8.2) ～ 式(8.6) 构成的多方程系统对四种中介变量的中介效应进行检验，其中包括 4 条平行中介路径和 3 条链式中介。具体来看，平行中介效应表现为"$pro_i \times time_t \to ier_{it} \to gec_{it}$""$pro_i \times time_t \to es_{it} \to gec_{it}$""$pro_i \times time_t \to iso_{it} \to gec_{it}$""$pro_i \times time_t \to ei_{it} \to gec_{it}$"，效应大小分别为 $a_2 \times c_1$、$a_3 \times c_2$、$a_4 \times c_3$、$a_5 \times c_4$；链式中介效应表现为"$pro_i \times time_t \to ier_{it} \to ei_{it} \to gec_{it}$""$pro_i \times time_t \to es_{it} \to ei_{it} \to gec_{it}$""$pro_i \times time_t \to es_{it} \to iso_{it} \to gec_{it}$"，效应大小分别为 $a_2 \times b_2 \times c_4$、$a_3 \times b_3 \times c_4$、$a_3 \times b_1 \times c_3$。

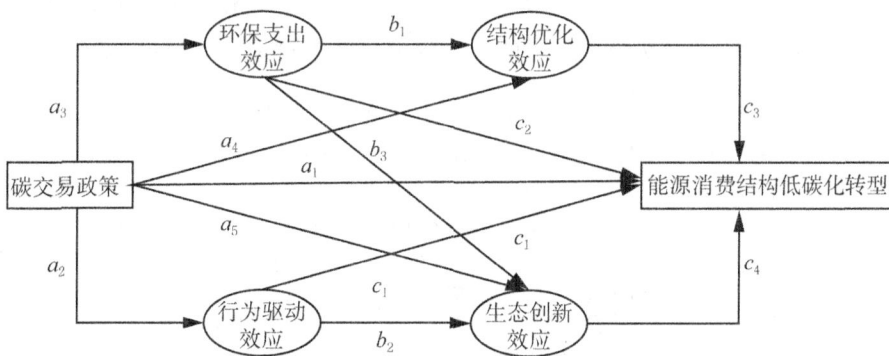

图 8.1 中介效应传导机制

(三)三重差分模型

本章通过引入三重交互项对碳交易政策对不同地区能源消费结构低碳化转型的异质性影响进行分析，本章借鉴 Zhou 等的做法，将区域虚拟变量 reg_j 引入基准模型(8.1)，与 $pro_i \times time_t$ 构成三重差分模型来探究碳交易政策在不同地区的实施效果，为全国碳交易市场的良好运行提供参考。模型设定如下：

$$gec_{it} = \eta_0 + \eta_1 pro_i \times time_t \times reg_j + \eta_2 X_{it} + \beta_i + \theta_t + \varepsilon_{itj} \qquad (8.7)$$

在讨论某地区 j 时，则该地区 reg_j 取值为1，否则为0。系数 η_1 表示碳交易政策对于某特定讨论地区能源消费结构低碳化转型影响的净效应。

二、变量选取

(一)被解释变量

能源消费结构低碳化指数（gec_{it}）。能源消费结构低碳化是指随着我国加速推进能源消费清洁化，能源消费结构呈现出以绿色低碳替代高碳为特征的调整趋势。能源消费低碳化是各类能源在替代与互补中，持续不断地优化改进的系统性工程。仅仅使用煤炭或清洁能源消费占比来衡量能源消费低碳化的进程是有失偏颇的，所以，本章借鉴付凌晖(2010)[324]的方法构建了一种指数来衡量能源消费低碳化的进程。

首先，将所消费的能源划分为 3 类：煤炭、油气及其他能源消费，t 年份每一类能源的消费占比作为空间向量的一个分量，进而构成一组3维向量 $E_t = (e_t^1,$ $e_t^2,$ $e_t^3)$。其次，计算 E_t 与能源消费由高碳到低碳排列的向量 $E_0^1 = (1, 0, 0)$，$E_0^2 = (0, 1, 0)$，$E_0^3 = (0, 0, 1)$ 的夹角 θ_t^1、θ_t^2、θ_t^3：

$$\theta_t^j = \arccos\left(\frac{\sum_{i=1}^3 (e_t^i \times e_0^i)}{\left(\sum_{i=1}^3 (e_t^i)^2 * \sum_{i=1}^3 (e_0^i)^2\right)^{\frac{1}{2}}}\right), \quad j = 1, 2, 3$$

最后，对 t 年份所有向量的夹角进行加权，构成能源消费低碳化指数 gec_t，具体计算公式如下：

$$gec_t = \sum_{s=1}^3 \sum_{t=1}^s \theta_t^j$$

（二）解释变量

碳交易试点政策（$\text{pro}_i \times \text{time}_t$），表示地区 i 在年份 t 是否启动实施碳交易政策的虚拟变量，若 i 地区在 t 年开始实施碳交易政策，则 $\text{pro}_i \times \text{time}_t$ 取 1，否则取 0，其反映了碳交易政策的实施对地区能源消费结构低碳化产生的影响。具体而言，上海、北京、广东、天津于 2013 年实施碳交易试点政策，湖北和重庆于 2014 年实施相应的试点政策。

（三）中介变量

生态创新效应（ei_{it}），生态创新的概念起源于 20 世纪 70 年代出现的可持续发展理念，Fussler 和 James 在 1996 年出版的《驱动生态创新：创新突破和可持续》一书中首次对其进行了理论定义，他们认为生态创新是企业在产品和生产工艺等方面的创新，这种创新为企业带来价值增值的同时也会减少企业在生产过程中对环境造成的污染。本章采用学界普遍使用的专利数量来衡量生态创新效应，即可实现经济和环境双重友好的技术创新。参考曾刚等（2021）[362] 的做法，利用"低碳、减排、环保、节能、可再生、生态治理、环境友好、循环利用、污染治理、清洁能源"等关键词在大为 innojoy 专利数据库筛选出相关发明专利的授权数。

结构优化效应（iso_{it}），本章选取第二产业与第三产业的比值来表征。iso_{it} 越小，说明结构优化效应越大。

环保支出效应（es_{it}），本章使用工业污染完成治理投资与 GDP 的比值来衡量。

行为驱动效应（ier_{it}），本章参考首次提出非正式环境规制这一概念的 Pargal、Wheeler（1996）[325] 的刻画方法，利用熵权法从人口密度、受教育水平、人均收入水平三个维度构建非正式环境规制综合指数，以此衡量行为驱动效应的大小。其中，受到研究数据可得性的限制，受教育水平的衡量采取秦炳涛、余润颖、葛力铭（2021）[326] 的方法，利用当地小学、普通中学及高等学校专任教师数总和与年底人口之和的比重来表示。ier_{it} 值越大，表示行为驱动效应越大。

（四）控制变量

自然资源禀赋（nre_{it}）。自然资源禀赋丰裕地区的发展通常会对其资源产生严重依赖，面临一定程度的"自然资源诅咒"问题，从而不利于能源消费结构朝着低碳化方向发展。本章采用采掘业固定投资额与总固定投资额的比值来表征。

政府干预（gi_{it}）。地方政府为了实现既定的政绩目标，一方面可能会为了实现高经济增长而降低环保标准，形成"逐底竞争"的恶性循环[363]，进而影响能源消费结构低碳化转型的发展；另一方面，也可能采取激励措施来促进能源消费结构低碳化转型。本章利用地方一般预算支出与 GDP 的比值来表征。

城镇化水平（ul_{it}）。城镇化加快的过程中，可能会引起能源消费需求，特别是化石能源需求的增加，这便会造成能源消费结构高碳化，对能源消费结构低碳化转型进程有重要影响。人口城镇化与土地城镇化是城镇化进程中的两大显著标志，本章选用地区常住人口城镇化率来表示。

经济活力（qos_{it}）。地区能源的消费量通常与当地的经济发展状况高度相关，当经济处于高速发展阶段时，高碳能源的消费自然便处于高位。货运量作为衡量一个地区资源以及各种生产要素流动的指标，反映了当地经济发展的"活力"。因此，本章选取货运量来表征经济活力。

由于西藏及港、澳、台地区数据缺失严重，本章选取 2000—2018 年中国 30 个省、市、自治区的面板数据进行分析，相关数据来源于 EPS 数据库、CSMAR 数据库、《新中国六十五年统计资料汇编》、大为 innojoy 专利数据库、《中国城市自治区统计年鉴》以及 30 个省、市、自治区统计年鉴。另外，利用插值法和平均增长率法补全部分缺失数据。各变量的描述性统计如表 8.1 所示。

表 8.1　　　　　　　　　　　变量描述性统计

变量	符号	变量含义	样本数	均值	标准差
能源消费结构低碳化指数	gec_{it}	综合指标构建	570	5.151	0.320
生态创新效应	ei_{it}	生态创新专利授权数对数值	570	6.391	1.674
结构优化效应	iso_{it}	第二产业产值/第三产业产值	570	0.432	0.080
环保支出效应	es_{it}	工业污染治理完成投资占GDP 的比重（取对数）	570	-6.642	0.791
行为驱动效应	ier_{it}	综合指标构建	570	0.118	0.099
自然资源禀赋	nre_{it}	采掘业固定投资占总固定投资的比重	570	0.039	0.041

变量	符号	变量含义	样本数	均值	标准差
政府干预	gi_{it}	地方一般预算支出占GDP的比重	570	0.212	0.104
城镇化水平	ul_{it}	常住人口城镇化率	570	0.494	0.154
经济活力	qos_{it}	货运量（取对数）	570	11.184	0.884

三、碳市场对能源消费结构低碳化转型影响的实证检验

（一）基准回归结果

本书将模型（8.1）作为基准模型用以考察碳交易政策影响地区能源消费结构低碳化转型的实际效应，为了使研究结论更具稳健性，之后逐步加入地区固定效应、时间固定效应及控制变量，具体检验结果如表8.2的第（1）~（3）列所示。检验结果显示：在上述三种检验条件下，核心解释变量"$pro_i \times time_t$"的系数均为正且在1%的显著水平下显著，这表明碳排放权交易机制对试点地区的能源消费结构低碳化转型具有正向促进作用。以第（3）列的回归结果为例，碳交易政策的实施会使得地区能源消费低碳化水平提升0.161。

表8.2 　　　　　　　　　　　　　基准回归结果

	gec		
	（1）	（2）	（3）
$pro_i \times time_t$	0.280***	0.199***	0.161***
	(10.81)	(7.25)	(5.91)
控制变量	否	否	是
地区固定效应	否	是	是
时间固定效应	否	是	是
_cons	5.135***	4.827***	5.473***
	(95.71)	(137.64)	(22.62)
观测值	570	570	570
R^2	0.177	0.277	0.341

注：*、**、***分别表示在10%、5%、1%的水平下显著。

(二)稳健性检验

1. 平行趋势检验

使用 DID 方法来估计结果的前提条件是实验组和控制组要满足平行趋势假定，即碳交易政策实施之前，能源消费结构低碳化指数保持相对稳定的变动趋势。上述基准分析得出的是在一段时间内政策实施对于各地区能源消费结构低碳化转型影响的平均效应，为了使研究结果更加严谨，本研究引入平行趋势检验模型，进一步分析碳交易政策对能源消费结构低碳化转型的动态影响。

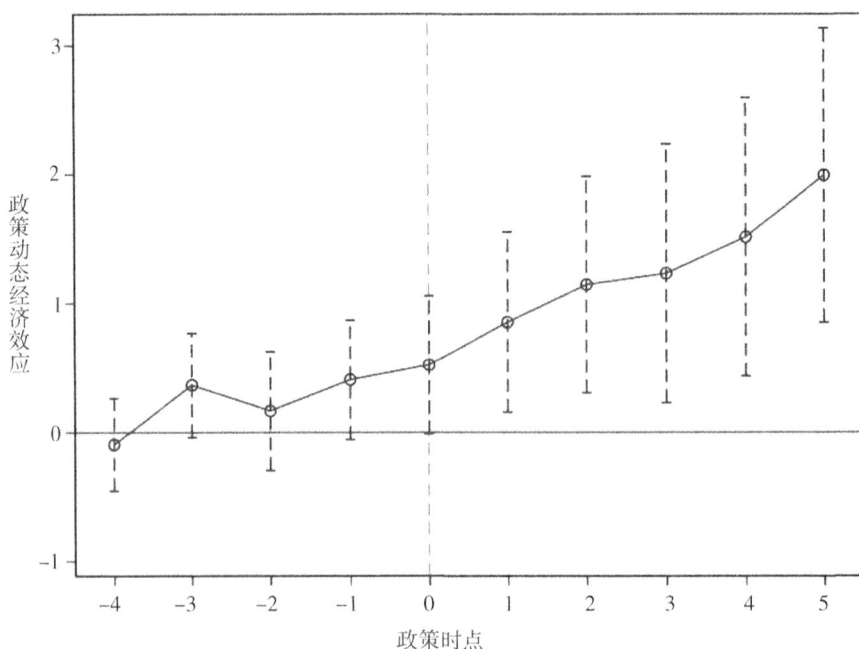

图 8.2　平行趋势假设的动态效应

图 8.2 给出了平行趋势的检验结果，实线部分表示地区能源消费结构低碳化转型的边际效应，虚线部分表示 95% 的置信区间范围。从图中可以看出，政策执行之前年份的 DID 系数的置信区间均包含 0，系数也均不显著，这说明在 2013年以前，政策试点地区与政策非试点地区不存在显著差异，满足平行趋势假定。2013 年政策执行后，DID 系数均显著为正，并呈现出向右上方倾斜的趋势，这说

明了碳交易政策的实施对能源消费结构低碳化转型起到了诱发的作用，且作用效果逐年增强。

2. 安慰剂检验

为排除其他不可知因素对研究结论的干扰，验证碳交易政策促进地区能源消费结构低碳化转型的实际影响效应，本章采用了在所有样本中随机设置若干次虚拟实验组的安慰剂检验。首先，在 30 个地区随机抽样得到"伪处理组"；其次，将此抽样过程重复 500 次并进行回归；最后，便得到 500 次回归结果。本章将 500 次回归产生的"伪政策虚拟变量"的估计系数分布以其 p 值绘制于图 8.3 中，Y 轴反映的是具体的分布密度值及 p 值，X 轴反映的是"伪政策虚拟变量"待估系数值，图中的圆点代表了待估系数相对应的 p 值，曲线表征了估计系数的核密度分布状况。从图 8.3 可以看到，其估计系数主要分布于 0.2 左右，相应 p 值也主要集中在 0.1，这意味着在 10% 的水平下不显著。由此，表明本章得到的研究结果在一定程度上避免了偶然性，即可以排除其他政策或者随机因素对地区能源消费结构低碳化水平的影响。

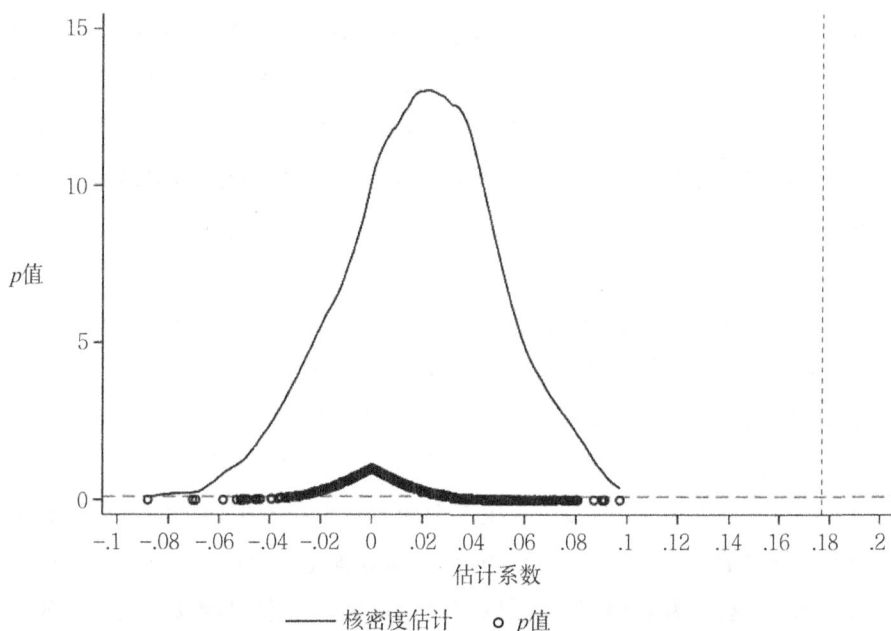

图 8.3　安慰剂检验

(三)作用机制分析

本章基于 2000—2018 年 30 个省、市、自治区的面板数据，构建多重中介效应模型，将生态创新效应、结构优化效应、环保支出效应、行为驱动效应作为中介变量进行研究。首先，运用逐步回归法对模型(8.2)~(8.6)的中介变量进行检验；其次，当逐步回归法失灵时，对模型进行 bootstrap 检验，若中介变量通过该检验，则证实存在多重中介效应；最后，利用各中介变量的 bootstrap 检验结果对传导路径进行深入分析。

1. 逐步检验法

表 8.3 显示了碳交易政策对能源消费结构低碳化转型影响机制的检验结果。其中，表 8.3 中的第(3)(4)(5)列的回归结果显示，$Pro_i \times time_t$ 的估计系数均显著，说明了碳交易政策的试行带来了生态创新效应、产业结构优化效应、环保支出效应及行为驱动效应，即碳交易政策在驱动地区能源消费结构低碳化的过程可能存在中介效应。此外，本章借助温忠麟、叶宝娟(2014)[327]的研究方法，对生态创新效应的中介效应进行检验，结果发现生态创新效应通过了 bootstrap 检验，说明生态创新效应的中介效应存在。另外，第(6)列 $Pro_i \times time_t$ 的回归系数表示，碳交易政策对地区能源消费结构低碳化的影响存在直接效应(0.076)；第(1)列 $Pro_i \times time_t$ 的回归系数表示，碳交易政策对地区能源消费结构低碳化的影响存在显著的正向总效应(0.161)。进一步分析发现，第(1)列的总效应大于第(6)列的直接效应，这说明存在间接效应，即碳交易政策驱动地区能源消费结构低碳化的过程中存在部分中介效应。

2. bootstrap 检验法

本章将使用 bootstrap 法对多重中介效应进行检验。表 8.4 报告了碳交易政策驱动地区能源消费结构低碳化转型过程中的传导机制，如表 8.4 所示，碳交易政策通过生态创新效应、产业结构优化效应、环保支出效应及行为驱动效应间接地驱动地区能源消费结构低碳化转型，其中介效应之和即总中介效应为 0.206。

(1)生态创新效应的中介效应。生态创新效应单独发挥显著的正向平行中介效应即碳交易政策→生态创新→能源消费结构低碳化转型(0.035)，占总中介效应的 16.99%。这说明碳交易政策可以倒逼企业进行生态创新以实现生产成本最小化，从而有助于地区实现能源消费结构低碳化转型，生态创新为实现能源消费结构低碳化转型注入了不竭的动力。

表 8.3　　　　碳交易政策对能源消费结构低碳化转型的影响机制检验

	(1) gec_{it}	(2) ei_{it}	(3) iso_{it}	(4) es_{it}	(5) ier_{it}	(6) gec_{it}
$pro_i \times time_t$	0.161***	0.079	−0.010*	−0.306**	0.046***	0.076**
	(5.91)	(1.48)	(−1.66)	(−2.53)	(10.91)	(2.43)
nre_{it}	1.030***	0.528	0.278***	1.821	−0.078**	1.699***
	(4.00)	(0.81)	(4.74)	(1.30)	(−1.98)	(4.89)
gi_{it}	−0.491***	−0.436	0.068**	4.438***	−0.016	0.338*
	(−3.26)	(−1.08)	(1.97)	(5.75)	(−0.69)	(1.74)
ul_{it}	0.316***	5.376***	−0.092***	−0.021	0.155***	0.119
	(3.35)	(8.33)	(−4.27)	(−0.03)	(10.70)	(0.77)
qos_{it}	−0.065***	0.088	0.084***	−0.164	−0.030***	−0.035
	(−2.99)	(1.27)	(17.13)	(−1.46)	(−9.03)	(−1.11)
ei_{it}						−0.006
						(−0.39)
iso_{it}						0.196
						(0.84)
es_{it}						−0.031**
						(−2.54)
ier_{it}						0.948***
						(3.07)
_cons	5.473***	0.720	−0.484***	−4.868***	0.347***	4.766***
	(22.62)	(0.98)	(−8.81)	−3.87	(9.35)	(14.4)
Bootstrap test		$Z=2.33$, $p=0.020$				
N	570	570	570	570	570	570
R^2	0.341	0.951	0.634	0.413	0.849	0.329

注：*、**、***分别表示在10%、5%、1%的水平下显著。

　　(2)结构优化的中介效应。结构优化效应同生态创新效应一样发挥着单独并行的中介效应即碳交易政策→结构优化效应→能源消费结构低碳化转型(0.062)，占总中介效应的30.10%。这说明碳交易政策的实施给重污染高能耗的企业带来了生存压力，运营成本的提高使得其开始退出本行业或者进行转型，产业结构便会得到优化发展，进而促进地区能源消费结构实现低碳化。

（3）环保支出效应的中介效应。环保支出效应在整个中介效应中发挥着三重作用。首先，碳交易政策可以通过环保支出效应本身影响能源消费结构低碳化即碳交易政策→环保支出效应→能源消费结构低碳化转型（0.046）；其次，环保支出一方面凭借其政策导向性引导着各类生产要素向绿色清洁产业集聚，促进产业结构优化调整，另一方面以资金援助的方式缩减企业交易成本，激发企业开展更多的生态创新研发活动。由此产生两条链式中介效应即碳交易政策→环保支出效应→结构优化效应→能源消费结构低碳化转型（0.010）、碳交易政策→环保支出效应→生态创新效应→能源消费结构低碳化转型（0.001）。环保支出效应的累积中介效应为0.057，占总中介效应的27.67%。

（4）行为驱动效应的中介效应。碳交易政策在影响地区能源消费结构低碳化转型中存在着显著的行为驱动效应，该效应累计发挥的中介效应为0.052，其占总效应的25.24%。具体来看，包括碳交易政策→行为驱动效应→能源消费结构低碳化转型（0.044）的平行中介效应，以及碳交易政策→行为驱动效应→生态创新效应→能源消费结构低碳化转型（0.008）的链式中介效应。其中，行为驱动效应的平行中介效应作用力要大于其链式中介效应。以上结果表明，碳交易政策作为正式环境规制不仅可以通过影响公众的环保行为促进能源消费结构低碳化转型，还可以通过影响公众对绿色消费理念的认同，从而敦促企业进行生态创新，以实现能源消费结构低碳化转型。

综上所述，在碳交易政策驱动能源消费结构低碳化转型的过程中，以上四种主要中介变量的中间效应贡献度最大的是结构优化效应，最小的是生态创新效应，环保支出效应和行为驱动效应次之。具体分析各传导路径可以得出，碳交易政策→产业结构→能源消费结构低碳化转型（0.062）这条路径的中介效应最大，究其原因是我国目前最大的能源消耗主体是第二产业，碳交易政策的实施可以敦促地区高污染高能耗企业开展清洁能源的使用以及促进地区产业结构的转型，由此可以有效地降低地区的能耗强度，实现地区能源消费结构低碳化转型。

表8.4　碳交易政策对能源消费结构低碳化转型的多重中介效应机制检验

变量		CP	中介效应贡献度
生态创新效应	生态创新效应	0.035***	16.99%
		[0.009, 0.024]	
结构优化效应	结构优化效应	0.062***	30.10%
		[0.030, 0.095]	
环保支出效应	环保支出效应	0.046***	27.67%
		[0.007, 0.069]	
	环保支出效应→结构优化效应	0.010***	
		[0.01, 0.016]	
	环保支出效应→生态创新效应	0.001*	
		[0.000, 0.003]	
行为驱动效应	行为驱动效应	0.044***	25.24%
		[0.015, 0.050]	
	行为驱动效应→生态创新效应	0.008***	
		[0.001, 0.007]	

注：***、**、*分别表示1%、5%和10%的显著性水平，括号内数字是运用bootstrap方法得出的中介效应置信区间，置信区间不包含0表示显著。

第三节　碳市场对能源消费结构低碳化转型的异质性分析

为了进一步探究碳交易政策在不同试点地区的实施效果，本章引入变异系数和三重差分模型来探索碳交易政策对能源消费结构低碳化转型的异质性影响。

变异系数法(cofficient of variation method)是一种相对差距测度法，其值越大，表示变量的差异越大，变化程度越高。本章利用变异系数对各试点地区人均GDP的变动程度进行度量，其基本公式如下：

$$CV_i = \frac{\sigma_i}{\bar{x}_i}$$

其中，CV_i 表示 i 地区人均GDP变动的变异系数，σ_i 表示 i 地区人均GDP变动的标准差，$\bar{x}_i$ 表示 i 地区人均 GDP 变动的平均值。CV_i 的值越大，意味着 i 地区人均 GDP 变动越大，说明 i 地区近年来经济发展迅猛。

表 8.5   试点地区变异系数

高 CV_i 地区		低 CV_i 地区	
地区	CV_i	地区	CV_i
重庆	0.711	广东	0.534
湖北	0.670	北京	0.491
天津	0.538	上海	0.379

本章根据试点地区人均 GDP 变动的变异系数中位数将试点地区划分为高 CV_i 地区和低 CV_i 地区。高 CV_i 地区包括重庆、湖北、天津，低 CV_i 地区包括广东、北京、上海(见表 8.5)。表 8.6 显示了两类地区的三重差分估计结果，可以看出在加入控制变量以及控制时间固定效应和个体固定效应的情况下，低 CV_i 地区的碳交易政策可以显著推动地区能源消费结构低碳化转型。相对比来看，碳交易政策在高 CV_i 地区的推动作用并不显著，其原因可能是近年来重庆、湖北、天津的经济发展较快，这些地区的工作要务是大力发展经济，处于环境库茨涅兹曲线的上升阶段，所以对碳交易政策的实施有一定的阻碍作用，使得碳交易政策的实施效果大打折扣。而在经济稳定发展地区，如广东、北京、上海，这些地区的产业结构较其他地区而言相对优化，较好地完成了经济动力的转化，努力实现经济发展与环境的双赢，所以在这些地区碳排污权交易可以稳定地产生最大的政策红利。综上所述，碳排污权交易政策对地区能源消费结构低碳化转型的影响程度呈现出异质性的特点。

表 8.6   碳交易政策对能源消费结构低碳化转型的三重差分估计结果

	经济稳定发展地区 (低 CV_i 地区)	经济迅猛发展地区 (高 CV_i 地区)
$pro_i \times time_t \times reg_j$	0.276***	0.015
	(7.69)	(0.41)

续表

	经济稳定发展地区 （低 CV$_i$ 地区）	经济迅猛发展地区 （高 CV$_i$ 地区）
控制变量	是	是
个体固定效应	是	是
时间固定效应	是	是
常数项	5.554***	5.989***
	(24.66)	(26.03)
R^2	570	570
N	0.369	0.297

注：*、**、***分别表示在10%、5%、1%的水平下显著。

第四节　结论与政策建议

本章立足于碳交易政策这一市场激励型环境规制手段，基于中国2000—2018年30个省、市、自治区的面板数据，在构建能源消费结构低碳化指数的基础上，运用多期DID模型、多重中介效应模型及三重差分模型，多维度实证检验了碳交易政策对地区能源消费结构低碳化转型的影响及其传导机制。研究发现：首先，碳交易政策的实施显著地提升了试点地区的能源消费结构低碳化水平，且政策效应逐年增强。通过一系列稳健性检验后，该结论仍然成立。其次，对碳交易政策影响能源消费结构低碳化水平的传导机制进行实证检验，研究发现，碳交易政策可以通过行为驱动效应、环保支出效应、结构优化效应、生态创新效应以平行或链式传导机制对地区能源消费结构低碳化程度产生影响。其中，行为驱动效应的中介效应占比为25.24%，环保支出效应占比为27.67%，结构优化效应占比为30.10%，生态创新效应占比为16.99%。最后，异质性分析发现，经济稳定发展地区的碳交易政策可以显著促进地区能源消费结构低碳化转型，与之相比碳交易政策在经济迅猛发展地区的实施效果会相对较弱。

针对本章的研究结论，提出如下建议：

第一，着力完善碳交易市场运行机制，针对不同地区制定差异化政策。碳排放权交易应该严格遵循市场经济规律，政府要积极推进碳交易市场价格机制建设，真正达到企业在碳排放约束下开展绿色、低碳创新及生产的目的。同时，针对不同地区的现实状况要做到"量体裁衣"，对于着力发展经济以实现基本发展目标的地区，要考虑当地经济和环境的耦合度，温和地推进政策的实施，以便更好地发挥政策效果。

第二，助力企业广泛开展生态创新活动，激发其低碳化生产的内在动力。生态创新效应是实现能源消费结构低碳化的核心，是增强企业进行低碳化生产的驱动力，属于整个生产过程中的前端治理。政府应着力为整个社会培育滋养创新的肥沃土壤，不仅要对积极进行低碳技术创新的企业予以补贴和奖励，还要加大对高新技术人才的培养与引进。同时，要加大力度消除科技成果转化障碍，促使科技成果实现低成本转化以及生态创新技术的普遍推广。

第三，引导高碳产业开展绿色低碳转型，严格控制高碳产业无序扩张。偏重的产业结构会严重阻碍能源消费结构低碳化的实现，因此，要着力发展高新技术产业，提高"二高"产业的准入门槛，同时及时淘汰落后的高耗能、高污染产业。对于那些现阶段技术创新不足的产业，鼓励其能源消费多元化，对使用清洁能源的产业给予补贴。另外，在产业结构调整过程中，要针对不同的产业问题进行循序渐进式调整，切忌发生"运动式"调整而致使整个社会发展陷入困境。

第四，建立健全环保资金专项配置体系，促进环保资金使用效率提升。环保支出作为末端治理环节，其作用不容小觑。政府应着力建立合理的环保资金配置体系，严格审批环保资金，做到科学分配环保资金，确保环保资金流向环境治理过程中的薄弱环节，帮助企业克服环境治理过程中的难题。同时，还要设立环保资金实时动态监管机制，确保资金使用落到实处以提高环保资金的使用效率。除此之外，还应借助环保资金自身特殊属性引导社会资金流向，发挥规模效应助力企业环保治理。

第五，加强全社会绿色发展理念的宣传，鼓励公众践行低碳生活理念。随着公众环保意识的增强，政府应充分利用好公众自发产生的力量，积极倡导绿色低碳生活理念，引导公众树立低碳发展观，由此，公众对绿色、低碳产品和服务的偏好便会渗入全社会的各个领域，倒逼企业进行生产调整，形成绿色生产-消费新模式。此外，还应拓宽公众参与环保事业的渠道，鼓励公众自发成立各类公益环保组织，对企业的各种不良环保行为进行多方位监督，同时建立公众与相关环保部门的良好互动机制，以解决政府的信息不对称问题。

第九章 非正式环境规制下能源消费结构低碳化路径研究

中国经济进入以向效率、质量、动力变革为特征的发展阶段，建立健全绿色低碳循环发展的经济体系成为新的时代课题。但由于过去我国经济发展对能源密集型重工业高度依赖，大量的化石能源消费造成了巨大的碳足迹。习近平总书记在第 75 届联合国大会上提出了"二氧化碳排放力争于 2030 年前达到峰值，努力争取 2060 年前实现碳中和"的战略目标，为中国下一阶段的能源转型和绿色发展指明了方向。实现零碳排放的重点是尽可能减少对化石能源的消费，使其从主要能源转变为保障性能源，能源消费结构尽早实现低碳能源对高碳能源的替代[328]。然而，碳排放具有负外部性的特点，运用市场机制对其进行调节存在失灵情况，这便需要政府和公众通过一系列的规制行为来对其进行干预[329]。就目前而言，学界对政府主导的正式环境规制的降碳效果进行了广泛的研究并予以肯定，但对于由社会公众自发推动的非正式环境规制行为研究较少。这种非正式环境规制行为无形中会给予企业一种"不进行能源消费改革便会被淘汰"的压力[330]，与正式环境规制相比，这种规制方式更具有直接性、低成本性同时也避免了政府与企业之间因存在利益关系而陷入"囚徒困境"。因此，本章通过厘清非正式环境规制和能源消费结构低碳化之间的关系，探索两者之间的作用机制，以期为我国实现"双碳"目标提供可行路径。

能源在现实中实际扮演着"水能载舟亦能覆舟"的角色。能源消费一方面可以带来经济腾飞，而另一方面高碳能源的消费也会带来严重的环境问题从而对人类的生存造成极大的威胁。所以，能源消费问题是广大学者的研究重点。早在 20 世纪 90 年代就有学者开始探究如何针对我国国情进行能源合理开发的问题[331]。之后，学者们从不同的角度对能源消费结构进行研究，主要包括能源消费结构的各影响因素[332]、政府制定的发展战略对于优化能源消费结构的作用[333]、能源结构对于低碳经济的影响效应[334]、各种约束下的能源消费结构调整[335]、从地理空间角度探究能源消费结构的空间影响[336]。除此之外，学界关于能源消费结构的研究还有两类热点研究方向，一是关于能源消费结构的预测问题，其中学者们普遍使用的预测方法是马尔科夫链，例如，翁智雄等（2019）[337]运用马尔科夫链法对河北省的能源消费结构进行预测，结果发现河北省的能源消费结构将长期保持稳定状态；赵志成、柳群义（2019）[338]首先利用 ARIMA 模型预测我国短期的能源生产及消费量，然后利用马尔可夫链预测能源消费结构的变动；柳亚琴、赵国浩（2015）[339]在 OLS 估计法的基础上建立马尔科夫链模型，对我国 2020 年能源消费结构进行预测并进一步分析了能源消费结构的外部影响因素。除马尔可夫链之外，学者们还使用了成分数据分析方法[281]、GA-SA 法即遗传算法（genetic algorithm）和模拟退火法（simulated annealing）组合方法[340]、改进 GM（1，1）模型与趋势预测法相结合的方法[285]、粒子群优化算法[341]、logistic 模型[130]等方法对能源结构进行了预测。二是关于测度能源消费结构低碳化程度的问题，其中一种角度是用占比指标来衡量能源消费结构低碳化，譬如煤炭占比[288]、煤炭消费占比和非化石能源消费占比[21]；另一种角度是构建综合指标衡量能源消费低碳化，譬如运用粗糙集理论对经济、能源、环境等三个角度的指标进行指标约简并确定各指标权重，之后采用未确知测度评价模型建立一个多指标综合评价体系来衡量能源消费合理化程度[291]、基于改进的加权多维向量夹角方法构建了能源结构低碳化综合指数[290]、运用 AHP 模型构建综合评价体系[289]、运用改进惯性权重的 PSO 算法及 SPA-TOPSIS 法构建评价模型[342]。

　　学界对于环境规制的认识是一个不断扩充的过程。最早，学者们将环境规制视为一种以政府为主体的强制性规制行为。之后，Pargal、Wheeler（1996）[325]又提出非正式环境规制这一概念，其具体含义是公众会自发开展环保行动以弥补正式环境规制的薄弱环节，从而达到治理环境的目的。早期学界仅仅将非正式环境规制视为一种补充手段，但就目前而言这种自下而上的力量早已不容忽视。目前，非正式环境规制的减排效应[321]及对工业污染的约束作用[343]已经得到了证实，其效应的显著性会随着滞后期的延长而增强[344]。虽然我国的非正式环境规制所产生的污染管制效应已经初步凸显，但其规制强度和手段与发达国家相比较弱[345]。既往的关于非正式环境规制的研究主要集中于技术创新方面，学者们得到的结论不尽相同，一些研究认为非正式环境规制对企业的绿色创新具有显著促进作用[346]；另一些研究则认为非正式环境规制对技术创新的影响并非呈现出显著增强的趋势，比如有研究认为非正式环境规制对技术创新的影响能力随着其规制强度的提高而降低[347]、非正式环境规制与企业研发之间呈现出非线性关系[348]；还有一些研究运用中介效应模型得出非正式环境规制通过绿色创新促进产业结构高级化、合理化的结论[326]。就产业结构方面的研究而言，已经有文献证实了非正式环境规制可以有效倒逼产业结构升级[349]且可通过产业集聚对产业结构的合理化程度进行调整[350]，还有学者进一步研究发现非正式环境规制以折线形式对产业结构升级产生影响[351]。

基于上述文献梳理，本章可能的贡献在于：目前，少有学者对非正式环境规制与能源消费结构之间的关系进行研究，本章将丰富这一领域的研究；另外，本章对非正式环境规制影响能源消费结构低碳化转型的传导机制进行研究，不仅探究了平行中介传导机制而且对链式中介传导机制也进行了深入的研究。

第一节　理论机制与研究假说

一、非正式环境规制与能源消费结构低碳化转型

非正式环境规制作为一种基于社会发育度和公众环保意识的自发行为，其产生的效应会随着公众环保意识的觉醒而具有持续性[352]。非正式环境规制主体可以直接监管到企业的生产环保状况，与正式环境规制相比有着监管成本低、效率高且不存在利益纠葛的优点。非正式环境规制驱动能源消费结构低碳化转型的可能原因在于：第一，由马斯洛需求理论可知，随着公众的环保意识逐渐觉醒，由该意识主导的消费行为和消费习惯会使消费者倾向选择同类别产品中更绿色的、环保的产品，而社会的终端需求决定了社会生产的需要，由此形成的市场导向会督促企业优化自身产品以及进行清洁生产改革，从而推动地区能源消费结构实现低碳转型[326]；第二，非政府组织对环境信息的披露，缓解了政府与企业在环境治理过程中的信息不对称问题，扩大了对企业进行环境监督的渠道，无形中给企业施加了更多的压力，敦促企业及时进行"绿色生产"改革[353]从而实现能源消费结构低碳化转型。

由此提出假说一：非正式环境规制可对能源消费结构低碳化转型起到正向促进作用。

二、非正式环境规制→生态创新→能源消费结构低碳化转型

有关环境规制和生态创新之间关系的论述，学界普遍认可的是"波特假说"。"波特假说"提出适度的环境规制行为引发的"创新补偿"效应可以倒逼企业开展生态创新活动[354]。汪晓文、陈明月、陈南旭（2021）[355]也认为环境规制会迫使企业不断开展技术创新以改进生产技术工艺，提升自主研发能力。这种创新不仅可以补偿规制成本，而且还会增加企业的竞争优势。尤其是最先进行生态创新的企业会占有技术优势，有助于其率先抢占市场份额，构成先动优势。除此之外，先动企业还会获得一系列诸如品牌效应等无形资产，有利于其在市场竞争中获得持久的竞争力[356]。由此以往，整个行业乃至市场的企业会进入一种有关生态的良性循环。非正式环境规制作为环境规制的一种，同样可以凭借公众的自发力量刺激企业进行生态创新从而实现能源消费结构低碳化转型。

由此提出假说二：非正式环境规制对生态创新的激励，有利于能源消费结构低碳化转型。

三、非正式环境规制→产业结构优化→能源消费结构低碳化转型

非正式环境规制强度的不断增强，一方面可以提高污染类产业的"绿色"门槛，形成新的进入壁垒，对于准备进入的企业来说进入这类产业的生存成本变大，而服务业以及高新技术产业等第三产业较其他产业而言先天拥有绿色清洁的比较优势，其生存成本受环境规制影响程度小[357]，在这种情况下，各种生产要素配置便会向附加值更高的绿色清洁产业倾斜，推动此类绿色产业迅速崛起，从而对产业结构起到优化升级的作用；另一方面，愈严格的环境规制会产生愈高的"环境遵循成本"，在产业间形成优胜劣汰的竞争格局，高污染、高能耗的产业或是被淘汰或是进行产业转型或是将污染外部性行为内部化以实现产业内部升级，由此便可实现产业结构优化[358]。伴随着产业结构的优化调整，能源消费结构也可在潜移默化中实现低碳转型。

由此提出假说三：非正式环境规制促进产业结构的优化升级，有利于能源消费结构低碳化转型。

四、非正式环境规制→外商直接投资→能源消费结构低碳化转型

学者们认为外商直接投资可能会产生"污染避难所"和"污染光环效应"。"污

染避难所"假说认为环境规制强度弱的国家出于经济发展的需要容易招致污染密集型企业的投资，从而使该地区沦为"污染天堂"[359]，也就不利于该地区实现能源消费结构低碳化转型。"污染光环效应"则认为发达国家拥有先进的清洁技术通过外商直接投资带来的"示范效应"有助于东道国改善落后的生产方式，改进能源消费结构，提高能源消费低碳化水平。虽然学界关于外商直接投资是否能改善东道国环境质量的问题存在较大的争议，但是外商直接投资确实会对东道国的环境质量产生或正或负的影响，这一点是毋庸置疑的。

由此提出假说四：非正式环境规制通过影响外商直接投资，促进能源消费结构低碳化转型。

五、非正式环境规制→能源消费强度→能源消费结构低碳化转型

实施环境规制的目的在于减少污染与碳排放，提高整个社会的绿色发展水平。企业迫于高昂的环境治理成本会开始使用有利于减排的技术和设备，当有些企业开展生态创新的成本过高时，这些企业将转变思路去更多地使用清洁能源或者是降低燃煤等高碳能源的消耗，从而降低能源消费强度，实现能源消费结构低碳化转型。由此可见，即使不具备生态创新的企业也可通过基础手段调整能源消费强度实现能源消费结构低碳化转型，所以，能源消费强度是企业参与门槛最低的且影响最为直接的中介变量。

由此提出假说五：非正式环境规制通过影响能源消费强度，促进能源消费结构低碳化转型。

六、非正式环境规制→生态创新→产业结构优化→能源消费结构低碳化转型

站在产业经济学角度来看，产业结构升级的重要动力来源之一是技术创新[360]。生态创新为产业结构优化提供了不竭的动力。一方面，随着整个社会环保意识的增强，市场的"绿色"门槛不断提高。高污染、高能耗且缺乏生态创新能力的产业会面临严重的行政处罚和巨额的生产成本，而生态创新型产业更加符合我国建设"美丽中国"的发展理念，会得到政府相应的政策倾斜，具有更强的竞争优势[361]，最终会将那些"生态黑洞"型产业挤出市场。与此同时，整个社会形成了一种良性的环保"逐顶"竞争，为产业结构优化注入新动力，进而有利于

推动能源消费结构低碳化转型的发展；另一方面，企业进行生态创新不仅可以提升自身产品的附加价值还有助于其产业链的延伸，从而促进产业结构优化和生产方式的转变[327]。

由此提出假说六：非正式环境规制通过生态创新推动产业结构优化的链式中介效应，促进能源消费结构低碳化转型。

非正式环境规制驱动能源消费结构低碳化转型的传导路径见图9.1。

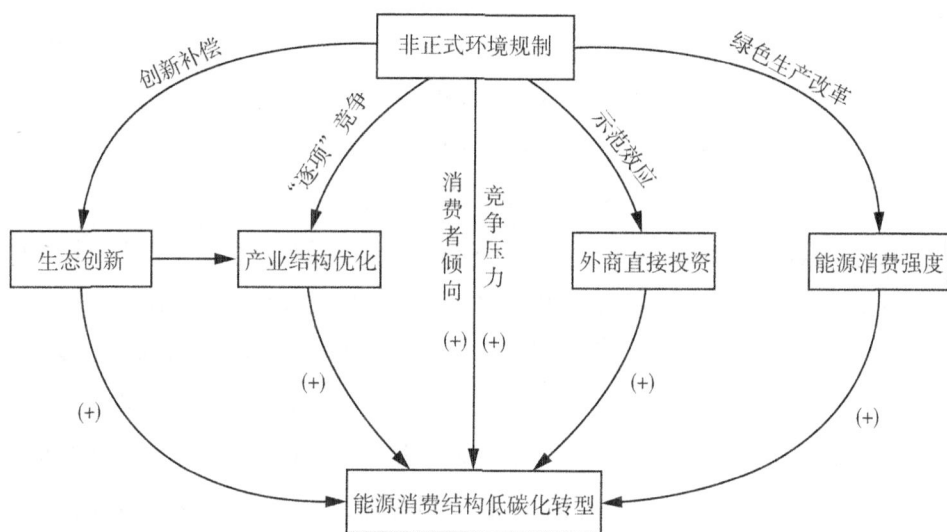

图9.1　非正式环境规制驱动能源消费结构低碳化转型的传导路径

第二节　非正式环境规制下能源消费结构低碳化转型的多重路径分析

一、计量模型

为了分析非正式环境规制对能源消费结构低碳化转型的影响，构建如下模型：

$$\ln \mathrm{gec}_{it} = \alpha_0 + \beta_0 \ln \mathrm{ier}_{it} + \gamma_0 \ln X_{it} + u_{it} + \varepsilon_{it} \tag{9.1}$$

式(9.1)中，gec_{it} 表示能源消费结构低碳化指数，α_0 是常数项，ier_{it} 代表非

正式环境规制，X_{it} 是一系列控制变量，包括自然资源禀赋（nre）、政府干预（gi）及城镇化水平（ul）。i 和 t 分别表示 30 个省、市、自治区（未含西藏及港澳台地区），时间跨度为 2000—2018 年，u_{it} 代表个体效应，ε_{it} 代表误差项。

为了进一步验证非环境规制对能源消费结构低碳化转型的影响机制，本章参考温忠麟、叶宝娟（2014）[327] 的研究方法，通过多重中介模型对中介效应的存在与否进行检验：

$$Y = aX + z_1 \tag{9.2}$$

$$P = bX + z_2 \tag{9.3}$$

$$Q = dX + eP + z_3 \tag{9.4}$$

$$Y = a'X + cP + z_4 \tag{9.5}$$

$$Y = a''X + fP + gQ + z_5 \tag{9.6}$$

其中，式（9.2），式（9.3），式（9.5）构成单步多重模型，对平行中介是否存在进行检验。第一步，对式（9.2）中解释变量 X 的估计系数 a 进行检验，若 a 显著，则继续下一步；第二步，检验式（9.3）、式（9.5）中解释变量 X 对中介变量 P 的影响系数 b、中介变量 P 对被解释变量 Y 的影响系数 c 的显著性，如果 b、c 均显著，说明间接效应存在，继续下一步；若两系数中至少有一个不显著，则需要对中介变量进行 bootstrap 检验，若 bootstrap 检验显著，则认为间接效应存在，进行第三步检验，否则停止分析；第三步，检验式（9.5）中的影响系数 a' 是否显著，若其显著，则认为存在直接效应，进行下一步检验。若其不显著，则认为解释变量 X 对被解释变量 Y 的影响仅存在间接效应；第四步，比较 b，c 和 a' 的符号，若符号为同向，则报告中介效应，若符号为反向，则将其归类为遮掩效应。

式（9.2），式（9.3），式（9.4），式（9.6）构成多步多重中介模型，对链式中介效应是否存在进行检验。首先，检验式（9.2）中解释变量系数 a 的显著性；若 a 显著，再检验式（9.3）和式（9.4）中解释变量对中介变量 P 的影响系数 b 和中介变量 P 对中介变量 Q 的影响系数 e 的显著性，若均显著且说明两中介变量之间存在传导关系；最后，检验式（9.6）中系数 g 的显著性，g 显著说明 P 和 Q 在解释变量 X 影响被解释变量 Y 的过程中存在链式传导作用。

为了检验非正式环境规制是否能通过生态创新（ei_{it}）、产业结构优化（iso_{it}）、外商直接投资（fdi_{it}）、能源消费强度（eci_{it}）影响能源消费结构低碳化转型，以证实假说二、三、四、五的成立，建立如下模型：

$$\ln ei_{it}/iso_{it}/fdi_{it}/eci_{it} = \alpha_4 + \beta_4 \ln ier_{it} + \gamma_4 \ln X_{it} + u_{it} + \varepsilon_{it} \tag{9.7}$$

$$\ln gec_{it} = \alpha_5 + \beta_5 \ln ier_{it} + \nu \ln ei_{it}/iso_{it}/fdi_{it}/eci_{it} + \gamma_5 \ln X_{it} + u_{it} + \varepsilon_{it} \tag{9.8}$$

为了检验非正式环境规制是否能通过生态创新和产业结构优化的链式传导机制影响能源消费结构低碳化转型，证实假说六的成立，建立模型(9.9)检验非正式环境规制对生态创新的影响，建立模型(9.10)检验生态创新对产业结构优化的影响，建立模型(9.11)检验非正式环境规制、生态创新、产业结构优化对能源消费结构低碳化转型的影响，其完整的检验过程由以下模型构成。

$$\ln ei_{it} = \alpha_1 + \beta_1 \ln ier_{it} + \gamma_1 \ln X_{it} + u_{it} + \varepsilon_{it} \tag{9.9}$$

$$\ln iso_{it} = \alpha_2 + \beta_2 \ln ier_{it} + \eta_1 \ln ei_{it} + \gamma_2 \ln X_{it} + u_{it} + \varepsilon_{it} \tag{9.10}$$

$$\ln gec_{it} = \alpha_3 + \beta_3 \ln ier_{it} + \eta_2 \ln ei_{it} + \phi \ln iso_{it} + \gamma_3 \ln X_{it} + u_{it} + \varepsilon_{it} \tag{9.11}$$

二、变量选取

(1)被解释变量

能源消费结构低碳化指数(gec_{it})。能源消费结构低碳化转型需要通过多种要素混合驱动实现，无法仅仅通过主要消费能源替代来实现，这是一场彻底的能源体系变革。本章能源消费结构低碳化程度的衡量具体详见第八章第二节。

(2)核心解释变量

非正式环境规制(ier_{it})。关于非正式环境规制的衡量方法使用综合指数，具体详见第八章第二节。

(3)中介变量

生态创新(ei_{it})。本章将生态创新定义为可实现经济和环境双重友好的技术创新，并采用学界主流的衡量创新成果的方法——专利数量来衡量生态创新，具体详见第八章第二节。

产业结构优化(iso_{it})。本章以第三产业与GDP的比值表征。iso_{it}越大，表示产业结构优化程度越高。

外商直接投资(fdi_{it})。本章使用历年外商实际投资金额来表征。

能源消费强度(eci_{it})。一般使用能源消费总量与GDP的比重来表征。该指标能够说明一个国家或地区对能源的利用强度。

（4）控制变量

本章参考已有文献研究，设定自然资源禀赋（nre_{it}）、经济活力（qos_{it}）、政府干预（gi_{it}）、城镇化水平（ul_{it}）等变量作为影响能源消费结构低碳化的控制变量，分别采取采掘业固定投资占总固定投资的比重、货运量、地方一般预算支出与GDP的比值、常住人口城镇化率等指标来表征。

本章选取2000—2018年中国30个省、市、自治区的面板数据进行分析，数据来源于《中国城市统计年鉴》、EPS数据库、CSMAR数据库、各地区统计年鉴、大为innojoy专利数据库以及《新中国六十五年统计资料汇编》。另外，本章采用插值法和平均增长率法对缺失数据进行补全。表9.1显示了各变量的描述性统计。

表9.1　　　　　　　　　　　　变量描述性统计

变量名称	符号	观察值	均值	标准差	最大值	最小值
能源消费结构低碳化指数	gec_{it}	570	5.151	0.320	6.498	4.696
非正式环境规制	ier_{it}	570	0.118	0.099	0.712	0.020
生态创新	ei_{it}	570	1933.693	3447.652	28940	3
产业结构优化	iso_{it}	570	0.427	0.196	4.620	0.294
外商直接投资	fdi_{it}	570	446595.8	569397.8	2903996	446
能源消费强度	eci_{it}	570	1.575	0.957	5.147	0.423
自然资源禀赋	nre_{it}	570	0.039	0.041	0.246	0.00002
政府干预	gi_{it}	570	0.212	0.104	0.758	0.069
城镇化水平	ul_{it}	570	0.494	0.154	0.896	0.1389
经济活力	qos_{it}	570	101082.9	81540.73	434299.9	5076

三、能源消费结构低碳化转型的多重中介效应分析

本章采取对所有变量取对数的方法来尽可能减少因异方差问题对研究结论产生的影响。之后，对各变量进行方差膨胀因子检验，结果发现VIF值最大为

2.04，远远小于10，这表明本模型中变量之间的多重共线性问题不存在。接着本章通过 Hausman 检验选取固定效应模型进行回归。

表9.2　全国层面基准回归及生态创新、产业结构优化的中介效应检验

	（1） ln gec	（2） ln ei	（3） ln gec	（4） ln iso	（5） ln gec
ln ier	0.023 ***	1.000 ***	0.006	0.215 ***	0.019 ***
	（3.72）	（9.30）	（0.88）	（6.52）	（2.96）
ln nre	−0.004 ***	−0.143 ***	−0.002	−0.043 ***	−0.004 **
	（−2.84）	（−5.26）	（−1.28）	（−5.22）	（−2.27）
ln gi	−0.025 ***	1.128 ***	−0.044 ***	0.054	−0.026 ***
	（−2.84）	（7.32）	（−5.05）	（1.14）	（−2.96）
ln ul	0.037 ***	0.917 ***	0.021 ***	0.120 ***	0.035 ***
	（4.96）	（6.96）	（2.87）	（2.99）	（4.64）
ln qos	−0.004	0.770 ***	−0.017 ***	−0.098 ***	−0.002
	（−0.88）	（10.96）	（−3.97）	（−4.56）	（−0.42）
ln ei			0.017 ***		
			（7.32）		
ln iso					0.019 **
					（2.34）
_cons	1.700 ***	2.128 **	1.664 ***	0.729 **	1.686 ***
	（30.30）	（2.16）	（30.94）	（2.42）	（30.02）
N	570	570	570	570	570
R^2	0.15	0.893	0.228	0.329	0.159

注：*、**、***分别表示在10%、5%、1%的水平下显著。

表9.2反映了全国层面非正式环境规制影响地区能源消费结构低碳化转型的基准回归结果。第（1）列显示了全国层面基本回归结果，结果显示非正式环境规制与能源消费结构低碳化指数在1%的显著水平上呈现正向的线性关系，即非正式环境规制强度每增加1%，能源消费结构低碳化水平上升0.023%，假说一成

立。这可以明确说明民众自发的环境规制行为会对能源消费结构产生正向效应，具有促进地区能源消费结构低碳化转型的作用。

其他控制变量方面，从上述结果可以看出，自然资源禀赋的估计系数显著为负，说明丰富的自然资源禀赋条件会阻碍地区能源消费结构低碳化转型。其中原因可能在于，自然资源丰裕的地区在大力发展经济的过程中过度依赖资源，可能会陷入"资源诅咒"陷阱，从而不利于地区能源消费结构低碳化转型；政府干预对能源消费结构低碳化转型具有负向作用，究其原因可能是地区政府迫于经济增长目标的压力在一定程度上阻碍了地区能源消费结构低碳化转型；城镇化水平对能源消费结构低碳化转型的影响显著为正，表明城镇化水平越高越有利于能源消费结构低碳化转型。这可能是由于城镇化进程带动了第三产业的发展，进而拉动能源消费结构低碳化转型；经济活力对能源消费结构低碳化转型的作用表现为负但不显著，经济活力所表现出来的抑制作用说明货运量的提升不利于地区能源消费结构低碳化转型，这可能是因为货运量的提升主要是第二产业迅速发展带来的结果，而第二产业是能源依赖型高碳产业。

（一）平行中介效应检验结果

表9.2中第(1)(2)(3)列报告了以生态创新为中介变量的检验结果。将"非正式环境规制→生态创新→能源消费结构低碳化转型"定义为路径1，从路径1看，第(2)列结果显示非正式环境规制与生态创新显著正相关，表明非正式环境规制强度越大，生态创新能力越强。第(3)列显示，生态创新的估计系数显著为正，与此同时，非正式环境规制系数为正，说明了生态创新的中介效应存在，且中介效应为0.017，这表明非正式环境规制可以通过生态创新这一路径对能源消费结构低碳化转型产生正向影响，假说二成立。

表9.2中第(1)(4)(5)列反映的是产业结构优化的中介效应检验结果。将"非正式环境规制→产业结构优化→能源消费结构低碳化转型"定义为路径2。从路径2看，第(4)列表明非正式环境规制与产业结构优化显著正相关，表明随着非正式环境规制强度增大，产业结构优化会呈现出提升的趋势。第(5)列显示，产业结构优化的估计系数显著为正，同时非正式环境规制系数为正，说明产业结

构优化的中介效应存在，且中介效应为0.0041，这验证了非正式环境规制可以通过拉动产业结构优化来影响能源消费结构低碳化转型，假说三成立。

表9.3　　　　全国层面外商直接投资、能源消费强度的中介检验结果

	(1)	(2)	(3)	(4)	(5)
	ln gec	ln fdi	ln gec	ln eci	ln gec
ln ier	0.023***	0.286**	0.020***	−0.281***	−0.002
	(3.72)	(2.00)	(3.41)	(−7.87)	(−0.35)
ln nre	−0.004***	0.137***	−0.005***	0.071***	0.002
	(−2.84)	(3.63)	(−3.26)	(7.87)	(1.31)
ln gi	−0.025***	1.940***	−0.035***	−0.112**	−0.035***
	(−2.84)	(9.33)	(−3.89)	(−2.20)	(−4.59)
ln ul	0.037***	0.837***	0.031***	−0.238***	0.016**
	(4.96)	(4.91)	(4.38)	(−5.44)	(2.46)
ln qos	−0.004			−0.029	−0.006*
	(−0.88)			(−1.25)	(−1.77)
ln fdi			0.004**		
			(2.51)		
ln eci					−0.088***
					(−13.80)
_cons	1.700***	16.965***	1.577***	−0.121	1.690***
	(30.30)	(69.79)	(50.21)	(−0.37)	(35.03)
N	570	570	570	570	570
R^2	0.15	0.623	0.159	0.687	0.374

注：*、**、***分别表示在10%、5%、1%的水平下显著。

表9.3中第(1)(2)(3)列报告的是以外商直接投资为中介变量的检验结果。将"非环境规制→外商直接投资→能源消费结构低碳化转型"定义为路径3。第(2)列显示，非正式环境规制对外商直接投资的影响在5%的显著水平上显著为

正，意味着非正式环境规制水平的提高会使外商直接投资增加。第(3)列显示外商直接投资在5%的显著水平上对能源消费结构低碳化转型有正向影响，表示外商直接投资有利于能源消费结构低碳化转型，且非正式环境规制的系数为正，由此证实了路径3的存在，即假说四成立。其中，外商直接投资的中介效应为0.0011。表9.3中第(1)(4)(5)列报告的是以能源消费强度为中介变量的检验结果。第(4)列显示，非正式环境规制对能源消费强度的影响显著为负，意味着能源消费强度会随着非正式环境规制水平的提高而降低。第(5)列显示能源消费强度在1%的显著水平上对能源消费结构低碳化转型有负向影响，其系数为-0.088，表示越高的能源消费强度越不利于能源消费结构低碳化转型，但第(5)列中非正式环境规制的估计系数符号为负，说明对全国层面来说能源消费强度在整个传导机制中呈现的是遮掩效应而非中介效应。

(二)链式中介效应检验结果

表9.4中第(1)(2)(3)(4)列反映的是非正式环境规制经由生态创新、产业结构优化影响地区能源消费结构低碳化转型的链式中介效应检验结果。本章将"非正式环境规制→生态创新→产业结构优化→能源消费结构低碳化转型"定义为路径5。从第(2)(3)列可以看出非正式环境规制可以通过生态创新促进产业结构优化，但是第(4)列显示产业结构优化的影响系数在统计意义上不显著，说明路径5的链式中介效应在统计意义上并不显著，这意味着目前全国平均水平层面尚未形成上述链式路径。本章为了探究路径5是否在我国存在，进一步将30个省、市、自治区按照区域划分为东、中及西部进行深层研究，结果发现在东部地区非正式环境规制经由生态创新、产业结构优化影响能源消费结构低碳化转型的链式传导路径是存在的。如表9.5所示，东部地区的非正式环境规制经由生态创新、产业结构优化影响地区能源消费结构低碳化转型的链式中介效应为0.0047($3.721 \times 0.041 \times 0.031$)，且在10%的显著水平上显著。这意味着东部地区的民众环保意识较强，民众自发的环境规制行为可以通过倒逼企业开展生态创新推动产业结构优化从而对能源消费低碳化产生积极的影响，同样也证实了路径5在我国是存在的。

表 9.4　　　　　　　　　　　全国层面链式中介检验结果

	（1） ln gec	（2） ln ei	（3） ln iso	（4） ln gec
ln ier	0.023 ***	1.000 ***	0.129 ***	0.005
	（3.72）	（9.30）	（3.78）	（0.81）
ln nre	−0.004 ***	−0.143 ***	−0.031 ***	−0.002
	（−2.84）	（−5.26）	（−3.80）	（−1.20）
ln gi	−0.025 ***	1.128 ***	−0.043	−0.044 ***
	（−2.84）	（7.32）	（−0.91）	（−5.02）
ln ul	0.037 ***	0.917 ***	0.042	0.021 ***
	（4.96）	（6.96）	（1.03）	（2.84）
ln qos	−0.004	0.770 ***	−0.164 ***	−0.016 ***
	（−0.88）	（10.96）	（−7.18）	（−3.67）
ln ei			0.086 ***	0.017 ***
			（6.75）	（6.91）
ln iso				0.003
				（0.41）
_cons	1.700 ***	2.128 **	0.546 *	1.662 ***
	（30.30）	（2.16）	（1.88）	（30.78）
N	570	570	570	570
R^2	0.150	0.893	0.382	0.228

注：*、**、***分别表示在 10%、5%、1%的水平下显著。

表 9.5　　　　　　　　　　东部地区链式中介检验结果

	（1） ln gec	（2） ln ei	（3） ln iso	（4） ln gec
ln ier	0.070 ***	3.721 ***	0.427 ***	0.044 ***
	（7.36）	（12.50）	（7.05）	（2.89）
ln nre	−0.005 ***	−0.116 **	−0.045 ***	−0.003 *

	（1）	（2）	（3）	（4）
	（−3.12）	（−2.41）	（−6.28）	（−1.75）
ln gi	−0.018	−0.087	0.102*	−0.021*
	（−1.56）	（−0.24）	（1.94）	（−1.80）
ln ul	0.015***	0.306**	0.015	0.014***
	（3.67）	（2.34）	（0.79）	（3.27）
ln qos	−0.015***	0.536***	−0.257***	−0.009
	（−3.33）	（3.83）	（−12.20）	（−1.34）
ln ei			0.041***	0.002
			（3.59）	（0.80）
ln iso				0.031*
				（1.76）
_cons	1.888***	7.854***	2.680***	1.779***
	（26.37）	（3.50）	（7.97）	（20.36）
N	171	171	171	171
R^2	0.591	0.940	0.803	0.604

注：*、**、***分别表示在10%、5%、1%的水平下显著。

综上所述，从全国层面来看，非正式环境规制主要通过三大平行路径显著促进地区能源消费结构低碳化转型，具体对比三条路径的中介效应发现，中介效应强度最强的为路径1，路径2次之，最弱的为路径3，即各中介变量的效应强度由强至弱的排列顺序为生态创新、产业结构优化及外商直接投资（见表9.6）。非正式环境规制主要通过影响生态创新推动能源消费结构低碳化转型的原因在于企业为了赶上"绿色"经济发展的时代班车，在非正式环境规制的"倒逼"下积极开展生态创新以实现企业长远的发展。此外，就目前而言外商直接投资对于促进我国能源消费结构低碳化转型所起到的中介效应较弱，这说明我国利用外商投资推动能源消费结构低碳化转型的作用有限。

表 9.6　　　　　　　　　　　全国层面中介效应汇总结果

路径	中介效应	中介效应对比
路径 1	0.017***	
路径 2	0.0041**	路径 1>路径 2>路径 3
路径 3	0.0011**	

注：*、**、***分别表示在10%、5%、1%的水平下显著。

(3)稳健性检验

为了进一步保证研究结论的稳健性，本章进行了如下的检验：第一，替换核心解释变量，参考李强(2013)[364]的做法，采用人均GDP来作为非正式环境规制的替代变量。检验结果与上述所得结论一致，均显示非正式环境规制在1%的显著水平下可以促进地区能源消费结构低碳化转型；第二，为了避免模型内生性问题，将非正式环境规制滞后一期变量引入模型中作为核心解释变量，结果发现L. ln ier 的系数方向及显著性与前文回归结果一致(见表9.7)。

表 9.7　　　　　　　　　　　稳健性检验结果

	(1) ln gec	(2) ln gec
ln pGDP	0.024***	
	(5.06)	
L. ln ier		0.913***
		(36.4)
ln nre	−0.006***	−0.0002
	(−3.67)	(−0.28)
ln gi	−0.039***	0.007*
	(−4.06)	(1.68)
ln ul	0.034***	0.007
	(4.48)	(1.59)
ln qos	−0.015**	−0.00004**

续表

	(1)	(2)
	ln gec	ln gec
	(−3.00)	(3.18)
_cons	1.494***	0.160**
	(25.29)	(3.18)
N	570	570
R²	0.168	0.761

注：*、**、***分别表示在10%、5%、1%的水平下显著。

第三节　非正式环境规制推动能源消费结构
低碳化转型的异质性分析

一、时间异质性

考虑到我国政府部门及民众对环境保护的重视程度有着逐步增强的趋势，为了使研究结论更具针对性，本章按照党的十七大这个时间点将样本期间2000—2018年划分为2000—2006年和2007—2018年两个阶段，以考察非正式环境规制是否对地区能源消费结构低碳化转型存在时间异质性影响，将党的十七大作为分截时间点的原因在于十七大首次明确了生态文明建设目标。

表9.8显示了不同时间段的非正式环境规制对能源消费结构低碳化转型的影响结果。第(1)(2)列的检验结果显示非正式环境规制的估计系数在2000—2006年显著为负，而在2007—2018年显著为正。这说明了在生态文明被正式提出之前，非正式环境规制强度较弱从而不能产生促进能源消费结构低碳化转型的效果，在生态文明被正式提出之后公众的环保意识也随之大大提升从而对地区能源消费结构低碳化转型表现出正向积极作用。可见，非正式环境规制影响地区能源消费结构低碳化转型具有时间异质性。除此之外，从表9.8还可以看出在2007—2018年期间，非正式环境规制主要通过影响生态创新推动能源消费结构低碳化

转型。

二、经济发展程度异质性

由环境库茨涅兹曲线可知环境与经济发展之间存在倒"U"形的影响关系，本章将检验非正式环境规制对能源消费结构低碳化转型的影响是否会因为地区经济发展程度不同而具有异质性，于是利用各地区 2000—2018 年间 GDP 平均值的中位数将所有样本划分为经济发展程度高的地区和经济发展程度低的地区两类。

表 9.9 显示的是不同经济发展程度地区的非正式环境规制对能源消费结构低碳化转型的影响结果及相应的中介效应检验结果。第（1）列和第（2）列显示，非正式环境规制推动能源消费结构低碳化转型的作用力在经济发展程度高的地区更加显著，在经济发展程度低的地区这种作用力为负且在统计上不显著。这也说明了在经济发展程度高的地区，居民的环保意识较强，同时，这些地区的经济动力完成了较好的转换，所以非正式环境规制可以发挥出显著的作用力。此外，由图 9.1 可知对于经济发展程度高的地区而言，非正式环境规制可通过生态创新、产业结构、外商直接投资以及能源消费强度影响地区能源消费结构低碳化转型。其中，以能源消费强度为中介变量的路径 4 作用效果最大，以生态创新为中介变量的路径 1 作用效果次之。

三、自然资源禀赋异质性

对拥有不同自然资源禀赋条件的地区进行考察，有利于政府因地制宜地制定政策。本章根据各地区年均采掘业投资占总投资比重的中位数值将所有地区分成两组即低自然资源禀赋地区和高自然资源禀赋地区，以此来探索非正式环境规制对能源消费低碳化转型的自然资源禀赋异质性影响。

表 9.10 显示的是不同自然资源禀赋条件地区的非正式环境规制对能源消费结构低碳化转型的影响结果及相关中介效应的检验结果。第（1）列显示低自然资源禀赋地区的非正式环境规制在 1% 的显著水平上对能源消费结构低碳化转型产生正向影响。对于低自然资源禀赋地区而言，非正式环境规制主要通过外商直接投资以及能源消费强度来影响能源消费结构低碳化转型，即路径 3 和路径 4 在低

表9.8　时间异质性下的基准回归及相关中介检验

	(1)	(2)	(3)	(4)	(5)	(6)	(7)	(8)	(9)	(10)
	2000—2006	2007—2018	2007—2018	2007—2018	2007—2018	2007—2018	2007—2018	2007—2018	2007—2018	2007—2018
	ln gec	ln gec	ln ei	ln gec	ln iso	ln gec	ln fdi	ln gec	ln eci	ln gec
ln ier	-0.021*	0.017*	0.756***	0.011	0.205***	0.017*	-0.284	0.017*	-0.239***	-0.002
	(-1.77)	(1.71)	(6.26)	(1.07)	(3.26)	(1.75)	(-1.36)	(1.76)	(-5.47)	(-0.16)
ln nre	-0.0003	-0.003	-0.064**	-0.002	-0.034**	-0.003	0.028	-0.003	0.037***	-0.0001
	(-0.17)	(-1.32)	(-2.32)	(-1.10)	(-2.37)	(-1.36)	(0.58)	(-1.34)	(3.71)	(-0.06)
ln gi	-0.004	0.004	1.169***	-0.004	0.115	0.005	1.501***	0.001	-0.203***	-0.011
	(0.34)	(0.35)	(7.71)	(-0.34)	(1.46)	(0.38)	(5.75)	(0.11)	(-3.71)	(-0.95)
ln ul	0.014**	0.042	3.608***	0.016	0.534***	0.044	1.401**	0.040	-0.914***	-0.027
	(2.46)	(1.46)	(9.95)	(0.47)	(2.83)	(1.50)	(2.25)	(1.36)	(-6.96)	(-091)
ln qos	-0.003	0.008	0.325***	0.006	-0.173***	0.007	0.078	0.008	-0.009	0.007
	(-0.32)	(1.03)	(3.35)	(0.71)	(-3.43)	(0.94)	(0.47)	(1.01)	(-0.26)	(1.00)
ln ei				0.007*						
				(1.66)						
ln iso						-0.003				
						(-0.37)				
ln fdi								0.002		
								(0.73)		

续表

	(1)	(2)	(3)	(4)	(5)	(6)	(7)	(8)	(9)	(10)
	2000—2006	2007—2018	2007—2018	2007—2018	2007—2018	2007—2018	2007—2018	2007—2018	2007—2018	2007—2018
	ln gec	ln gec	ln ei	ln gec	ln iso	ln gec	ln fdi	ln gec	ln eci	ln gec
ln eci									-0.983***	-0.076***
									(-2.02)	(-6.49)
_cons	1.610***	1.608***	8.872***	1.542***	1.964**	1.614***	14.241***	1.580***		1.533***
	(12.44)	(14.96)	(6.60)	(13.50)	(2.81)	(14.81)	(6.16)	(13.89)		(15.06)
Bootstrap test					$Z=0.64, p=0.519$		$Z=1.18, p=0.237$			
N	210	355	355	355	355	355	355	355	355	355
R^2	0.077	0.231	0.890	0.237	0.296	0.231	0.263	0.232	0.783	0.320

注：*、**、***分别表示在10%、5%、1%的水平下显著。

表9.9　经济发展程度异质性下地区的基准回归及中介效应检验结果

	(1)	(2)	(3)	(4)	(5)	(6)	(7)	(8)	(9)	(10)
	经济发展程度高	经济发展程度低	经济发展程度高	经济发展程度高	经济发展程度高	经济发展程度高	经济发展程度高	经济发展程度高	经济发展程度高	经济发展程度高
	ln gec	ln gec	ln ei	ln gec	ln iso	ln gec	ln fdi	ln gec	ln eci	ln gec
ln ier	0.078***	-0.006	2.148***	0.040***	0.374***	0.077***	0.048	0.078***	-0.682***	0.013
	(8.04)	(-0.69)	(12.66)	(3.43)	(11.55)	(6.45)	(0.26)	(8.04)	(-13.52)	(1.18)
ln nre	-0.003	-0.004**	-0.038	-0.003	-0.046***	-0.003	-0.031	-0.003	0.066***	0.003
	(-1.60)	(-2.08)	(-0.99)	(-1.36)	(-6.31)	(-1.43)	(-0.75)	(-1.53)	(5.86)	(1.41)

续表

	(1) 经济发展程度高 ln gec	(2) 经济发展程度低 ln gec	(3) 经济发展程度高 ln ei	(4) 经济发展程度高 ln gec	(5) 经济发展程度高 ln iso	(6) 经济发展程度高 ln gec	(7) 经济发展程度高 ln fdi	(8) 经济发展程度高 ln gec	(9) 经济发展程度高 ln eci	(10) 经济发展程度高 ln gec
ln gi	-0.043*** (-3.08)	0.031*** (-2.94)	0.073 (0.30)	-0.044*** (-3.32)	-0.009 (-0.20)	-0.043*** (-3.07)	1.992*** (7.44)	-0.054*** (-3.50)	0.041 (0.56)	-0.039*** (-3.22)
ln ul	0.019*** (2.65)	0.112*** (4.70)	0.515*** (4.15)	0.010 (1.40)	0.075*** (3.17)	0.019** (2.57)	0.295** (2.18)	0.017** (2.42)	-0.135*** (-3.65)	0.006 (0.95)
ln qos	-0.009* (-1.84)	-0.009 (-1.24)	1.102*** (13.16)	-0.028*** (-4.80)	-0.107*** (-6.73)	-0.008 (-1.63)	0.552*** (6.03)	-0.012** (-2.31)	-0.000 (-0.01)	-0.009** (-2.12)
ln ei				0.018*** (5.25)						
ln iso						0.003 (0.17)				
ln fdi								0.005* (1.67)		
ln eci										-0.095*** (-9.27)
_cons	1.809*** (25.63)	1.766*** (18.13)	-0.680 (-0.55)	1.821*** (27.04)	1.006*** (4.27)	1.806*** (24.70)	10.515*** (7.79)	1.753*** (22.47)	-1.108*** (-3.02)	1.704*** (27.27)

续表

	(1)	(2)	(3)	(4)	(5)	(6)	(7)	(8)	(9)	(10)
	经济发展程度高	经济发展程度低	经济发展程度高	经济发展程度高	经济发展程度高	经济发展程度高	经济发展程度高	经济发展程度高	经济发展程度高	经济发展程度高
	ln gec	ln gec	ln ei	ln gec	ln iso	ln gec	ln fdi	ln gec	ln eci	ln gec
bootstrap test					$Z=3.28, p=0.001$		$Z=-2.04, p=0.041$			
N	285	285	285	285	285	285	285	285	285	285
R^2	0.394	0.131	0.924	0.456	0.657	0.394	0.802	0.401	0.839	0.543

注：*、**、***分别表示在10%、5%、1%的水平下显著。

表9.10 自然资源禀赋异质性下地区的基准回归及中介效应检验结果

	(1)	(2)	(3)	(4)	(5)	(6)	(7)	(8)	(9)	(10)
	低自然资源禀赋	高自然资源禀赋	低自然资源禀赋	低自然资源禀赋	低自然资源禀赋	低自然资源禀赋	低自然资源禀赋	低自然资源禀赋	低自然资源禀赋	低自然资源禀赋
	ln gec	ln gec	ln ei	ln gec	ln iso	ln gec	ln fdi	ln gec	ln eci	ln gec
ln ier	0.122***	-0.008	2.866***	0.108***	0.412***	0.123***	0.764***	0.113***	-0.866***	0.054***
	(12.49)	(-1.11)	(15.07)	(8.16)	(12.18)	(10.08)	(4.05)	(11.52)	(-14.81)	(4.67)
ln mre	-0.001	-0.004*	-0.004	-0.001	-0.026***	-0.001	0.092***	-0.002	0.023***	0.000
	(-0.85)	(-1.70)	(-0.12)	(-0.84)	(-4.79)	(-0.86)	(2.99)	(-1.52)	(2.46)	(0.33)
ln gi	-0.043***	0.027**	0.561**	-0.045***	-0.018	-0.043***	1.396***	-0.059***	0.125*	-0.033***
	(-3.49)	(-2.52)	(2.35)	(-3.68)	(-0.43)	(-3.48)	(5.88)	(-4.60)	(1.70)	(-3.02)

续表

	(1)	(2)	(3)	(4)	(5)	(6)	(7)	(8)	(9)	(10)
	低自然资源禀赋	高自然资源禀赋	低自然资源禀赋	低自然资源禀赋	低自然资源禀赋	低自然资源禀赋	低自然资源禀赋	低自然资源禀赋	低自然资源禀赋	低自然资源禀赋
	ln gec	ln gec	ln ei	ln gec	ln iso	ln gec	ln fdi	ln gec	ln eci	ln gec
ln ul	0.010	0.105***	0.370***	0.008	0.058**	0.010	0.233*	0.007	-0.099**	0.002
	(1.47)	(5.09)	(2.89)	(1.19)	(2.55)	(1.48)	(1.84)	(1.09)	(-2.51)	(0.34)
ln qos	-0.038***	-0.005	0.360***	-0.039***	-0.144***	-0.038***	0.173*	-0.040***	0.130***	-0.028***
	(-7.20)	(-0.85)	(3.53)	(-7.37)	(-7.97)	(-6.53)	(1.71)	(-7.71)	(4.13)	(-5.77)
ln ei				0.005						
				(1.52)						
ln iso						-0.003				
						(-0.16)				
ln fdi								0.011***		
								(3.65)		
ln eci										-0.078***
										(-8.55)
_cons	2.250***	1.708***	10.205***	2.201***	1.556**	2.254***	15.562***	2.074***	-3.607***	2.012***
	(28.96)	(19.65)	(6.73)	(26.25)	(5.77)	(27.30)	(10.33)	(23.05)	(-6.58)	(27.08)
bootstrap test			Z= 0.31, p=0.757		Z= 2.50, p=0.012					
N	285	285	285	285	285	285	285	285	285	285
R^2	0.507	0.155	0.925	0.512	0.657	0.507	0.787	0.531	0.792	0.614

注：*，**，***分别表示在10%、5%、1%的水平下显著。

自然资源禀赋地区是存在的。对比这两条路径可得，经由能源消费强度产生的中介效应要远高于通过外商直接投资产生的中介效应，换句话说，低自然资源禀赋地区主要依靠国内自发动力而非国外力量来实现地区能源消费结构低碳化转型。这可能是因为低自然资源禀赋地区的经济发展对化石能源等高碳能源的依赖程度较低，其经济发展存在多元化且科技化的特点，非正式环境规制在促进能源消费结构低碳化转型的过程中面临的阻力较小，于是路径 4 能够发挥出较好的效果。第（2）列显示了自然资源禀赋丰裕地区的非正式环境规制会抑制能源消费结构低碳化转型且在统计上不显著。这可能是因为资源丰裕地区的发展通常会面临"自然资源陷阱"，无论是生产还是贸易等方面都对化石类能源的依赖程度较高，这使此类地区在实现能源消费结构低碳化转型的进程中面临的阻碍较大，同时这类地区的经济发展通常也较为落后，当地群众可能会更多地关注经济、基础民生问题，环保意识也较弱，因此自然资源丰裕地区的非正式环境规制很难推动当地能源消费结构低碳化转型。

第四节　结论与政策建议

本章选取中国 2000—2018 年中国 30 个省、市、自治区的面板数据，验证了非正式环境规制对地区能源消费结构低碳化转型的正向促进作用，之后通过构建多重中介效应模型深入剖析了非正式环境规制影响地区能源消费结构低碳化转型的传导路径。主要研究结论如下：

对于全国层面而言，非正式环境规制能够促进地区能源消费结构低碳化转型且在统计意义上显著。实证结果显示，能源消费结构低碳化水平会随着非正式环境规制强度增加 1% 而上升 0.023%。从中介效应检验结果来看，非正式环境规制可以通过生态创新、产业结构优化、外商直接投资、能源消费强度四条平行路径对能源消费结构低碳化转型产生作用，其中生态创新的中介效应强度最大。此外，非正式环境规制经由生态创新、产业结构优化影响地区能源消费结构低碳化转型的链式传导路径，虽然目前在全国层面尚未形成，但是进一步检验发现该条链式路径目前在我国的东部地区是显著存在的。

对于不同的时间段而言，非正式环境规制对能源消费结构低碳化转型的影响呈现出显著的时间异质性。本章以生态文明的首次提出时间（2007 年）作为划分样本期间的节点，回归结果显示在 2000—2006 年期间非正式环境规制会显著抑制地区能源消费结构低碳化转型，相反在 2007—2018 年非正式环境规制却显著促进了地区能源消费结构低碳化转型。具体分析 2007—2018 年的传导路径，发现非正式环境规制主要通过生态创新来影响能源消费结构低碳化转型。

对于不同经济发展程度和不同自然资源禀赋的地区而言，非正式环境规制对能源消费结构低碳化转型影响的区域效应显著，其地区异质性明显。在经济发展程度高的地区，非正式环境规制推动能源消费结构低碳化转型的作用力显著，且能通过生态创新、产业结构、外商直接投资以及能源消费强度影响地区能源消费结构低碳化转型，而在经济发展程度低的地区这种作用力为负且在统计上不显著；在低自然资源禀赋地区，非正式环境规制可以显著促进地区能源消费结构低碳化转型，且以外商直接投资、能源消费强度为中介变量的传导路径 3 和 4 也显著存在，而在高自然资源禀赋地区，非正式环境规制对能源消费低碳化转型的影响为负且不显著。

针对研究得出的结论，本章提出如下政策建议：

首先，社会各界要对非正式环境规制所产生的积极作用给予肯定，巩固好目前已有的欣欣向荣局面，进一步加强环保意识宣传，鼓励公众自发成立各类环保组织并且建立相应的激励机制激发公众的参与热情；政府有关部门还应着力构建更加公开透明的公众信息反馈平台，拓宽公众参与环保事业的渠道；同时，还要利用好各类公众平台及自媒体的力量，正确引导舆论导向，发挥出公众监督的高效作用。

其次，政府应该考虑建立相关奖助机制鼓励引导企业进行生态技术创新，着力培育一批进行技术创新的头部企业来引领整个行业的绿色发展，同时也要避免矫枉过正，避免企业运动式"减碳"而出现"僵尸创新"等现象；还应该充分利用好非正式环境规制通过产业结构优化促进能源消费结构低碳化这条路径，积极营造公平的市场环境，合理淘汰高能耗、高污染的产业，对清洁、绿色、环保的产业进行扶持和奖励；同时，还应该着力推动技术落地，实现创新和产业结构之间的良性双向促进。

再次，要合理利用外资及其技术，做到以彼之长补己之短，严格对外资项目的审批，不能仅仅为了经济目标而使我国沦为"污染天堂"。此外，政府应该给予补助于主动使用清洁能源的企业，降低企业绿色发展的成本，与此同时，政府也要对清洁能源的价格进行监管，避免出现企业"想用却用不起"的问题。

最后，要重视差异化的政策制定与实施。不同的发展阶段和不同的地区拥有各自的发展特点，切忌推行一刀切的政策。对于低自然资源禀赋地区，要在巩固好现有局面的同时进一步增强企业创新能力，推动高碳产业低碳化以及高新技术产业的发展；对高自然资源禀赋地区而言，需要大力宣传金山银山就是绿水青山的环保意识，提高公众参与环保事业的积极性，同时还要对当地资源依赖型企业给予引导和帮助，使此类地区实现经济与环境的协调发展。

第十章　能源消费结构低碳化转型的中国路径

本书的主旨在于通过全方位地系统研究"三低三严"新常态约束下中国能源消费结构低碳化转型发展问题，厘清当前中国一次能源消费结构存在的问题并提出相应对策建议。因此，本章从管理体制、技术、政策等层面提出切实可行的中国能源消费结构低碳化转型的路径，这对于经济发展新常态下的中国能源产业绿色安全管理具有一定的实践参考价值。

第一节　中国能源消费结构低碳化转型的管理体制建议

一、深化能源管理体制改革

中国在 2008 年进行了第六次政府机构改革，建立了新的能源管理体制，能源领域的变革主要是，设立了国家能源委员会和能源局，将原先的国家能源领导小组及其办事机构撤销，成立了国家环境保护部。这些改革标志着中国政府加强能源管理、保障能源安全的决心，也显示出中国能源管理体制改革迈出了重要的一步。随后，中国在 2013 年的国务院大部制机构改革中，对国家能源局进行了较大幅度的调整，将原国家电力监管委员会的管理职能整合到国家能源局中；2018 年 3 月 17 日，十三届全国人大一次会议表决通过了关于国务院机构改革方案的决定，批准成立中华人民共和国生态环境部。虽然这种能源管理结构的设置较之前有其合理性，但从整体来看能源管理体制改革的步伐仍比较滞后，存在着一些弊端，主要表现在：一是管理分散。当前中国的能源管理部门众多，其职能过于分散，使能源管理体系中缺位与越位现象并存，能源管理体系被肢解；同时安全管理与监督不到位，开发秩序较为混乱。二是能源综合管理的机构级别较低。由于中国当前部分能源产业领域形成了寡头垄断的格局，因此国家能源局在管理、协调大的能源企业时可能存在体制摩擦的隐患，难以发挥应有的功能，制约了能源管理目标的实现。三是能源监管机制不健全。在能源领域，监管机构配置不齐全，缺乏科学的监管手段和严格的能源监管标准，还存在监管法律依据不足和监管方式单一等问题。

因此，要进一步深化能源管理体制改革，及时完善能源管理体制，实现对能源的统一管理。中国能源行业管理体制改革的重点是要聚焦法律、能源、贸易、工程等各领域，建成市场与政府权责明确、公平公正、高效透明、监管有效的现代能源监管机构，持续深化能源领域"放管服"改革，坚持放管结合、并重，大力推进现行"政府定价"为主的能源价格机制改革，更大程度以"市场定价"为主，通过能源行业管理体制改革，推行以"行业管理"为主的监管方式。同时，我们还应在强化和集中中国能源管理职能的基础上，不断提高能源开发利用方面的技术和管理水平，及时地从更高、更新的角度制定和推动实施能源消费结构低碳化转型的长远规划和配套政策。

二、完善能源战略储备制度

能源储备是一个国家能源安全、国家安全的重要保障，储备制度的建立与经济社会的发展程度、能源消费结构有很大的关系，是国家安全体系的重要组成部分。中国经过多年的经济高速发展，目前可利用的后备资源逐步减少，因此，加强能源储备法律体系建设，特别是石油储备方面的立法工作已经迫在眉睫。

能源储备是对未来可能发生的能源风险的提前预防，是一项保险政策。能源储备通过经济储备与国防储备两种方式体现，经济储备的目的是在发生能源资源供给波动、结构变化时为平抑市场价格，调剂市场供给而建立的储备体系。国防储备的目的是在发生战争、自然灾害等事件时，用作保证国防体系运作、保障国家能源供给而建立的储备体系。

能源安全的概念需要从能源供给安全和能源使用安全两个方面考虑。能源供给安全包括三个方面：满足国民经济正常、平稳运作，能源结构合理，供给可持续。能源使用安全主要从能源消费对生态环境的影响方面考虑。作为国家能源安全体系的重要组成部分，能源储备制度在体现经济意义的同时更重要的是体现出了政治意义，应从国家和民族的角度认识和重视对这一问题的研究。

中国在保持经济持续高速增长的同时，能源消费需求量日趋庞大，已成为煤炭、钢铁、铜等资源的世界第一消费大国，继美国之后的世界第二石油和电力消费大国，能源供需缺口日益扩大，"电荒""煤荒""油荒"在全国各地频频出现，给国家能源经济安全造成了一定的压力。而中国是一个煤多油少、优质资源匮乏、经济仍处于城市化和工业化阶段的发展中国家，在当前经济全球化、世界政治格局多极化的背景下，如何保障能源持续供应成为中国国民经济和社会可持续发展亟待解决的重大战略问题。同时作为世界第一大能源进口和消费国，中国的能源安全是保证国家可持续发展的重要前提，加强和完善能源安全与能源储备方面的立法具有极其重要的战略意义。一方面，我们应以建设丝绸之路经济带和21世纪海上丝绸之路为重大契机，充分利用国内和国际各个市场，建立立足国内的能源安全保障体系。在国内加大能源的勘探和开发投入，通过加强煤炭开采业的投资及基础设施的建设，安全高效地开发煤炭；加快常规油气的勘探力度；大力开发非常规天然气资源；逐步提高探明率，增加可采储量，优化开发常规化石能源，夯实能源供应基础，并大力发展非化石能源，积极有序地发展水电、核电和风能等其他可再生资源，培育新的能源供应增长极。同时还应扩大国际能源合作，尽快建立类似于欧佩克（OPEC）的国际联盟，成立新重组的大型现代能源企业、中国能源储备中心或中国进出口联合会等一致对外的国际化能源市场机构，来轮流担任机构主席，广泛吸纳一些有意向的金融机构、央企成为机构会员，建立紧密一致的对外机制如谈判、签约、采购等，防止能源新兴产业重演光伏、铁矿石等产业的悲剧，从而体现企业意向和国家意愿，联合对外与OPEC及其他能源出口国进行谈判，有效防止破坏市场规则的情况发生；并努力争取能源价格制定中的发言权，鼓励和支持能源企业在潜力较大的矿区及早布局，继续加大政府在国际碳排放规则制定中的工作力度，促进国际国内两个碳排放市场的建设，争取应对气候变化的规则制定权。另一方面，通过制定国家能源储备法，不断完善能源战略储备制度。从能源储备的功能定位、主体与机构、资金来源、种类与规模、储备方式等相关法律问题入手，建立国家能源资源战略储备制度。第一，在国家能源储备立法方面，要充分考虑中国国情，制定具有中国特色的能源资源储备法律，主要是石油储备法律的制定。除了要确立国家能源储备的非营利性外，还要保证国家能不受干预地对能源储备进行有效控制。第二，针对能源资源战略储备运作，国家应建立专项法规、管理条例和能源安全法规体系。第三，在立法过程中，清晰划分能源的种类，对能源所有权进行明细分配，能源的所有权应属于国家，并且政府应引导适度开采、开发，遏制乱采滥伐行为。第四，在能源安全立法方面，既可以分层次地对不同的能源分开立法，也可以将所有的能源直接纳入同一部法律。

三、推进能源价格机制改革

研究表明，未来中国持续增长的能源消费需求，对经济、社会、资源和环境的协调可持续发展而言是一项重大挑战。具体表现之一是多年来中国能源产品价格被低估，能源价格体系被扭曲，造成了能源性产品价格形成机制不合理，能源要素市场体系不健全，成为中国高排放、高消耗、低效益的粗放型经济发展模式的一大症结。该现象不仅造成煤炭、石油、天然气等能源的破坏性开发和过度使用，还对生态环境造成了严重污染。因此，从能源消费结构低碳化转型的角度看必须尽快调整能源价格的不合理。只有通过推进价格改革，加快完善能源性产品价格形成机制，充分发挥市场的基础性作用，从根本上转变经济发展方式，才能保障这一问题的解决。总之，由于能源性产品价格改革不但牵涉到不同群体的利益，而且影响面很大。要统筹兼顾，积极稳妥地推进，按照科学合理的进程逐步建立能够反映能源稀缺程度、市场供求关系和环境损害成本的能源价格形成机制。

第一，持续深化电价改革和不断完善绿色电价政策。首先，进一步完善省级电网、区域电网、跨省跨区专项工程、增量配电网价格形成机制，加快理顺输配电价结构。其次，持续深化燃煤发电、燃气发电、水电、核电等上网电价市场化改革，完善风电、光伏发电、抽水蓄能价格形成机制，建立新型储能价格机制。再次，平稳推进销售电价改革，有序推动经营性电力用户进入电力市场，完善居民阶梯电价制度。最后，针对高耗能、高排放行业，不断完善差别电价、阶梯电价等绿色电价政策，强化与产业和环保政策的协同，加大实施力度，促进节能减碳。

第二，应取消重点合同和非重点合同的价格差，改革煤炭价格双轨制，继续推进煤电价格联动机制，完善和落实煤电联动政策，以充分的价格信号传导作用抑制不合理需求，保证电力企业正常生产经营；合理控制居民基本需求范围内的能源价格，对基本需求范围外的则应采取更多市场调节的手段，从而加快能源性产品价格改革，不断完善煤、油、气、电、矿产、水等能源性产品价格关系等改革措施保障经济持续、平稳运行，从而促进节能减排和能源消费结构低碳化转型。

第三，深化油气价格改革。目前中国成品油定价机制不完善，波动幅度限定较为严格且调价周期太长，使得价格难以贴近市场行情，主要是由于调价之后，市场预期被放大，投机行为进一步加重，导致市场供需紊乱，资源配置效率下降，国家经济安全受到威胁。因此，需要不断深化成品油价格市场化改革和深入推进天然气价格改革。在石油领域，积极排除障碍，允许其他竞争主体参与，构建有效竞争的市场格局，加快成品油价格调整频率；在天然气领域，稳步推进天然气门站价格市场化改革，完善终端销售价格与采购成本联动机制，探索推进终端用户销售价格市场化，从而建立反映市场供求关系和资源稀缺程度的天然气价格形成机制，逐步理顺可替代能源与天然气比价关系，建立上下游价格合理传导机制，并完善天然气管道运输价格形成机制，制定出台新的天然气管道运输定价办法，进一步健全价格监管体系，合理制定管道运输价格。

第四，应充分考虑能源性产品价格改革对低收入群体的影响，逐步推进改革，并同步建立相应的补偿机制或保障制度，加大社会保障、价格优惠、财政补贴等力度，从而确保能源价格改革对困难群体造成的影响不明显或极小。不断建立健全能源价格形成机制，促进能源市场健康有序发展。要进一步将政府指导价格和完全市场价格有机结合起来，在不同行业形成有差别的能源价格制度；针对能源产品供需关系的时空差异，确立合理的终端能源消费价格；根据不同种类能源产品上中下游价格的商品价格弹性，构建一个公平竞争的市场环境；同时还应逐步理顺石油、天然气和新能源价格形成机制，从而及时反映国际市场能源价格变化与国内市场供求关系。

四、强化能源行业管理和改进能源投资管理

一方面，强化能源行业管理需要依靠法律、法规的健全与完善，能源开发、

利用标准的提高以及能源统计标准的完善等工作。第一，大力推进能源行业政策性、纲领性法律能源法的制定进程，结合中国经济社会建设的步伐，完成《电力法》《煤炭法》等能源领域行业性法律法规的修订以及其他涉及能源领域法律法规的制定工作，并不断加强执法监督工作的力度。中国当前面临以下能源形势：(1)由于目前中国对能源需求的不断增长和能源资源的短缺，能源的供需矛盾将长期存在，并越来越突出；(2)以煤炭为主的能源结构既不利于环境保护，也不利于构建可持续的能源供应体系；(3)当前的中国能源形势之所以严峻，根本原因在于其传统粗放式的经济增长方式，即高消耗、高排放、低效益，这种增长方式既污染环境又极大地浪费资源，进一步加剧了能源供应的紧张局势；(4)随着"后京都时代"的到来，中国作为《气候变化框架公约》以及《京都议定书》的缔约国，在温室气体减排问题上必然会面临越来越大的国际压力。因此，能源法作为能源领域的综合性立法，应当强调"推动能源生产和消费革命，坚决控制以化石能源为主的能源消费总量，大力加强节能降耗，有效支持节能低碳产业和新能源、可再生能源发展，确保国家能源安全"，这个奋斗目标不仅为能源企业推进生态文明建设指明了方向，而且应当成为能源法的立法目标。实现这一目标的必由之路是建设生态文明，转变经济发展方式，需要从根本上调整中国以煤炭为主的能源消费结构，提高电力、新能源在终端能源消费中的比重，加快发展清洁能源，大力推动节能减排。第二，结合能源行业科技发展的步伐，不断调整、完善涉及能源开发利用的标准及效能体系建设；推进能源行业信息统计、数据共享、风险预测、安全预警平台的建设，启动实施国家能源安全保障信息化工程，加快分布式能源和可再生能源发电并网标准的形成。分布式能源技术是未来世界能源技术的重要发展方向，是最能体现节能、减排、安全、灵活等多重优点的能源发展方式，它具有能源利用效率高，环境负面影响小，能源供应可靠性高和经济效益好的特点，是中国可持续发展的必然选择。因此，中国必须立足于现有能源资源，全力提高能源资源利用效率，扩大能源资源的综合利用范围，而分布式能源无疑是解决问题的关键技术。分布式能源能够提高能源利用效率，发展潜力巨大，既是缓解中国严重缺电局面、保证可持续发展战略实施的有效途径之一，又可缓解环境、电网调峰的压力，是能源战略安全、电力安全以及中国天然气发展战略的需要。第三，加大能源战略规划和运行监管工作。研究和制定符合能源行业发展规律，满足低碳经济发展要求的能源产业发展战略规划；强化对能源产业发展和能源消费各环节的监督管理以及调查研究力度，及时调整产业政策，引导能源生产与消费向节能高效的方向发展。

另一方面，改进能源投资管理，包括两项内容：理顺能源投资及国有能源企业管理体制和鼓励能源投资多元化。第一，在保持国有经济对关系国计民生的能源领域控制权的同时，研究和推进国有能源企业投资结构改革，进一步完善现代企业制度，加强规划产业政策对能源投资的引导调节作用，简化行政审批，并在国有能源企业建立科学、合理的绩效考核体系。第二，在能源投融资领域实施"非禁准入"的原则，鼓励和引导非国有资本依据相关法律法规的要求参与能源领域投资，继续推进有关能源领域非国有资本法规文件的清理和修订，建立健全相关配套政策，为非国有资本进入能源领域积极创造制度条件。以非常规油气资源的开发为契机，加快能源领域投资资本多元化进程，促进能源资源开发竞争机制的形成，稳步推进油气分销市场的开放。推出一批有利于激发非国有资本投资活力的煤炭深加工、生物液体燃料、新能源等示范项目，积极探索非国有资本参与配电网、油气勘探开采、购售电及天然气管网、进出口等业务的有效途径。

五、推动建立亚洲能源交易中心

能源是大宗商品，中国是全球一次能源消费最多的国家，其中 2020 年中国一次能源消费量为 145.46 百亿亿焦耳，同比增长 2.1%。印度能源消费增量位于第二位，亚洲的能源对外依存度居高不下。亚太地区一次能源消费增速在 2017年达到 3.1%，一改往年增速逐年放缓的趋势，并在此后的 2018 年和 2019 年增速分别达到 4.1%和 3.3%。因此，中国要提高买卖博弈主动权和促进买方的集体合作。首先，亚洲能源交易中心的建立可通过完善国内能源交易中心来推动，进而促进构建亚洲能源交易合作机制；其次，加强建立中国海湾石油快速运输通道；最后，以"一带一路"倡议为契机，围绕国际能源议题，借助丝路基金、亚投行、中国国际投资贸易洽谈会、博鳌论坛、中国与拉美国家论坛、上合组织、金砖国家等场合推动建立石油丝绸之路，坚持国际协作，加强应对气候变化等能源合作焦点问题的战略运筹，积极推进 IEA 和 OPEC 以外的其他全球能源治理体系建立。

六、建立健全能源认证和用能权交易体系

分别成立储能、核能专业管理机构和技术委员会，成立技术标准委员会、技术推广应用中心和技术检测中心等下设机构，健全能源产品检测和认证体系，不断完善能源产业技术标准和资源评价体系，从而构建便捷高效、系统完备的现代能源服务体系。建立健全用能权交易体系。用能权不单纯是二氧化碳排放权，是以控制能源消费总量为目标，允许个人及用能单位在一定时期内最终使用和中间投入生产的能耗总量指标。用能权是指个人及用能单位在一定时期内使用能源（定量或超额）的权利，首先国家给个人及用能单位无偿分配定量用能权，超额用能权则是有偿获得的，个人或单位均可利用交易平台买卖用能额度。

第二节 中国能源消费结构低碳化转型的政策建议

本书研究表明，改革开放 40 多年来中国综合国力不断增强，经济实力得到迅速提升，能源消费总量日益增加，以煤炭为主的能源消费结构所导致的二氧化碳排放总量也大幅增长。同时由于中国的地理条件和资源禀赋特征，各个地区之间的 GDP、能源消费和二氧化碳排放情况也千差万别，能源消费结构在短期内仍将以煤炭为主，只有通过正确的宏观经济政策引导，构建公平合理的制度环境，不断完善资源与环境方面的法律法规，推动市场竞争，才能保障能源的优化配置和能源消费结构低碳化转型。

一、引导高碳产业开展绿色低碳转型，加快产业结构调整

从本书第四章的研究发现，未来能源消费需求和二氧化碳排放持续增长的趋势难以逆转。在当前经济全球化、世界政治格局多极化的背景下，面对日趋强化的国际国内双重压力，优化升级产业结构，既是推动经济结构战略性调整的重要着力点，又是加快形成新的经济发展方式的有效途径，也是中国能源、经济和环境协调发展的客观需要和战略要求，更是一项长期而艰巨的历史使命。本书认为能源消费结构的低碳化转型在很大程度上受到经济发展方式和产业结构的影响，尤其是一些具有"三高一低"特征的产业，比如火力发电、钢铁、水泥、化工、

造纸等，应当加快调整和优化。因此，在调整、优化产业结构时，要根据中国现有产业发展的基础，重点发展产品附加值高、技术密集程度高和低能耗、低污染的产业，通过构建现代产业发展新体系，使第一、第二、第三产业相互促进、协调发展，逐步形成以现代农业为基础、优势传统产业为主导、战略性新兴产业为先导、基础产业为支撑、服务业全面发展的各具特色、优势互补、结构合理的新型产业格局。第一，加快传统产业转型升级。传统产业在中国一直都是经济发展的主体力量，坚持利用先进适用技术和信息技术改造传统产业，在各行各业中进一步深化信息技术的集成应用，提高研发设计、生产过程、生产装备、经营管理信息化水平，提高传统产业创新发展能力。把企业技术改造作为推动产业转型升级的一项战略任务，建立长效工作机制。加大淘汰落后产能、企业兼并重组、节能减排、质量品牌建设等工作力度，促进全产业链整体升级。第二，推动战略性新兴产业、先进制造业健康发展。以重大发展需求和重大技术突破为基础的战略性新兴产业，是对经济社会全局和长远发展具有重大引领带动作用的产业。加强统筹规划，调动发挥各方面的积极性和主动性，加快形成先导性、支柱性产业，推动重大技术突破，切实提高产业核心竞争力和经济效益。实施国家科技重大专项，着力提升关键基础工艺、基础零部件、基础制造装备研发、基础材料和系统集成水平，集中力量突破高端装备、系统软件、关键材料等重点领域的关键核心技术。面向未来发展和全球竞争，制定产业发展要素指南和技术路线图，建立一批具有全球影响力的制造基地，促进制造业由大变强，充分发挥战略性新兴产业和先进制造业在优化产业结构中的带动作用。第三，推动服务业特别是现代服务业发展壮大。优化产业结构的战略重点是发展服务业，不断提高服务业比重和水平。在巩固传统业态基础上，积极拓展新型服务领域，大力发展面向民生的服务业，不断培育形成服务业新的增长点。培育研发设计、金融服务、现代物流、商务服务和信息服务，着力发展生产性服务业，促进制造业与服务业、现代农业与服务业融合发展。将基于宽带和无线的信息消费作为新一轮扩大消费需求的重点领域，积极培育发展电子商务、网络文化、数字家庭等新兴消费热点。深化服务领域改革开放，营造服务业大发展的政策和体制环境，构建特色明显、充满活力、优势互补的服务业发展格局。第四，合理布局建设基础设施和基础产业。能源、交通等基础设施和基础产业是国民经济现代化的重要依托和产业结构优化的重要支撑。以保障国内能源供应为前提，加快能源生产和利用方式变革，强化节能优先战略，全面提高能源开发利用效率，严格控制能源消费总量，构建安全、经济、稳定、清洁的现代能源产业体系。以适度超前为原则，统筹公路、铁路、民航、水运、管道等运输方式发展，统筹区际、城际、城市、农村交通发展和衔接协调各种运输方式，加快现代物流体系建设，为工农业生产和人民生活提供安全、便捷、高效的运输服务。第五，发展现代信息技术产业体系。集中突破新型显示、高性能集成电路、关键电子元器件、材料以及信息安全软件、基础软件、行业应用软件等核心关键技术，加快电子信息制造业与软件业升级换代和创新发展，全面提升产业核心竞争力。推动通信业转型发展，构建下一代国家信息基础设施，推进三网融合，重点推动下一代互联网、新一代移动通信、移动互联网、物联网、云计算、智能终端等领域发展。推动信息产业、服务业和制造业融合发展，全方位加快应用信息网络技术，充分发挥新一代信息技术产业对国家经济社会发展的支撑能力。加强互联网基础管理，完善网络与信息安全保障机制，健全安全保障体系，提高安全保障能力，提升应急通信保障能力，确保国家经济与信息安全。

同时应针对中国不同地区的经济发展特点和产业结构现状，逐步分阶段和分步骤地进行调整，在节能减排和保证经济持续、稳定增长的前提下，主要通过降低第二产业在国民经济中的比重和促进第二产业加工深度化，提高第三产业比重，着重培育新兴产业，切实转变经济发展模式，破解原有粗放的经济发展模式，构建资源节约型和环境友好型的经济社会发展模式，从而实现区域经济发展方式的转变和中国经济的可持续发展。

二、丰富能源种类，促进低碳多元化

从本书第六、七章的研究发现，由于粗放的传统经济增长方式和资源禀赋条件特征，长期以来中国能源消费结构中煤炭的比重较大，能源消费结构不尽合理。在危及能源安全的同时，导致中国双碳目标的实现面临严峻挑战。面对全球日益严峻的能源安全和环境污染问题，开发利用新兴能源已成为世界各国应对气候变化、保障能源安全、实现可持续发展的共同选择。新兴能源的开发利用既是当前中国节能减排、能源消费结构调整、严格控制能源消费总量的迫切需要，也是未来转变经济发展方式和能源可持续利用的必然选择。因此，中国以煤炭为主的能源消费结构必然面临改革，跨越式地更新传统高碳能源消费模式是确保国家长治久安的必由之路，应实施有序发展煤炭，积极发展电力，加快发展石油天然气，鼓励开发煤层气，大力发展水电等可再生能源，积极推进核电建设，科学发展替代能源的发展战略，通过增加天然气和非化石能源消费比重并逐步削减煤炭石油比重来推进能源消费结构低碳化转型，实现多能互补，逐渐由"低碳多元化能源时代"取代"煤炭石油时代"。在管理层面上，首先按照政策扶持与市场机制相结合的原则，培育长期稳定持续的新兴能源市场，制定中长期新兴能源发展目标，以明确的市场需求带动新兴能源技术进步和产业发展，构建鼓励各类投资主体参与和促进公平合理竞争的市场机制；通过税收优惠、财政扶持、强制性市场配额制度等政策支持新兴能源开发利用和产业发展。其次坚持集中开发与分散利用相结合的原则，按照电力市场和新兴能源资源分布，加大能源资源富集地区新兴能源的开发建设利用力度，形成连片、集中和规模化开发的新兴能源优势区域；发挥新兴能源资源产品形式多样、分布广泛的优势，大力推动分布式新兴能源应用，鼓励各地区就地开发利用各类新兴能源，构建分散开发与集中开发及分布式利用并进的新兴能源发展模式。再次坚持规模开发与产业升级相结合的基本原则，创造持续稳定的市场需求，制定完善的政策体系，不断扩大新兴能源市场规模；在市场规模化发展的带动下，大力提升自主研发能力，推进成本降低和产业升级壮大，提高新兴能源产业的市场竞争力，促进更大规模地开发利用新兴能源，形成新兴能源产业的自主式发展和良性循环。最后按照国内发展与国际合作相结合的基本原则，维持国内新兴能源稳定增长的市场需求，吸引全球技术等资源向国内聚集，构建全球较有影响力的新兴能源产业基地；不断加强国际合作形式的多样化，推动国内新兴能源产业融入国际产业体系，同时积极参与开发利用全球新兴能源，促进中国新兴能源产业在全球新兴能源体系中发挥重要作用。

在技术层面上，按照分散与集中开发并重的原则，有序推进新兴能源的规模化发展，统筹新兴资源分布、电力输送和市场消纳，优化开发建设布局，建立适应新兴能源发展的运行机制，提高新兴能源开发利用效率，增强新兴能源装备制造产业的创新能力和国际竞争力，完善新兴能源标准与产业服务体系，使新兴能源获得越来越大的发展空间；通过加大新兴能源的研发投入和推广力度，更合理有效地利用现有的常规能源，提高能效比，大力开发以水能、风能、生物能、太阳能、地热、新型核能为代表的替代能源，推进太阳能多元化利用，研发矿物能源洁净化技术，积极开发新兴能源和可再生能源，建立洁净、稳定、经济、安全的能源产业结构体系。

在能源使用过程中，通过积极开发和运用可再生能源技术、新型发电技术、碳捕获与封存技术、节能技术等有效地控制温室气体排放，加强与发达国家的交流合作，共同构筑互利共赢、技术共享的良好局面，从而为改善能源低碳利用方式、确保低碳经济顺利实现奠定基础。

三、广泛开展生态创新活动，激发低碳化生产的内在动力

本书第八、九章的中介效应检验结果显示生态创新效应是实现能源消费结构绿色低碳化转型的核心，有利于实现社会低碳化生产，属于整个生产过程中的前端治理。首先，政府应着力创造有利于全员创新的大环境，不仅对进行低碳技术创新的企业给予补助，对一些高质量低碳技术创新给予奖励，而且要鼓励各地加大人才引进力度，建立生态创新示范区引导各行业的绿色发展，合理引导各企业进行生态创新活动。与此同时切忌矫枉过正，避免企业运动式"减碳"而出现"僵尸创新"等现象。其次，要利用好生态创新与产业结构之间的良性互动关系，协助高能耗、高污染的产业实现转型发展，同时淘汰落后产能。最后，还要加大力度消除科技成果转化障碍，着力推动技术落地，促进科技成果低成本转化以及生态创新技术的普遍推广。

四、充分利用各类环境规制工具

本书第九章证实了非正式环境规制对于能源消费结构低碳化转型的正向促进作用，且可通过一系列中介变量对能源消费结构产生影响。基于此，社会各界应加强环保意识的宣传，鼓励公众自发参与环保活动以及建立一系列奖助机制协助公众更好地完成环保监督工作；政府有关部门还应着力构建更加公开透明的公众信息反馈平台，拓宽公众参与环保事业的渠道；同时，还要利用好各类公众平台及自媒体的力量，正确引导舆论导向，发挥公众监督的高效作用。

本书第八章研究发现，碳交易政策可正向推动能源消费结构低碳化转型，这

肯定了政策性环境规制的积极作用。因此，应合理利用好各类政策。而针对碳交易政策，首先应着力完善碳交易市场运行机制，针对不同地区制定差异化政策；其次，政府应该严格遵循市场经济规律，积极推进碳交易市场价格机制建设，真正达到使企业在碳排放约束下开展绿色、低碳创新及生产的目的；最后，针对不同地区的现实状况要做到"量体裁衣"，因地制宜地推进政策的实施以便更好地发挥政策效果。

第三节 中国能源消费结构低碳化转型的技术建议

能源工业既是国民经济的支柱产业，也是技术密集型产业。现代能源技术的特点主要表现为安全、高效、清洁，该特点也是未来能源技术制高点的主要方向。从本书第三章的分析中可以看出与世界主要发达国家相比，中国能源消费多年来一直以煤炭为主体，其所占比重虽然逐渐减少，但其占据绝对主导地位的现状仍将长期保持，而发达国家从 20 世纪 60 年代就开始加快石油和天然气取代煤炭主体地位的进程，煤炭消费在一次能源消费中所占比重至今均未超过 40%；中国石油消费需求近年来随着经济的快速发展不断增加，2020 年石油对外依存度达到 73% 左右，[①] 但在一次能源消费中所占比重长期以来一直低于发达国家水平，另外由于科学技术水平的原因，中国新型能源的开发利用程度低于发达国家，特别是与法国能源消费结构中新型能源所占比重相差较大。总的来说，中国能源工业的技术创新能力与发达国家相比还存在很大差距，因此应以加快转变能源发展利用方式为主线，着力提升能源自主创新能力，全面规划能源新技术的研发和推广应用，大力提高能源资源开发、利用和转化的效率，加强开发可再生能源技术，进一步深化能源生产和利用方式的变革。做好能源消费结构的低碳化转型应注重以下几个方面。

一、优化提升传统常规能源勘探与开采技术

近年来，中国传统常规能源技术发展速度加快，许多大型能源企业最新采用的装备和技术有了很大提高，且已经达到或接近世界领先水平。第一，中国在大

---

① 数据来源于《中国能源大数据报告（2021）》。

型井工煤矿机械化开采、大型露天煤矿的建设及现代化矿山设备的设计、装备制造等方面居于世界领先地位；第二，中国的陆上石油开采技术体系与支持体系完整可靠，具备海上石油勘探、开采能力，并逐步开发了深海油气勘探、开采的相关技术。

但是目前中国能源资源勘探程度仍然较为低下，资源勘探发展空间比较广阔，加快对先进的煤炭及油气勘探开发技术进行研究显得尤为重要。另外，由于人类不断地、越来越大量地开采能源，中国目前对能源开采的难度也变得越来越大，因此完善复杂地质条件的油气资源、煤层气资源及煤炭综合勘探技术成为今后的主要攻关方向。在能源勘探与开采技术领域，按照控制东部、稳定中部、发展西部的原则，以大型骨干企业为主体，重点建设大型现代化煤矿，稳步推进大型煤炭基地建设，深入推进煤炭资源整合和煤矿企业兼并重组，调整优化产能结构，加快淘汰落后生产能力，并通过规划重大技术研究、重大技术装备、重大示范工程和技术创新平台，开展能源应用技术和工程示范重大专项研究等手段，提高煤炭生产地质保障技术，确保煤炭资源的安全高效开发；按照稳定东部、加快西部、发展南方、开拓海域的原则，围绕老油气田采收率提高和新油气田规模高效开发两条主线，鼓励低品位资源开发，推进原油增储稳产、天然气快速发展。加强老区精细勘探，挖掘东部潜力，拓展外围盆地资源；增加油气储量和产量，加快西部重点盆地勘探开发；加大南方海相区域勘探开发力度，突破关键勘探开发技术，创新地质理论；不断推进煤层气合理开发，大力加强油气资源勘探，保障油气资源高效清洁开发。

二、开发先进的加工与转化技术

中国现有能源消费结构的缺点主要表现为劣质能源比重较大，能源产地远离能源消费地，能源消费结构以煤为主，因此应立足资源优势，依靠科技创新，加快推进燃煤发电、炼油化工技术进步和产业升级，探索煤炭分质转化、梯级利用的有效途径，开发先进的能源加工与转换技术，提高能源转换效率，提升能源产品的综合使用价值，充分利用多种能源资源，提供清洁的、多品种的转换产品，研究高效清洁的煤炭加工与转化技术，开发石油加工、转化和利用过程中的高效与清洁转化技术，发展天然气、煤层气等加工处理使用中的高新和集成技术，研究和建设先进的油气储运设备等。第一，高效清洁发展煤电。按照集约化开发模式，统筹水资源和生态环境承载能力，稳步推进大型煤电基地建设。在中西部煤炭资源富集地区，采用超超临界、高效节水、循环流化床等先进适用技术，建设若干大型坑口电站，鼓励煤电一体化开发，优先开展煤泥、煤矸石、洗中煤等低热值煤炭资源综合利用。在中东部地区合理布局路口电源、港口和支撑性电源，严格控制在长三角、环渤海、珠三角地区新增除热电联产和"上大压小"之外的燃煤机组。在中小城市和热负荷集中的工业园区，积极发展热电联产，适度建设大型热电机组，优先建设背压式机组，鼓励发展热电冷多联供。第二，推进煤炭洗选和深加工升级示范。以提高资源高效清洁利用水平为目标，加大煤炭洗选比重，优化煤炭加工利用方式，提高商品煤质量，逐步建立科学的煤炭分级利用体系。总结现有煤炭深加工示范项目经验，按照节水降耗、能量梯级利用、绿色低碳等要求，完善工艺路线和核心技术，稳步开展升级示范。重点在中西部煤炭净调出区域，选择配套基础条件好、水资源相对丰富的重点开发区，大力建设烯烃、煤基燃料及多联产升级示范工程，不断探索符合中国国情的附加值高、科技含量高、产业链长的煤炭深加工产业发展模式，为适应未来能源更替和变革提供战略技术储备。第三，集约化发展炼油加工产业。按照炼化储一体化、上下游一体化的原则，依托进口战略通道建设炼化产业带，统筹既有炼厂升级改造和新炼厂建设，建设若干个集约化、大型化的炼化基地，逐步形成长三角、环渤海、珠三角三大炼油产业集群。坚持严格行业准入管理，提高产业集中度，推进企业兼并重组。第四，有序发展天然气发电。在天然气来源较可靠的东部经济发达地区，合理建设燃气蒸汽联合循环调峰电站。在热负荷需求大、电价承受能力强的中心城市，优先发展大型燃气蒸汽联合循环热电联产项目。积极推广天然气热电冷联供，支持利用煤层气发电。

三、研究利用节能、高效、环保的发电及输配电技术

在中国，水力发电和火力发电保证了电力的稳定供给，安全输送电力、平衡电力电量和终端用户的安全可靠使用都严重依赖于电网。因此，可靠先进的发电和输配电技术成为中国电力工业有序、健康和可持续发展的基本保证。通过在发电及输配电技术应用研究领域中加大技术投入，推动与能源相关的技术创新、装

备制造业发展以及能源转换示范工程建设等项目的开展，开发先进、环境友好的水力发电技术，研究节能、环保、高效的火力发电技术，提高大容量、特高压、远距离的输电技术，研发间歇式电源并网中的输变电和储能技术，大力研究开发智能化电网的相关技术。第一，在高效清洁火力发电技术方面，掌握先进高参数超超临界燃煤发电技术，使火电机组的供电效率达到50%以上；掌握燃煤电厂大容量CO_2捕集与资源化利用技术，降低系统能耗和CO_2减排成本。第二，在先进、生态友好的水力发电方面，研究复杂地形地质条件下的高坝关键技术，提出先进的抗震安全、高坝工程防洪安全及结构安全评价方法和工程措施，解决复杂地形地质条件下的高坝工程关键技术问题；通过掌握超大型地下洞室群围岩稳定分析理论与方法，提出围岩稳定控制标准、支护措施和施工方法，建立超大型地下洞室群快速监控反馈分析与评价体系，研究超大型地下洞室群的开挖与支护技术、环境保护与生态修复技术；通过统筹流域发电、防洪、供水、航运等目标，建立流域梯级水电站群优化调度模型，实现多目标优化调度；掌握流域梯级水电站群多目标联合运行与实时优化调度技术；掌握混流式水电机组、高水头抽水蓄能机组、大型灯泡贯流式水电机组、大型冲击式水电机组核心关键技术，实现高效、大容量水电机组及相关配套设备的自主设计、制造与安装。第三，在大容量、远距离输电方面，掌握提高电网输电能力的新型输电技术和更高电压等级的特高压直流输电技术，提高电力系统抵御自然灾害的综合能力；实现特高压设备制造和试验的技术升级和自主化，实现高压/超高压设备制造和试验的技术升级，研制成功更大容量的输变电设备；建成特高压直流输电工程成套设计平台，为中国直流输电工程提供技术支持；提高国内直流设备研发、设计和制造水平，促进中国直流工程的国产化，降低直流工程的建设成本；建成国内领先、国际著名的大电网与电力控制保护技术研发基地；建立国际一流的综合性研发中心，支撑国家智能电网建设，提高能源利用效率，使电网能够吸纳更多的可再生能源电力。第四，在大规模间歇式电源并网技术方面，研究大规模间歇式电源集中接入与送出电网的保护与控制技术；掌握多能源互补发电系统的规划、设计、制造、运行控制与能量管理等关键技术，解决间歇式电源并网和输配电的技术瓶颈。第五，在智能化电网方面，研究智能化电网输电、配电、用电、调度等支撑技术，形成面向用户的智能化全新服务功能；开展分布式电源接入、集中/分散式储能等关键技术的研究和应用；研究智能用电等关键技术，建设良好的智能化用户管理与双向互动平台。

四、加强研发新能源技术

由于中国太阳能、核能、风能、海洋能和生物质能等新能源储量十分丰富，并且它们具有成本低廉、能量密集和少的温室气体排放等优点，因此在中国能源发展中，应大力发展太阳能发电、核能发电、风力发电、海洋能发电和生物质能利用等先进技术，大规模开发利用新能源，这对中国能源结构的低碳化转型和能源可持续发展进程的推进具有重要意义。因而在新能源技术研究领域中，同样应通过在新能源技术应用研究领域中加大技术投入，推动与能源相关的技术创新，装备制造业发展，能源转换示范工程建设等项目的开展，开发先进核能发电技术，研发大型风力发电关键技术，研究低污染、低成本、高效率的大规模太阳能发电技术，提升大规模多能源互补利用发电技术，推进生物质能的综合、高效利用。第一，在太阳能发电方面，中国的太阳能资源丰富，分布广泛，开发利用前景广阔。太阳能发电是一种技术可行、经济合理、具备规模化发展条件的新兴可再生能源技术，并且中国在光伏技术和成本上均已形成一定的国际竞争力，这将对中国合理控制能源消费总量、实现非化石能源目标发挥重要作用。应通过规模化发展和市场竞争机制促进光伏发电成本持续降低，提高经济性上的竞争力，从而尽快实现太阳能发电用户侧的"平价上网"。加快推进技术进步，形成中国太阳能光伏发电产业的技术体系，进一步提高产业竞争力和国际市场持续竞争力。建立适应太阳能光伏发电产业发展的管理体制和政策体系，为太阳能发电发展提供良好的体制和政策环境。第二，在核能发电方面，严格实施核电中长期发展规划和核电安全规划，在核电规划、建设、运行、退役全过程及所有相关产业坚持"安全第一"方针。全面加强核电站安全管理，提高核事故应急响应能力，确保核电站安全运行。在核电建设方面，坚持快堆、热堆、聚变堆"三步走"技术路线，积极发展商业快堆、高温气冷堆和小型堆等新技术，提高技术准入门槛；适时启动核电重点项目审批，稳步有序推进核电建设；加快推进国内自主技术研发和工程验证，全面提升国内装备制造业水平；制定现代核电产业体系总体战略规划，保障核电安全、高效和可持续发展。第三，在风力发电方面，掌握风电设备设计制造技术，使其产品性能与可靠性实现产业化，并达到国际领先水平；掌握风电机组及零部件设计、制造、安装和运营等成套产业化技术，全面推动国内大容量风电机组的产业化；大力突破海上风电机组整机和零部件设计关键技术，实现海上超大型风电机组的样机运行。掌握大型风电场设计、建设、并网与运营等风电场开发及运行方面的关键技术，提高风电消纳能力和风电场的运营管理水平，支撑国内千万千瓦风电基地的建设。全面提升国内风电行业的整体水平；开发储备一批风电新技术，推动风电技术的创新和应用；培育一批具有高水平的科技创新队伍，系统部署建设一批国家级重点实验室和工程技术研究中心，全面提升国内风电制造企业的国际竞争力，使中国风电产业和风电科技整体上达到国际先进水平。第四，在生物质能和地热能开发利用方面，加快生物质能规模化开发利用，根据各地生物质资源条件和用能特点，大力推广应用技术已基本成熟、具备产业化发展条件或产业化有一定基础的生物质发电、燃气、液体燃料和成型燃料等多元化利用技术，推进生物质能规模化产业化发展，提高生物质能梯级综合利用水平。推进先进生物质能综合利用产业化示范，通过建设一批梯级综合利用生物质能示范项目和若干个示范区，推动生物质能利用从单一原料和产品模式转向原料多元化、产品多样化的循环经济梯级综合利用模式，使生物质资源利用获得更好的综合效益。组织生物质能推广利用重点工程和加强生物质能技术装备和产业体系建设，有效保障生物质能发展规划的顺利实施。地热是地球本土能源，具有强大的生命力，中国地热资源储量丰富。地源热泵技术是一项节能环保的成熟技术，要利用地源热泵技术，需要大力加强政府引导作用，尽快出台国家层面的鼓励政策，启动已建热泵系统的后评估工作，不断加强行业技术创新，从而促进地热能的高效开发利用。

五、打造"互联网+智慧能源"新技术

能源与互联网融合是实现能源绿色协调发展的内在要求，也是重塑国际能源竞争格局的重要契机，是推动能源革命的强劲引擎。互联网技术顺应能源变革趋势，为能源转型所涉及的生产、输送、消费各个环节提供有力的技术支撑。一方面，基于互联网对能源生产消费状况进行实时监测、高效调度和管理，将可再生能源入网比例不断提高，推动能源多元化发展，从而实现能源供给结构优化。另

一方面，互联网技术可发挥好促进能源公平交易的作用，并提供能源精准服务，按需进行能源供应，有效促使能源供需对接，从而实现降低能源消费总量和能源资源节约高效利用的目标。

第四节　中国能源消费结构低碳化转型的其他建议

一、积极完善环境税收体系和提高政策性金融服务水平

首先，着力调整消费税的税率、征收范围、征收环节，发挥其杠杆作用；发挥环境税促进绿色低碳发展的积极作用，使污染主体外部成本"内部化"，并合理处置企业负担增加问题，不仅对现有税种积极进行"绿化"，同时也研究开征二氧化硫、二氧化碳等特别污染物排放的增量税种。其次，加强政策性金融与公私合作模式（PPP，public-private-partnerships）的融合，积极推动绿色低碳项目发展，并以特殊项目公司（SPV，special purpose vehicle）为杠杆，开展规范化、法治化的特定项目融资；改革发展产业基金、培育风险投资和创业的引导基金，打造多样化的政策性金融产品，从而营造氛围良好的市场环境，为能源供给结构升级提供更有效的融资服务；以绿色、创新为导向，形成可持续、广覆盖、多层次的小微金融服务体系；将商业性金融和政策性金融有效对接，通过贴息、招投标等方式实现部分政策融资业务，充分发挥双方业务优势，实现双赢、多赢。

二、完善与能源相关的法律法规体系和推动节能长效机制建立

改革开放以来，中国不断推进能源法制化的进程，能源法律法规体系得到不断健全和完善，国家已经出台的法规有《煤炭法》《电力法》《矿产资源法》《可再生能源法》《节约资源法》等，其他相关配套法规有《节约用电管理办法》等，在相关法律中，有部分法规涉及了能源方面的内容，例如《环境保护法》《矿产资源法》等，形成了以单行能源法规为主，配套法规为辅的现状。它们的颁布实施为能源开发、生产、利用和管理提供了法律依据和保障，同时还有效推动了技术创新，促进了节能产业发展，为实现能源消费结构的低碳化转型发挥了重要的作用。然而，中国能源法律法规仍不健全，制定过于原则，可操作性比较差，能源供应安

全与发展改革的深化之间的矛盾日益突出。中国特色的能源法律法规体系，是以能源法为统领，以《电力法》《煤炭法》《节约能源法》《可再生能源法》等单行法为主干，以国务院和地方政府制定的能源标准规范和相关配套法规为补充的一个完整的法律法规框架体系。而一个完整的法律体系还需要一个基本法引导，目前中国缺少一部全面体现政策导向和能源战略的能源基本法，没有能源基本法的指导使单行法的修改和制定进展缓慢。由此看来，中国还应根据改革与发展的需要，尽快完成《煤炭法》《电力法》等的修订，完善能源法律法规的体系和内容。

第一，要充分考虑已经和正在发生的法律环境新变化，与时俱进，进一步建立和完善有关能源和环境保护的法律法规政策体系，抓紧制定有关法律法规的配套措施和细则；继续加大执法和处罚力度，公开严肃查处一批严重违反环境保护和国家节能管理法律法规的典型案件，并依法追究有关人员的责任；同时大力推广清洁能源和加快发展可再生能源的开发利用，加强环境保护的监督、立法和执法工作。

第二，建立促进节能的长效机制，在社会各个环节强化宣传节能优先和低碳发展的理念等。政府应以节能环保新理念为导向，加强机关单位、公民等各类主体的社会责任，强化节约意识和实施节约行动，加强节能优先宣传，不断改变与节能减排不相适应的观念和行为方式，倡导形成节约、环保、健康、文明的生活方式，促使公民自觉履行环保和节能义务，形成以政府为主导、企业为主体、全社会共同推进的节能减排工作格局，积极推进能源资源节约和生态环境保护工作，从而推动节约型社会向纵深发展，进而走上节约与发展并重的道路。

第三，深入开展能效水平对标和能源审计活动，建立能源利用状况报告制度，构建企业能源管理体系，实行万家企业节能低碳行动，加快推行合同能源管理等市场化节能机制。鼓励发展分布式能源和智能电网，鼓励余热余压综合利用，推进节能发电调度。加强"能效电厂"示范、推广和能源需求侧管理，开展电力需求侧管理城市综合试点，并严格执行固定资产投资项目节能评估与审查制度。

第四，政府以及有关部门应当积极倡导在家庭日常生活中使用节能产品，强化节能产品和能效标识认证制度，加大高效节能技术产品推广力度，不断提高节能产品的家庭普及率；扩大节能产品政府采购和实施节能产品惠民工程，倡导合理的用能生活方式和消费模式。在居民的日常生活中存在巨大的节能空间，包括节能照明用具、节水用具、节气用具、太阳能产品等节能家电的使用。因而有关部门要重点推广节能家用电器、高效照明产品、节能与新能源汽车等，合理控制节能产品的定价，完善节能产品惠民工程实施机制，扩大实施范围，通过节能产品价格的降低和节能产品质量的提高使居民享受到物美价廉的节能产品，调动居民使用节能产品的积极性。在商用领域重点推广单元式空调器等，在工业领域重点推广高效电动机等，使其产品能效水平和市场占有率分别提高10%以上和50%以上，逐步健全组织管理体系，强化监督检查。另外，政府相关部门要积极营造良好的节能减排社会氛围，深入开展节能减排全民行动，通过把节能减排纳入社会主义核心价值观宣传教育增强危机意识，充分发挥文化教育、广播影视等部门以及新闻媒体和相关社会团体的作用，组织好世界环境日、节能宣传周等主题宣传活动；加强舆论监督和日常宣传，普及知识，宣传先进、曝光落后、崇尚勤俭节约、反对奢侈浪费，推动节能、节水、节材、节地、节粮，倡导与中国国情相适应的节约、文明、绿色、低碳的生产方式和消费模式。

参 考 文 献

[1] Kraft J, Kraft A. Relationship between energy and GNP[J]. Journal of Energy and Development, 1978, 3(2): 401-403.

[2] Akarca A T, Long T V. Relationship between energy and GNP: a reexamination [J]. Journal of Energy and Development, 1980, 5(2): 326-331.

[3] Glasure Y U, Lee A-R. Cointegration, error-correction, and the relationship between GDP and energy: the case of South Korea and Singapore[J]. Resource and Energy Economics, 1998, 20(1): 17-25.

[4] Atkeson A, Kehoe P J. Models of energy use: putty-putty versus putty-clay[J]. The American Economic Review, 1999, 89(4): 1028-1043.

[5] Yu E S, Choi J-Y. Causal relationship between energy and GNP: an international comparison[J]. Journal of Energy and Development, 1985, 10(2): 249-272.

[6] Yu E S, Hwang B-K. The relationship between energy and GNP: further results [J]. Energy Economics, 1984, 6(3): 186-190.

[7] Abosedra S, Baghestani H. New evidence on the causal relationship between US, energy consumption and gross national product [J]. Journal of Energy and Development, 1989, 14(2): 285-292.

[8] Erol U, Yu E S. Time series analysis of the causal relationships between US energy and employment[J]. Resources and Energy, 1987, 9(1): 75-89.

[9] Hwang D, Gum B. The causal relationship between energy and GNP: the case of taiwan[J]. Journal of Energy and Development, 1992, 16(2): 219-226.

[10] Stern D I. Energy and economic growth in the USA: a multivariate approach[J]. Energy Economics, 1993, 15(2): 137-150.

[11] Chiou-Wei S Z, Chen C-F, Zhu Z. Economic growth and energy consumption revisited-evidence from linear and nonlinear granger causality [J]. Energy Economics, 2008, 30(6): 3063-3076.

[12] Tsani S Z. Energy consumption and economic growth: a causality analysis for greece[J]. Energy Economics, 2010, 32(3): 582-590.

[13] Yu E S, Jin J C. Cointegration tests of energy consumption, income, and employment[J]. Resources and Energy, 1992, 14(3): 259-266.

[14] Cheng B S, Lai T W. An investigation of co-integration and causality between energy consumption and economic activity in taiwan [J]. Energy Economics, 1997, 19(4): 435-444.

[15] Yang H-Y. A note on the causal relationship between energy and GDP in taiwan [J]. Energy Economics, 2000, 22(3): 309-317.

[16] Asafu-Adjaye J. The relationship between energy consumption, energy prices and economic growth: time series evidence from asian developing countries [J]. Energy Economics, 2000, 22(6): 615-625.

[17] Soytas U, Sari R. Energy consumption and GDP: causality relationship in G7 countries and emerging markets[J]. Energy Economics, 2003, 25(1): 33-37.

[18] Masih A M, Masih R. On the temporal causal relationship between energy consumption, real income, and prices: some new evidence from asian-energy dependent nics based on a multivariate cointegration/vector error-correction approach[J]. Journal of Policy Modeling, 1997, 19(4): 417-440.

[19] Ghali K H, El-Sakka M I. Energy use and output growth in canada: a multivariate cointegration analysis [J]. Energy Economics, 2004, 26 (2): 225-238.

[20] Lee C-C. Energy consumption and GDP in developing countries: a cointegrated panel analysis[J]. Energy Economics, 2005, 27(3): 415-427.

[21] Narayan P K, Smyth R. A panel cointegration analysis of the demand for oil in the middle east[J]. Energy Policy, 2007, 35(12): 6258-6265.

[22] Narayan P K, Smyth R, Prasad A. Electricity consumption in G7 countries: a

panel cointegration analysis of residential demand elasticities[J]. Energy Policy, 2007, 35(9): 4485-4494.

[23]Mehrara M. Energy consumption and economic growth: the case of oil exporting countries[J]. Energy Policy, 2007, 35(5): 2939-2945.

[24]Huang B-N, Hwang M J, Yang C W. Causal relationship between energy consumption and GDP growth revisited: a dynamic panel data approach[J]. Ecological Economics, 2008, 67(1): 41-54.

[25]Ciarreta A, Zarraga A. Economic growth-electricity consumption causality in 12 european countries: a dynamic panel data approach[J]. Energy Policy, 2010, 38(7): 3790-3796.

[26]Lee C-C, Chang C-P, Chen P-F. Energy-income causality in OECD countries revisited: the key role of capital stock[J]. Energy Economics, 2008, 30(5): 2359-2373.

[27]Belke A, Dobnik F, Dreger C. Energy consumption and economic growth: new insights into the cointegration relationship[J]. Energy Economics, 2011, 33(5): 782-789.

[28]顾培亮. 能源投资与经济增长的相互关系探讨[J]. 数量经济技术经济研究, 1986, 12(3): 38-58.

[29]赵丽霞, 魏巍贤. 能源与经济增长模型研究[J]. 预测, 1998, 6(6): 32-34.

[30]林伯强. 电力消费与中国经济增长: 基于生产函数的研究[J]. 管理世界, 2003(11): 18-27.

[31]韩智勇, 魏一鸣, 焦建玲, 等. 中国能源消费与经济增长的协整性与因果关系分析[J]. 系统工程, 2005, 22(12): 17-21.

[32]吴巧生, 成金华, 王华. 中国工业化进程中的能源消费变动——基于计量模型的实证分析[J]. 中国工业经济, 2005(4): 30-37.

[33]赵进文, 范继涛. 经济增长与能源消费内在依从关系的实证研究[J]. 经济研究, 2007, 42(8): 31-42.

[34]林伯强, 魏巍贤, 李丕东. 中国长期煤炭需求: 影响与政策选择[J]. 经济研究, 2007, 42(2): 48-58.

[35]张志柏. 中国能源消费因果关系分析[J]. 财贸研究, 2008, 19(3): 15-21.

[36]解垩. 能源消费与中国工业生产率增长[J]. 中国人口·资源与环境, 2008, 18(3): 88-92.

[37]杨宜勇, 池振合. 中国能源消费与经济增长关系研究——基于误差修正模型 [J]. 经济与管理研究, 2009(9): 39-45.

[38]宁泽逵. 能源消费与经济增长协整分析: 基于宏观数据的比较分析[J]. 统计与信息论坛, 2010, 25(3): 81-85.

[39]Grossman G M, Krueger A B. Economic growth and the environment[J]. The Quarterly Journal of Economics, 1995, 110(2): 353-377.

[40]Torras M, Boyce J K. Income, inequality, and pollution: a reassessment of the environmental kuznets curve [J]. Ecological Economics, 1998, 25 (2): 147-160.

[41]Dasgupta S, Laplante B, Wang H, et al. Confronting the environmental kuznets curve[J]. The Journal of Economic Perspectives, 2002, 16(1): 147-168.

[42]Stern D I. The rise and fall of the environmental kuznets curve [J]. World Development, 2004, 32(8): 1419-1439.

[43]Dinda S, Environmental kuznets curve hypothesis: a survey [J]. Ecological Economics, 2004, 49(4): 431-455.

[44]Selden T M, Forrest A S, Lockhart J E. Analyzing the reductions in US air pollution emissions: 1970 to 1990[J]. Land Economics, 1999, 75(1): 1-21.

[45]张晓. 中国环境政策的总体评价[J]. 中国社会科学, 1999(3): 88-99.

[46]杨凯, 叶茂, 徐启新, 等. 上海城市废弃物增长的环境库兹涅茨特征研究 [J]. 地理研究, 2003, 22(1): 60-66.

[47]Bruvoll A, Medin H. Factors behind the environmental kuznets curve, a decomposition of the changes in air pollution[J]. Environmental and Resource Economics, 2003, 24(1): 27-48.

[48]Gergel S E, Bennett E M, Greenfield B K, et al. A test of the environmental kuznets curve using long-term watershed inputs [J]. Ecological Applications, 2004, 14(2): 555-570.

[49]赵细康，李建民，王金营，等. 环境库兹涅茨曲线及在中国的检验[J]. 南开经济研究，2005，3(3)：48-54.

[50]苏伟，刘景双. 吉林省经济增长与环境污染关系研究[J]. 干旱区资源与环境，2007，21(2)：37-41.

[51]闫新华，赵国浩. 环境库兹涅茨曲线及其影响因素分析[J]. 煤炭经济研究，2009(12)：37-40.

[52]韩旭. 中国环境污染与经济增长的实证研究[J]. 中国人口·资源与环境，2010，20(4)：85-89.

[53]Ansuategi A. Economic growth and transboundary pollution in europe：an empirical analysis[J]. Environmental and Resource Economics，2003，26(2)：305-328.

[54]Rupasingha A，Goetz S J，Debertin D L，et al. The environmental kuznets curve for US counties：a spatial econometric analysis with extensions[J]. Papers in Regional Science，2004，83(2)：407-424 .

[55]Markandya A，Golub A，Pedroso-Galinato S. Empirical analysis of national income and SO_2 emissions in selected european countries[J]. Environmental and Resource Economics，2006，35(3)：221-257.

[56]宋涛，郑挺国，佟连军. 基于面板协整的环境库茨涅兹曲线的检验与分析[J]. 中国环境科学，2007，27(4)：572-576.

[57] Paudel K P，Schafer M J. The environmental kuznets curve under a new framework：the role of social capital in water pollution[J]. Environmental and Resource Economics，2009，42(2)：265-278 .

[58]郭军华，李帮义. 中国经济增长与环境污染的协整关系研究——基于1991—2007 年省际面板数据[J]. 数理统计与管理，2010，29(2)：281-293.

[59]王良举，王永培，李逢春. 环境库兹涅茨曲线存在吗？——来自 CO_2 排放量的国际数据验证[J]. 软科学，2011，25(8)：35-39.

[60]李惠娟，龙如银. 资源型城市环境库兹涅茨曲线研究——基于面板数据的实证分析[J]. 自然资源学报，2013，28(1)：19-27.

[61]Ang J B. CO_2 emissions，energy consumption，and output in france[J]. Energy

Policy, 2007, 35(10): 4772-4778.

[62] Apergis N, Payne J E. CO_2 emissions, energy usage, and output in central america[J]. Energy Policy, 2009, 37(8): 3282-3286.

[63] Soytas U, Sari R, Ewing B T. Energy consumption, income, and carbon emissions in the united states [J]. Ecological Economics, 2007, 62 (3): 482-489.

[64] Soytas U, Sari R. Energy consumption, economic growth, and carbon emissions: challenges faced by an EU candidate member[J]. Ecological Economics, 2009, 68(6): 1667-1675.

[65] Marrero G A. Greenhouse gases emissions, growth and the energy mix in europe [J]. Energy Economics, 2010, 32(6): 1356-1363.

[66] Halicioglu F. An econometric study of CO_2 emissions, energy consumption, income and foreign trade in turkey [J]. Energy Policy, 2009, 37 (3): 1156-1164.

[67] 牛叔文, 丁永霞, 李怡欣, 等. 能源消耗, 经济增长和碳排放之间的关联分析——基于亚太八国面板数据的实证研究[J]. 中国软科学, 2010(5): 12-19.

[68] 胡彩梅, 韦福雷. OECD 国家能源消费, 经济增长与碳排放关系研究[J]. 统计与信息论坛, 2011, 26(4): 64-71.

[69] 曹广喜, 杨灵娟. 基于间接碳排放的中国经济增长, 能源消耗与碳排放的关系研究——1995—2007 年细分行业面板数据[J]. 软科学, 2012, 26(9): 1-6.

[70] Jorgenson D W, Wilcoxen P J. Reducing US carbon emissions: an econometric general equilibrium assessment[J]. Resource and Energy Economics, 1993, 15 (1): 7-25.

[71] Goulder L H. Environmental taxation and the double dividend: a reader's guide [J]. International Tax and Public Finance, 1995, 2(2): 157-183.

[72] Brendemoen A, Vennemo H. A climate treaty and the norwegian economy: a CGE assessment[J]. Energy Journal, 1994, 15(1): 77-93.

[73] Bohringer C. The synthesis of bottom-up and top-down in energy policy modeling [J]. Energy Economics, 1998, 20(3): 233-248.

[74] Bye B. Environmental tax reform and producer foresight: an intertemporal computable general equilibrium analysis[J]. Journal of Policy Modeling, 2000, 22(6): 719-752.

[75] Kemfert C, Welsch H. Energy-capital-labor substitution and the economic effects of CO_2 abatement: evidence for germany[J]. Journal of Policy Modeling, 2000, 22(6): 641-660.

[76] Nakata T, Lamont A. Analysis of the impacts of carbon taxes on energy systems in japan[J]. Energy Policy, 2000, 29(2): 159-166.

[77] Scrimgeour F, Oxley L, Fatai K. Reducing carbon emissions? the relative effectiveness of different types of environmental tax: the case of new zealand[J]. Environmental Modelling & Software, 2005, 20(11): 1439-1448.

[78] Dissou Y, Leod C M, Souissi M. Compliance costs to the kyoto protocol and market structure in canada: a dynamic general equilibrium analysis[J]. Journal of Policy Modeling, 2002, 24(7): 751-779.

[79] Dellink R, Hofkes M, Ierland E V, et al. Dynamic modelling of pollution abatement in a CGE framework [J]. Economic Modelling, 2004, 21 (6): 965-989.

[80] Bohringer C, Welsch H. Contraction and convergence of carbon emissions: an intertemporal multi-region CGE analysis[J]. Journal of Policy Modeling, 2004, 26(1): 21-39.

[81] Babiker M H. Climate change policy, market structure, and carbon leakage[J]. Journal of International Economics, 2005, 65(2): 421-445.

[82] Wissema W, Dellink R. A CGE analysis of the impact of a carbon energy tax on the irish economy[J]. Ecological Economics, 2007, 61(4): 671-683.

[83] Telli C, Voyvoda E, Yeldan E C. Economics of environmental policy in turkey: a general equilibrium investigation of the economic evaluation of sectoral emission reduction policies for climate change[J]. Journal of Policy Modeling, 2008, 30

(2): 321-340.

[84] Fisher-Vanden K, Sue Wing I. Accounting for quality: issues with modeling the impact of r&d on economic growth and carbon emissions in developing economies [J]. Energy Economics, 2008, 30(6): 2771-2784.

[85] Loisel R. Environmental climate instruments in romania: a comparative approach using dynamic CGE modelling[J]. Energy Policy, 2009, 37(6): 2190-2204.

[86] Lu C, Zhang X, He J. A CGE analysis to study the impacts of energy investment on economic growth and carbon dioxide emission: a case of shanxi province in western china[J]. Energy, 2010, 35(11): 4319-4327.

[87] 朱永彬, 刘晓, 王铮. 碳税政策的减排效果及其对我国经济的影响分析[J]. 中国软科学, 2010(4): 1-9.

[88] Bye B, Jacobsen K. Restricted carbon emissions and directed R&D support; an applied general equilibrium analysis [J]. Energy Economics, 2011, 33 (3): 543-555.

[89] Nordhaus W D. To slow or not to slow: the economics of the greenhouse effect[J]. Economic Journal, 1991, 101(407): 920-937.

[90] Peck S C, Teisberg T J. CETA: a model for carbon emissions trajectory assessment[J]. The Energy Journal, 1992, 13(1): 55-77.

[91] Nordhaus W D. An optimal transition path for controlling greenhouse gases[J]. Science, 1992, 258(5086): 1315-1319.

[92] Hope C, Anderson J, Wenman P. Policy analysis of the greenhouse effect: an application of the PAGE model[J]. Energy Policy, 1993, 21(3): 327-338.

[93] Dowlatabadi H, Morgan M G. A model framework for integrated studies of the climate problem[J]. Energy Policy, 1993, 21(3): 209-221.

[94] Nordhaus W D, Yang Z. A regional dynamic general-equilibrium model of alternative climate-change strategies[J]. American Economic Review, 1996, 86 (4): 741-765.

[95] Manne A, Richels R. Merge: an integrated assessment model for global climate change[J]. Energy and Environment, 2005(3): 175-189.

［96］Kavuncu Y O, Knabb S D. Stabilizing greenhouse gas emissions: assessing the intergenerational costs and benefits of the kyoto protocol［J］. Energy Economics, 2005, 27(3): 369-386.

［97］Moslener U, Requate T. Optimal abatement in dynamic multi-pollutant problems when pollutants can be complements or substitutes［J］. Journal of Economic Dynamics and Control, 2007, 31(7): 2293-2316 .

［98］Gerlagh R. Measuring the value of induced technological change［J］. Energy Policy, 2007, 35(11): 5287-5297.

［99］Doyen L, Dumas P, Ambrosi P, et al. Optimal timing of CO_2 mitigation policies for a cost-effectiveness model［J］. Mathematical and Computer Modelling, 2008, 48(5-6): 882-897.

［100］Bollen J, Zwaan B V D, Brink C, et al. Local air pollution and global climate change: a combined cost-benefit analysis［J］. Resource and Energy Economics, 2009, 31(3): 161-181.

［101］Nordhaus W D. Economic aspects of global warming in a post-copenhagen environment［J］. Proceedings of the National Academy of Sciences, 2010, 107 (26): 11721-11726.

［102］林伯强, 孙传旺. 如何在保障中国经济增长前提下完成碳减排目标［J］. 中国社会科学, 2011(1): 64-76.

［103］王建民. 减排目标约束对经济增长影响: 理论框架与实证检验——基于中国1991—2010年的实证分析［J］. 经济管理, 2012(6): 171-178.

［104］周立群, 李伟华. 中国经济发展指标和碳排放指标的统一性分析［J］. 经济理论与经济管理, 2013, 33(10): 28-37.

［105］王妍, 李京文. 我国煤炭消费现状与未来煤炭需求预测［J］. 中国人口·资源与环境, 2008(3): 152-155.

［106］吕涛, 张美珍, 雷强. 基于系统动力学的印度能源及煤炭需求情景预测［J］. 资源科学, 2015, 37(6): 1199-1206.

［107］张宏, 李仲学. 煤炭需求影响因素及情景分析［J］. 煤炭学报, 2007(5): 557-560.

[108]张金锁，冯雪，邹绍辉. 基于趋势组合的我国煤炭需求预测模型研究[J]. 商业研究，2014(6)：51-56.

[109]Cantore N，Padilla E. Equality and CO_2 emissions distribution in climate change integrated assessment modelling[J]. Energy，2010，35(1)：298-313.

[110]徐欣，肖莎. 基于人工神经网络的煤炭需求预测[J]. 商场现代化，2008 (9)：387-388.

[111]张会新，白嘉. 基于三角灰色系统模型的煤炭消费预测[J]. 统计与决策，2011(23)：38-40.

[112]Patzek T W，Croft G D. A global coal production forecast with multi-hubbert cycle analysis[J]. Energy，2010，35(8)：3109-3122.

[113]Tao Z，Li M. What is the limit of chinese coal supplies—A STELLA model of hubbert peak[J]. Energy Policy，2007，35(6)：3145-3154.

[114]Lior N. Energy resources and use：the present situation and possible paths to the future[J]. Energy，2010，33(6)：842-857.

[115]Pindyck R S. Interfuel substitution and the industrial demand for energy：an international comparison[J]. The Review of Economics and Statistics，1979，61(2)：169-179.

[116]Andrikopoulos A A，Brox J A，Paraskevopoulos C C. Interfuel and interfactor substitution in ontario manufacturing[J]. Applied Economics，1989，21(12)：1667-1681.

[117]Harvey A C，Marshall P. Inter-fuel substitution，technical change and the demand for energy in the UK economy[J]. Applied Economics，1991，23(6)：1077-1086.

[118]Renou-Maissant P. Interfuel competition in the industrial sector of seven OECD countries[J]. Energy Policy，1999，27(2)：99-110.

[119]Soderholm P. Fuel flexibility in the west european power sector[J]. Resources Policy，2000，26(3)：157-170.

[120]Cho W G，Nam K，Pagan J A. Economic growth and interfactor/interfuel substitution in korea[J]. Energy Economics，2004，26(1)：31-50.

[121] Serletis A, Shahmoradi A. Semi-nonparametric estimates of interfuel substitution in US energy demand[J]. Energy Economics, 2008, 30(5): 2123-2133.

[122] 杭雷鸣, 屠梅曾. 能源价格对能源强度的影响——以国内制造业为例[J]. 数量经济技术经济研究, 2006, 23(12): 93-100.

[123] 黄磊, 周勇. 基于超越对数生产函数的能源产出及替代弹性分析[J]. 河海大学学报: 自然科学版, 2008, 36(1): 34-38.

[124] 史红亮, 陈凯, 闫波. 中国钢铁行业能源内部的替代弹性分析——基于超越对数生产函数[J]. 技术经济, 2010, 29(9): 56-59.

[125] 王明益. 山东省能源要素产出弹性, 替代弹性的实证研究——基于超越对数生产函数的岭回归估计[J]. 技术经济, 2012, 31(4): 82-86.

[126] 于立宏, 贺媛. 能源替代弹性与中国经济结构调整[J]. 中国工业经济, 2013(4): 30-42.

[127] Kalogirou S A. Applications of artificial neural-networks for energy systems[J]. Applied Energy, 2000, 67(1): 17-35.

[128] Gabriel S A, Kydes A S, Whitman P. The national energy modeling system: a large-scale energy-economic equilibrium model[J]. Operations Research, 2001, 49(1): 14-25.

[129] Nakata T. Energy-economic models and the environment[J]. Progress in Energy and Combustion Science, 2004, 30(4): 417-475.

[130] 赵柳榕, 田立新. 西部能源结构的 Logistic 模型及其预测[J]. 管理学报, 2008, 5(5): 678-680.

[131] 孔锐, 储志君. 我国石油需求预测及经济危机下的应对建议[J]. 中国人口·资源与环境, 2010, 20(3): 19-23.

[132] 王迪, 聂锐, 李强. 江苏省能耗结构优化及其节能与减排效应分析[J]. 中国人口·资源与环境, 2011, 21(3): 48-53.

[133] 王锋, 冯根福. 优化能源结构对实现中国碳强度目标的贡献潜力评估[J]. 中国工业经济, 2011(4): 127-137.

[134] 范德成, 王韶华, 张伟. 低碳经济目标下一次能源消费结构影响因素分析[J]. 资源科学, 2012, 34(4): 696-703.

[135]王韶华, 于维洋. 一次能源消费结构变动对碳强度影响的灵敏度分析[J]. 资源科学, 2013, 35(7): 1438-1446.

[136]贲兴振, 杨宝臣. 中国能源消费和经济增长的协整关系分析[J]. 哈尔滨理工大学学报, 2005, 10(4): 117-120.

[137]管卫华, 顾朝林, 林振山. 中国能源消费结构的变动规律研究[J]. 中国学术期刊文摘, 2006, 12(18): 401-407.

[138]邱立新, 雷仲敏, 周田君. 中国能源结构优化的多目标决策[J]. 青岛科技大学学报: 社会科学版, 2006, 22(3): 49-54.

[139]郭菊娥, 柴建, 席酉民. 一次能源消费结构变化对我国单位 GDP 能耗影响效应研究[J]. 中国人口·资源与环境, 2008, 18(4): 38-43.

[140]孙晓鑫, 孔微巍. 我国节能减排中一次能源消费结构优化问题研究[J]. 商业研究, 2009(12): 58-61.

[141]帅通, 袁雯. 上海市产业结构和能源结构的变动对碳排放的影响及应对策略[J]. 长江流域资源与环境, 2009, 18(10): 885-889.

[142]鞠可一, 周德群, 王群伟, 等. 中国能源消费结构与能源安全关联的实证分析[J]. 资源科学, 2010(9): 1692-1697.

[143]王强, 郑颖, 伍世代, 等. 能源效率对产业结构及能源消费结构演变的响应[J]. 地理学报, 2011, 66(6): 741-749.

[144]王火根, 刘志飞. 能源消费结构变化影响因素实证分析[J]. 江西农业大学学报: 社会科学版, 2012, 11(2): 86-90.

[145]郝新东. 中美能源消费结构问题研究[D]. 武汉大学, 2013.

[146]Sun J W. The decrease of CO_2 emission intensity is decarbonization at national and global levels[J]. Energy Policy, 2005, 33(8): 975-978.

[147]Zhang Z Q, Qu J S, Zeng J J. A quantitative comparison and analysis on the assessment indicators of greenhouse gases emission[J]. Journal of Geographical Sciences, 2008, 18(4): 387-399.

[148]彭觅, 吕斌, 张纯, 等. 中国能源碳排放的区域差异及其影响因素分析[J]. 城市发展研究, 2010, 17(7): 6-11.

[149]岳超, 胡雪洋, 贺灿飞, 等. 1995—2007 年我国省区碳排放及碳强度的分

析——碳排放与社会发展Ⅲ[J]. 北京大学学报(自然科学版), 2010, 46 (4): 510-516.

[150] 赵国浩, 李玮, 张荣霞, 等. 基于随机前沿模型的山西省碳排放效率评价 [J]. 资源科学, 2012, 34(10): 1965-1971.

[151] Zhou P, Ang B W, Han J Y. Total factor carbon emission performance: a malmquist index analysis[J]. Energy Economics, 2010, 32(1): 194-201.

[152] Nabavi-pelesaraei A, Abdi R, Rafiee S, et al. Optimization of energy required and greenhouse gas emissions analysis for orange producers using data envelopment analysis approach[J]. Journal of Cleaner Production, 2014(65): 311-331.

[153] Goto M, Otuska A, Sueyishi T. DEA (data envelopment analysis) assessment of operational and environmental efficiencies on japanese regional industries[J]. Energy, 2014, 66(3): 535-549.

[154] Hailu A, Veeman T S. Non-parametric productivity analysis with undesirable outputs: an application to the canadian pulp and paper industry[J]. American Journal of Agricultural Economics, 2001, 83(3): 605-616.

[155] Scheel H. Undesirable outputs in efficiency valuations[J]. European Journal of Operational Research, 2001, 132(2): 400-410.

[156] Zhu J. Efficiency evaluation with strong ordinal input and output measures[J]. European Journal of Operational Research, 2003, 146(3): 477-485.

[157] Seiford L M, Zhu J. Modeling undesirable factors in efficiency evaluation[J]. European Journal of Operational Research, 2002, 142(1): 16-20.

[158] Kounetas K. Heterogeneous technologies, strategic groups and environmental efficiency technology gaps for european countries[J]. Energy Policy, 2015, 83: 277-287.

[159] Chung Y H, Fare R, Grosskopf S. Productivity and undesirable outputs: a directional distance function approach [J]. Journal of Environmental Management, 1997, 51(3): 229-240.

[160] Marklund P O, Samakovlis E. What is driving the EU burden-sharing agreement:

efficiency or equity? [J]. Journal of Environmental Management, 2007, 85 (2): 317-329.

[161] Zofío J L, Prieto A M. Environmental efficiency and regulatory standards: the case of CO_2 emissions from OECD industries [J]. Resource and Energy Economics, 2001, 23(1): 63-83.

[162] 涂正革. 环境、资源与工业增长的协调性[J]. 经济研究, 2008, 2(3): 93-105.

[163] Csa B, Jqa C, Qin W C, et al. Carbon inequality at the sub-national scale: a case study of provincial-level inequality in CO_2 emissions in China 1997—2007 [J]. Energy Policy, 2011, 39(9): 5420-5428.

[164] 屈小娥. 中国省际全要素 CO_2 排放效率差异及驱动因素——基于 1995—2010 年的实证研究[J]. 南开经济研究, 2012(3): 128-141.

[165] 魏梅, 曹明福, 江金荣. 生产中碳排放效率长期决定及其收敛性分析[J]. 数量经济技术经济研究, 2010, 27(9): 43-52.

[166] 查建平, 唐方方. 中国工业碳排放绩效: 静态水平及动态变化——基于中国省级面板数据的实证分析[J]. 山西财经大学学报, 2012, 34(3): 71-80.

[167] 兰梓睿, 张宏武. 中国交通运输业碳排放效率的省际差异研究[J]. 物流技术, 2014, 33(7): 132-135.

[168] 李涛, 傅强. 中国省际碳排放效率研究[J]. 统计研究, 2011, 28(7): 62-71.

[169] Wang B, Wu Y, Yan P. Environmental efficiency and environmental total factor productivity growth in china's regional economies [J]. Economic Research Journal, 2010, 5: 95-109.

[170] Tone K. A slacks-based measure of efficiency in data envelopment analysis[J]. European Journal of Operational Research, 2010, 130(3): 498-509.

[171] Bi G B, Song W, Zhou P, et al. Does environmental regulation affect energy efficiency in china's thermal power generation? empirical evidence from a slacks-based DEA model[J]. Energy Policy, 2014, 66(C): 537-546.

［172］Li W N. A study of regional environment technology efficiency in China［J］. Technological Development of Enterprise, 2016(16): 1-18.

［173］Chen S. Energy consumption, CO_2 emission and sustainable development in chinese industry［J］. Economic Research Journal, 2009, 4: 1-5.

［174］Hu A, Zheng J, Gao Y. Ranking of provincial technology efficiency with environmental consideration (1999-2005)［J］. Economics, 2008, 7(3): 933-960.

［175］Bi G, Luo Y, Ding J, et al. Environmental performance analysis of chinese industry from a slacks-based perspective［J］. Annals of Operations Research, 2015, 228(1): 65-80.

［176］Yi L, Sun L, Feng T, et al. How to reduce energy intensity in china: a regional comparison perspective［J］. Energy Policy, 2013, 61(10): 513-522.

［177］Neij L. Use of experience curves to analyse the prospects for diffusion and adoption of renewable energy technology［J］. Energy Policy, 1997, 25(13): 1099-1107.

［178］Schilling M A, Esmundo M. Technology s-curves in renewable energy alternatives: analysis and implications for industry and government［J］. Energy Policy, 2009, 37(5): 1767-1781.

［179］Mcdonald A, Schrattenholzer L. Learning rates for energy technologies［J］. Energy Policy, 2001, 29(4): 255-261.

［180］张九天. 能源技术变迁的复杂性研究［D］. 中国科学技术大学, 2006.

［181］Hunt D V L, Jefferson I, Jankovic L, et al. Sustainable energy? a feasibility study for eastside, birmingham, UK［J］. Engineering Sustainability, 2006, 159(4): 155-168.

［182］薛绯. 我国页岩气产业发展研究——基于"钻石模型"的分析［J］. 社会科学家, 2012(7): 63-66.

［183］莫神星. 论低碳经济与低碳能源发展［J］. 社会科学, 2012(9): 41-49.

［184］庄贵阳. 中国经济低碳发展的途径与潜力分析［J］. 国际技术经济研究, 2005, 8(3): 79-87.

[185]邢继俊，赵刚.中国要大力发展低碳经济[J].中国科技论坛，2007，10（10）：87-92.

[186]鲍健强，苗阳，陈锋.低碳经济：人类经济发展方式的新变革[J].中国工业经济，2008（4）：153-160.

[187]李友华，王虹.中国低碳经济发展对策研究[J].哈尔滨商业大学学报：社会科学版，2009（6）：3-6.

[188]金乐琴，刘瑞.低碳经济与中国经济发展模式转型[J].经济问题探索，2009（1）：84-87.

[189]李慧明，杨娜.低碳经济及碳排放评价方法探究[J].学术交流，2010（4）：85-88.

[190]薛进军，赵忠秀.中国低碳经济发展报告（2012）[M].社会科学文献出版社，2011.

[191]付允，马永欢，刘怡君，等.低碳经济的发展模式研究[J].中国人口 资源与环境，2008，18（3）：14-19.

[192]赵玉民，朱方明，贺立龙.环境规制的界定、分类与演进研究[J].中国人口·资源与环境，2009，19（6）：85-90.

[193]李真，张红凤.中国社会性规制绩效及其影响因素的实证分析[J].经济学家，2012（10）：48-57.

[194]赵敏.环境规制的经济学理论根源探究[J].经济问题探索，2013（4）：152-155.

[195]彭海珍，任荣明.环境政策工具与企业竞争优势[J].中国工业经济，2003（7）：75-82.

[196]张玉.财税政策的环境治理效应研究[D].山东大学，2014.

[197]赵国浩，裴卫东，张冬明.中国煤炭工业与可持续发展[M].中国物价出版社，2000.

[198]赵国浩，卢晓庆.煤炭资源优化配置视角下的山西煤炭资源整合分析[J].煤炭经济研究，2010，30（6）：4-8.

[199]李会萍，申鹏.新常态下贵州产业结构优化：现状、路径与对策[J].贵州社会科学，2015（11）：151-156.

［200］林卫斌，苏剑. 理解供给侧改革：能源视角［J］. 价格理论与实践，2015（12）：8-11.

［201］杨枝煌，易昌良. 中国能源新常态新格局的建构研究［J］. 中国市场，2015（48）：3-7.

［202］林伯强，李江龙. 环境治理约束下的中国能源结构转变——基于煤炭和二氧化碳峰值的分析［J］. 中国社会科学，2015（9）：3-7.

［203］贾康. "十三五"时期的供给侧改革［J］. 国家行政学院学报，2015（6）：12-21.

［204］努尔·白克力. 推动"十三五"能源持续健康发展［J］. 中国经贸导刊，2016（6）：15-17.

［205］江激宇. 产业集聚与区域经济增长：以中国制造业集聚为例［D］. 南京农业大学，2005.

［206］Arrow K J. The economic implications of learning by doing［J］. The Review of Economic Studies，1962，29（3）：155-173.

［207］Romer P M. Increasing returns and long-run growth［J］. The Journal of Political Economy，1986，94（5）：1002-1037.

［208］Lucas Jr，Robert E. On the mechanics of economic development［J］. Journal of Monetary Economics，1988，22（1）：3-42.

［209］Barro R J. Government spending in a simple model of endogenous growth［J］. Journal of Political Economy，1990，98（5）：103-126.

［210］Limao N，Venablas A J. Infrastructure，geographical disadvantage，transport costs，and trade［J］. The World Bank Economic Review，2001，15（3）：451-479.

［211］Stiglitz J E. Notes on estate taxes，redistribution，and the concept of balanced growth path incidence［J］. The Journal of Political Economy，1978，86（2）：137-150.

［212］Solow R M. The economics of resources or the resources of economics［J］. American Economic Review，1974，64（2）：1-14.

［213］Dasgupta P，Heal G. The optimal depletion of exhaustible resources［J］. Review of Economic Studies, 1974, 41(5): 3-28.

[214] Rasche R H, Tatom J A. The effects of the new energy regime on economic capacity, production, and prices [J]. Federal Reserve Bank of St. Louis Review, 1977, 59(4): 2-12.

[215] Pezzey J, Withagen C A. The rise, fall and sustainability of capital-resource economies [J]. The Scandinavian Journal of Economics, 1998, 100 (2): 513-527.

[216] Stokey N L. Are there limits to growth? [J]. International Economic Review, 1998, 39(1): 1-31.

[217] Sachs J D, Warner A M. The curse of natural resources[J]. European Economic Review, 2001, 45(4): 827-838.

[218] Gylfason T. Natural resources, education, and economic development [J]. European Economic Review, 2001, 45(4): 847-859.

[219] Grimaud A, Rough L. Non-renewable resources and growth with vertical innovations: optimum, equilibrium and economic policies [J]. Journal of Environmental Economics and Management, 2003, 45(2): 433-453.

[220] Maltsoglou I. Essays on renewable energy, growth and sustainable development [D]. World Future Council, 2009.

[221] John A, Pecchanino R. An overlapping generations model of growth and the environment[J]. The Economic Journal, 1994, 104(427): 1393-1410.

[222] Taylor M S, Copeland B A. North-south trade and the environment [J]. Quarterly Journal of Economics, 1994, 109(3): 755-787.

[223] Copeland B R, Taylor M S. Trade and the environment: a partial synthesis[J]. American Journal of Agricultural Economics, 1995, 77(3): 765-771.

[224] 易纲, 樊纲, 李岩. 关于中国经济增长与全要素生产率的理论思考[J]. 经济研究, 2003(8): 13-20.

[225] 吴敬琏. 转变增长方式关键在体制改革[J]. 金融经济, 2005(11): 13-20.

[226] 王海建. 资源环境约束之下的一类内生经济增长模型[J]. 预测, 1999, 18 (4): 36-38.

[227]王海建.资源约束,环境污染与内生经济增长[J].复旦学报:社会科学版,2000(1):76-80.

[228]彭水军,包群.环境污染,内生增长与经济可持续发展[J].数量经济技术经济研究,2006,23(9):114-126.

[229]于渤,黎永亮,迟春洁.考虑能源耗竭,污染治理的经济持续增长内生模型[J].管理科学学报,2006,9(4):12-17.

[230]许士春,何正霞,魏晓平.资源消耗,技术进步和人力资本积累下的经济可持续增长模型[J].哈尔滨工业大学学报(社会科学版),2008:83-88.

[231]张彬,左晖.能源持续利用,环境治理和内生经济增长[J].中国人口·资源与环境,2007,17(5):27-32.

[232]黄菁,陈霜华.环境污染治理与经济增长:模型与中国的经验研究[J].南开经济研究,2011(1):142-152.

[233]王锋.化石能源耗竭与气候变化约束下的经济低碳转型[J].当代经济科学,2012(3):1-11.

[234]闫庆友,汤新发.社会资本,资本替代与内生经济增长模型[J].运筹与管理,2013,22(4):182-189.

[235]李金铠.自然资源与经济增长:对主流增长理论逻辑,认识和论证的反思[J].经济学动态,2009(9):32-35.

[236]刘钻石,张娟.国际贸易对发展中国家环境污染影响的动态模型分析[J].经济科学,2011(3):79-92.

[237]刘岩,于渤,洪富艳.基于可持续发展的可再生能源替代动态增长模型研究[J].中国软科学,2011(10):240-246.

[238]马颖.基于耗竭性资源的内生经济增长模型分析[J].统计与决策,2012(21):80-83.

[239]Moon Y-S, Sonn Y-H. Productive energy consumption and economic growth: an endogenous growth model and its empirical application[J]. Resource and Energy Economics, 1996, 18(2): 189-200.

[240]朱永彬,王铮,庞丽,等.基于经济模拟的中国能源消费与碳排放高峰预测[J].地理学报,2009,64(8):935-944.

[241] Chichilnisky G. North-south trade and the global environment [J]. American Economic Review, 1994, 84(4): 851-874.

[242] Ramanathan R. An analysis of energy consumption and carbon dioxide emissions in countries of the middle east and north africa [J]. Energy, 2005, 30(15): 2831-2842.

[243] Lu X, Pan J, Chen Y. Sustaining economic growth in china under energy and climate security constraints [J]. China & World Economy, 2006, 14(6): 85-97.

[244] 吴琦, 武春友. 基于 DEA 的能源效率评价模型研究 [J]. 管理科学, 2009, 22(1): 103-112.

[245] 沈能. 能源投入, 污染排放与我国能源经济效率的区域空间分布研究 [J]. 财贸经济, 2010(1): 107-113.

[246] 高鹏飞, 陈文颖, 何建坤. 中国的二氧化碳边际减排成本 [J]. 清华大学学报: 自然科学版, 2004, 44(9): 1192-1195.

[247] 韩一杰, 刘秀丽. 中国二氧化碳减排的增量成本测算 [J]. 管理评论, 2010, 22(6): 100-105.

[248] 李陶, 陈林菊, 范英. 基于非线性规划的我国省区碳强度减排配额研究 [J]. 管理评论, 2010, 22(6): 54-60.

[249] 公维凤, 周德群, 王传会. 全国及省际能耗强度与碳强度约束下经济增长优化研究 [J]. 财贸经济, 2012(3): 120-128.

[250] 张清, 陶小马, 杨鹏. 碳减排约束条件下的内生经济增长机制研究 [J]. 经济理论与经济管理, 2010(11): 33-39.

[251] 陈诗一. 能源消耗, 二氧化碳排放与中国工业的可持续发展 [J]. 经济研究, 2009(4): 41-55.

[252] Goldsmith R W. A perpetual inventory of national wealth [J]. Nber Chapters: Studies in Income and Wealth, 1951, 14: 5-74.

[253] 李治国, 唐国兴. 资本形成路径与资本存量调整模型——基于中国转型时期的分析 [J]. 经济研究, 2003(2): 34-42.

[254] Hall R E, Jones C I. Why do some countries produce so much more output per

worker than others? [J]. The Quarterly Journal of Economics, 1999, 114(1): 83-116.

[255] 张军. 我们真的面临能源短缺吗? [J]. 经济研究参考, 2004(79): 10-11.

[256] 王惠文. 偏最小二乘回归方法及其应用[M]. 国防工业出版社, 1999.

[257] 王铮, 朱永彬, 刘昌新, 等. 最优增长路径下的中国碳排放估计[J]. 地理学报, 2010, 65(12): 1559-1568.

[258] 王金营, 蔺丽莉. 中国人口劳动参与率与未来劳动力供给分析[J]. 人口学刊, 2006(4): 19-24.

[259] 顾六宝, 肖红叶. 中国消费跨期替代弹性的两种统计估算方法[J]. 统计研究, 2004(9): 8-11.

[260] Barro R J, Sala-I-Martin X I. Economic growth[M]. MIT Press, 2003.

[261] 宋鹭. "十四五"时期我国经济增长特征分析[J]. 国际金融, 2021(5): 17-19.

[262] 崔艳红. 中国能源强度区域差异的实证分析[D]. 东北财经大学, 2007.

[263] 李强, 魏巍. 碳排放约束视角下的全要素能源效率及影响因素研究[J]. 软科学, 2015, 29(4): 71-74.

[264] 刘一帅. 基于DEA模型的G20国家全要素能源效率比较研究[J]. 区域与全球发展, 2019, 3(4): 101-120.

[265] 马晓君, 魏晓雪, 刘超, 等. 东北三省全要素能源效率测算及影响因素分析[J]. 中国环境科学, 2017, 37(2): 777-785.

[266] 齐志新, 陈文颖, 吴宗鑫. 中国的能源强度究竟有多高? [J]. 数量经济技术经济研究, 2007, 24(8): 51-58.

[267] 李新, 王海滨, 陈朝镇, 等. 中国电力能源碳排放强度的时空演变及省际间差异性[J]. 干旱区资源与环境, 2015, 29(1): 43-47.

[268] 胡鞍钢, 郑京海, 高宇宁, 等. 考虑环境因素的省级技术效率排名(1999—2005)[J]. 经济学(季刊), 2008, 7(3): 933-960.

[269] 涂正革. 全要素生产率与区域工业的和谐快速发展——基于1995—2004年28个省市大中型工业的非参数生产前沿分析[J]. 财经研究, 2008, 33(12): 90-102.

[270]李静. 中国区域环境效率的差异与影响因素研究[J]. 南方经济, 2009 (12): 24-35.

[271]王兵, 吴延瑞, 颜鹏飞. 中国区域环境效率与环境全要素生产率增长[J]. 经济研究, 2010(5): 95-109.

[272]徐政, 左晟吉, 丁守海. 碳达峰、碳中和赋能高质量发展: 内在逻辑与实现路径[J]. 经济学家, 2021(11): 62-71.

[273]李俊峰, 李广. 中国能源、环境与气候变化问题回顾与展望[J]. 环境与可持续发展, 2020, 45(5): 8-17.

[274]范秋芳, 张园园. 碳排放权交易政策对碳生产率的影响研究[J]. 工业技术经济, 2021, 40(12): 113-121.

[275]周彦楠, 何则, 马丽, 等. 中国能源消费结构地域分布的时空分异及影响因素[J]. 资源科学, 2017, 39(12): 2247-2257.

[276]王风云, 苏烨琴. 京津冀能源消费结构变化及其影响因素[J]. 城市问题, 2018(8): 59-67.

[277]张倩倩, 李百吉. 基于路径分析法的能源结构影响因素效应分析与政策优化[J]. 企业经济, 2017, 36(8): 11-17.

[278]黄俊, 周猛, 王俊海. ARMA模型在我国能源消费预测中的应用[J]. 统计与决策, 2004(12): 49-50.

[279]刘殿海, 杨勇平, 杨昆, 等. 基于马尔科夫链的能源结构与污染物排放预测模型及其应用[J]. 中国电力, 2006, 39(3): 8-13.

[280]徐健, 赵柳榕, 王济干. 能源结构的Logistic模型及其预测[J]. 安徽农业科学, 2008, 36(31): 3.

[281]张兴旺, 陈希敏. 基于成分数据视角的我国能源需求结构变动及其预测[J]. 生态经济, 2017, 33(2): 24-27.

[282]李洪兵, 张吉军. 中国能源消费结构及天然气需求预测[J]. 生态经济, 2021, 37(8): 71-78.

[283]刘爱芹. 基于组合模型的能源消费预测研究[J]. 中国人口·资源与环境, 2010, 20(11): 25-29.

[284]周扬, 吴文祥, 胡莹, 等. 基于组合模型的能源需求预测[J]. 中国人口·

资源与环境，2010，20(4)：63-68.

[285]王海涛，宁云才. 基于改进 GM(1，1)模型与趋势预测法的能源消费组合
预测[J]. 煤炭技术，2018，37(9)：378-380.

[286]谢小军，邱云兰，时凌. 基于 ARIMA 和 BP 神经网络组合模型的能源消费
预测[J]. 数学的实践与认识，2019，49(10)：292-298.

[287]刘睿. 一种能源消费结构与碳排放预测的方法研究[J]. 科技创新与应用，
2021，11(13)：1-6.

[288]Liu Y Q, Zhao G H, Zhao Y S. An analysis of chinese provincial carbon dioxide
emission efficiencies based on energy consumption structure[J]. Energy policy,
2016, 96(9)：524-533.

[289]苗阳，邢文杰，鲍健强. 城市能源结构低碳化指标体系及实现路径研究
[J]. 生态经济，2016，32(5)：53-57.

[290]李荣杰，李娜，张静，等. 地区能源结构低碳化差异的收敛机制及影响因
素——基于加权多维向量夹角指数[J]. 统计与信息论坛，2020，35(10)：
90-99.

[291]王韶华，范德成，张伟. 基于粗糙集与未确知模型的能源结构合理性测度
与评价研究[J]. 中国地质大学学报(社会科学版)，2012，12(3)：21-26.

[292]李昊，赵道致. 基于多 Agent 的碳排放权交易机制建模与仿真[J]. 计算机
工程与应用，2012，48(25)：9-14.

[293]刘宇，蔡松锋，王毅，等. 分省与区域碳市场的比较分析——基于中国多
区域一般均衡模型 $TermCO_2$[J]. 财贸经济，2013(11)：117-127.

[294]汪鹏，戴瀚程，赵黛青. 基于 GD_CGE 模型的广东省碳排放权交易政策评
估[J]. 环境科学学报，2014，34(11)：2925-2931.

[295]王文军，傅崇辉，骆跃军，等. 我国碳排放权交易机制试点地区的 ETS 管
理效率评价[J]. 中国环境科学，2014，34(6)：1614-1621.

[296]时佳瑞，蔡海琳，汤铃，等. 基于 CGE 模型的碳交易机制对我国经济环境
影响研究[J]. 中国管理科学，2015，23(S1)：801-806.

[297]张彩江，李章雯，周雨. 碳排放权交易试点政策能否实现区域减排？[J].
软科学，2021，35(10)：93-99.

[298]薛飞，周民良.中国碳交易市场规模的减排效应研究[J].华东经济管理，2021，35(6)：11-21.

[299]李治国，王杰.中国碳排放权交易的空间减排效应：准自然实验与政策溢出[J].中国人口·资源与环境，2021，31(1)：26-36.

[300]董直庆，王辉.市场型环境规制政策有效性检验——来自碳排放权交易政策视角的经验证据[J].统计研究，2021，38(10)：48-61.

[301]李若男，杨力俊，赵晓丽.基于空间模型的中国碳交易减排效果分析[J].全球能源互联网，2021，4(5)：486-496.

[302]王钊，王良虎.碳排放交易制度下的低碳经济发展——基于非期望DEA与DID模型的分析[J].西南大学学报(自然科学版)，2019，41(5)：85-95.

[303]任亚运，傅京燕.碳交易的减排及绿色发展效应研究[J].中国人口·资源与环境，2019，29(5)：11-20.

[304]廖文龙，董新凯，翁鸣，等.市场型环境规制的经济效应：碳排放交易、绿色创新与绿色经济增长[J].中国软科学，2020(6)：159-173.

[305]王为东，王冬，卢娜.中国碳排放权交易促进低碳技术创新机制的研究[J].中国人口·资源与环境，2020，30(2)：41-48.

[306]胡江峰，黄庆华，潘欣欣.碳排放交易制度与企业创新质量：抑制还是促进[J].中国人口·资源与环境，2020，30(2)：49-59.

[307]孙振清，李欢欢，刘保留.碳交易政策下区域减排潜力研究——产业结构调整与技术创新双重视角[J].科技进步与对策，2020，37(15)：28-35.

[308]任晓松，马茜，刘宇佳，等.碳交易政策对工业碳生产率的影响及传导机制[J].中国环境科学，2021，41(11)：5427-5437.

[309]陆敏.碳排放交易机制与生态效率关系的实证检验[J].统计与决策，2020，36(10)：118-122.

[310]谭静，张建华.碳交易机制倒逼产业结构升级了吗?——基于合成控制法的分析[J].经济与管理研究，2018，39(12)：104-119.

[311]姬新龙.碳排放权交易是否促进了企业环境责任水平的提升?[J].现代经济探讨，2021(9)：49-55.

[312]范英，衣博文.能源转型的规律、驱动机制与中国路径[J].管理世界，

2021，37(8)：95-105.

[313]贾林娟. 低碳经济发展影响因素及路径设计[J]. 科技进步与对策，2014，31(3)：26-29.

[314]Lanoie P，Patry M. Environmental regulation and productivity：testing the porter hypothesis[J]. Journal of Productivity Analysis，2008，30(2)：121-128.

[315]刘传明，孙喆，张瑾. 中国碳排放权交易试点的碳减排政策效应研究[J]. 中国人口·资源与环境，2019，29(11)：49-58.

[316]李强，丁春林. 环境规制、空间溢出与产业升级——来自长江经济带的例证[J]. 重庆大学学报(社会科学版)，2019，25(1)：17-28.

[317]黄珺，余朝晖. 环境治理投资与财政环保支出对环境污染的影响——基于面板模型的比较分析[J]. 生态经济，2018，34(7)：83-87.

[318]姜楠. 环保财政支出有助于实现经济和环境双赢吗？[J]. 中南财经政法大学学报，2018(1)：95-103.

[319]田淑英，董玮，许文立. 环保财政支出、政府环境偏好与政策效应——基于省际工业污染数据的实证分析[J]. 经济问题探索，2016(7)：14-21.

[320]杜雯翠. 环保投资、环境技术与环保产业发展——来自环保类上市公司的经验证据[J]. 北京理工大学学报(社会科学版)，2013，15(3)：47-53.

[321]张华，冯烽. 非正式环境规制能否降低碳排放？——来自环境信息公开的准自然实验[J]. 经济与管理研究，2020，41(8)：62-80.

[322]盛光华，龚思羽，解芳. 中国消费者绿色购买意愿形成的理论依据与实证检验——基于生态价值观、个人感知相关性的 TPB 拓展模型[J]. 吉林大学社会科学学报，2019，59(1)：140-151.

[323]原伟鹏，孙慧，闫敏. 双重环境规制能否助力经济高质量与碳减排双赢发展？——基于中国式分权制度治理视角[J]. 云南财经大学学报，2021，37(3)：67-86.

[324]付凌晖. 我国产业结构高级化与经济增长关系的实证研究[J]. 统计研究，2010，27(8)：79-81.

[325]Pargal S，Wheeler D. Informal regulation of industrial pollution in developing countries[J]. Journal of Political Economy，1996，104(6)：1314-1327.

[326]秦炳涛，余润颖，葛力铭. 环境规制对资源型城市产业结构转型的影响[J]. 中国环境科学，2021，41(7)：3427-3440.

[327]温忠麟，叶宝娟. 中介效应分析：方法和模型发展[J]. 心理科学进展，2014，22(5)：731-745.

[328]黄震，谢晓敏. 碳中和愿景下的能源变革[J]. 中国科学院院刊，2021，36(9)：1010-1018.

[329]张立，尤瑜. 中国环境经济政策的演进过程与治理逻辑[J]. 华东经济管理，2019，33(7)：34-43.

[330]张治栋，陈竞. 环境规制、产业集聚与绿色经济发展[J]. 统计与决策，2020，36(15)：114-118.

[331]刘瑛华，路越. 我国的能源资源及其合理开发利用[J]. 松辽学刊(自然科学版)，1995(2)：35-39.

[332]范德成，王韶华，张伟. 低碳经济目标下一次能源消费结构影响因素分析[J]. 资源科学，2012，34(4)：696-703.

[333]王朝，李伟峰，韩立建. 京津冀城市群能源协同发展背景下能源生产结构变化探究[J]. 生态学报，2019，39(4)：1203-1211.

[334]王韶华，于维洋，张伟. 我国能源结构对低碳经济的作用关系及作用机理探讨[J]. 中国科技论坛，2015(1)：119-124.

[335]林伯强，姚昕，刘希颖. 节能和碳排放约束下的中国能源结构战略调整[J]. 中国社会科学，2010(1)：58-71.

[336]韩峰，秦杰，龚世豪. 生产性服务业集聚促进能源利用结构优化了吗？——基于动态空间杜宾模型的实证分析[J]. 南京审计大学学报，2018，15(4)：81-93.

[337]翁智雄，马忠玉，葛察忠，等. 不同经济发展路径下的能源需求与碳排放预测——基于河北省的分析[J]. 中国环境科学，2019，39(8)：3508-3517.

[338]赵志成，柳群义. 中国能源战略规划研究——基于能源消费、能源生产和能源结构的预测[J]. 资源与产业，2019，21(6)：1-8.

[339]柳亚琴，赵国浩. 节能减排约束下中国能源消费结构演变分析[J]. 经济问

题，2015(1)：27-33.

[340]付立东，张金锁，冯雪. GA-SA 模型预测中国能源需求[J]. 系统工程理论与实践，2015，35(3)：780-789.

[341]陈卫东，朱红杰. 基于粒子群优化算法的中国能源需求预测[J]. 中国人口·资源与环境，2013，23(3)：39-43.

[342]孟凡生，邹韵. 基于 SPA-TOPSIS 方法的能源结构优化程度评价[J]. 运筹与管理，2018，27(11)：122-130.

[343]徐圆. 源于社会压力的非正式性环境规制是否约束了中国的工业污染？[J]. 财贸研究，2014，25(2)：7-15.

[344]李瑞前，张劲松. 不同类型环境规制对地方环境治理的异质性影响[J]. 商业研究，2020(7)：36-45.

[345]原毅军，谢荣辉. 环境规制的产业结构调整效应研究——基于中国省际面板数据的实证检验[J]. 中国工业经济，2014(8)：57-69.

[346]周海华，王双龙. 正式与非正式的环境规制对企业绿色创新的影响机制研究[J]. 软科学，2016，30(8)：47-51.

[347]余东华，崔岩. 双重环境规制、技术创新与制造业转型升级[J]. 财贸研究，2019，30(7)：15-24.

[348]沈宏亮，金达. 非正式环境规制能否推动工业企业研发——基于门槛模型的分析[J]. 科技进步与对策，2020，37(2)：106-114.

[349]方斌，谭树心. 环境规制强度对产业结构升级的影响——基于中国省级面板数据的实证分析[J]. 中国林业经济，2017(1)：10-12.

[350]夏后学，谭清美，商丽媛. 非正式环境规制下产业协同集聚的结构调整效应——基于 Fama-Macbeth 与 GMM 模型的实证检验[J]. 软科学，2017，31(4)：9-14.

[351]郑晓舟，郭晗，卢山冰. 环境规制协同、技术创新与城市群产业结构升级——基于中国十大城市群的实证分析[J]. 广东财经大学学报，2021，36(3)：46-60.

[352]高志刚，李明蕊. 异质性环境规制、能源效率与新疆经济高质量发展[J]. 新疆社会科学，2021(4)：62-74.

[353]胡建辉. 环境规制对产业结构调整的倒逼效应研究[D]. 中央财经大学, 2017.

[354]Porter M E, Van der Linde C. Towards a new conception of the environment-competitiveness relationship[J]. Journal of Economic Perspectives, 1995, 9 (4): 97-118.

[355]汪晓文, 陈明月, 陈南旭. 环境规制、引致创新与黄河流域经济增长[J]. 经济问题, 2021(5): 16-23.

[356]范洪敏. 环境规制会抑制农民工城镇就业吗[J]. 人口与经济, 2017(5): 45-56.

[357]吴学花, 刘亚丽, 田洪刚, 等. 环境规制驱动经济增长的路径——一个链式多重中介模型的检验[J]. 济南大学学报(社会科学版), 2021, 31(1): 118-135.

[358]蔡乌赶, 周小亮. 中国环境规制对绿色全要素生产率的双重效应[J]. 经济学家, 2017(9): 27-35.

[359]刘志彪. 产业链现代化的产业经济学分析[J]. 经济学家, 2019(12): 5-13.

[360]林婷. 清洁生产环境规制与企业环境绩效——基于工业企业污染排放数据的实证检验[J]. 北京理工大学学报(社会科学版), 2022, 24(3): 43-55.

[361]张倩, 林映贞. 双重环境规制、科技创新与产业结构变迁——基于中国城市面板数据的实证检验[J]. 软科学, 2022, 36(1): 37-43.

[362]曾刚, 陆琳忆, 何金廖. 生态创新对资源型城市产业结构与工业绿色效率的影响[J]. 资源科学, 2021, 43(1): 94-103.

[363]余壮雄, 陈婕, 董洁妙. 通往低碳经济之路: 产业规划的视角[J]. 经济研究, 2020, 55(5): 116-132.

[364]李强. 环境规制与产业结构调整——基于 Baumol 模型的理论分析与实证研究[J]. 经济评论, 2013(5): 100-107.